ブリティッシュ・ワールド

帝国紐帯の諸相

竹内真人【編著】

日本経済評論社

目次

凡例

一、Britain, Great Britain を「イギリス」と訳出した。ただし、イングランドもしくは連合王国と厳密に区別する必要がある場合には、「ブリテン」と訳出した。

二、United Kingdom を文脈に即して「イギリス」または「連合王国」と訳出した。

三、England, Wales, Scotland, Ireland は「イングランド」、「ウェールズ」、「スコットランド」、「アイルランド」と訳出した。

四、Britishness を「ブリティッシュネス」と訳出した。

五、Greater Britain を「大ブリテン」と訳出した。その地理的範囲については、各自の論文の中で読者にわかるように明示した。

六、Commonwealth を「コモンウェルス」、British Commonwealth を「ブリティッシュ・コモンウェルス」と訳出した。

七、British Empire を「イギリス帝国」と訳出した。

八、British World を「ブリティッシュ・ワールド」と訳出した。ただし、その地理的範囲については、「狭義」・「広義」・「最広義」のいずれを指すのか、読者にわかるように明示した。

九、Settler を文脈に即して「殖民」、「移住」、もしくは「定住」と訳出した。

総論　ブリティッシュ・ワールド論の射程

竹内　真人

1　本書の課題

二〇一六年六月二三日に駆け巡ったイギリスの欧州連合からの脱退（以下、ブレクジット）のニュースは衝撃的だった。イギリスは、国民投票の結果、それまでの欧州連合の一員としてのアイデンティティを捨てて、よりグローバルな市場を求める立場に転換することを決定したからである。[1]ベネディクト・アンダーソンは『想像の共同体』のなかで国民国家が想像上の構築物であると主張したが、[2]イギリス国民もこの国民投票を通じて英国経済の未来を予想し、実際の政策に現実化した。[3]実際、ブレクジットを選択してから、イギリスは欧州連合とアメリカ合衆国の架橋になるというかつての政治的ヴィジョン[4]を捨て去ってしまったかのようである。いまだにソフト・ブレクジットによって欧州市場へのアクセスの可能性を探っているとはいえ、ハウエル卿（Lord Howell of Guildford）が主張したように、現代イギリスはコモンウェルス諸国との関係強化の可能性を模索し、さらにそのネットワークを拠点として、今後著しい経済成長が見込まれるアジア、アフリカ、ラテン・アメリカ諸国との連携強化を目指している。イギリスは、コモンウェルス諸国との紐帯という「ブリティッシュ・ワールド」のネットワークにいまだに取りつかれているのである。(5) 環太平洋パートナーシップ協定（ＴＰＰ、正式にはＣＰＴＰＰ）への参加意思をイギリスが公式的に表明したことに示されているように、アジア太平洋地域における「ブリティッシュ・ワールド」の紐帯の強度を評価することは、我が国にとって重要な課題になってきている。

本書の課題は、イギリスが自国の勢力圏としての「ブリティッシュ・ワールド」をいかに構築し、それが現代のコモンウェルスにどのように変容してきたのかを、イギリスと植民地間の紐帯に注目しながら、歴史学的に解明することにある。本書でいう紐帯とは、ブリティッシュ・ワールド内での共通性を創出する広義の権力作用であり、程度の差はあれ、ブリティッシュ・ワールドを支える共通の三つの要素である。具体的には、①イギリスとの血縁、言語、宗教の共通性に基づく「ブリティッシュネス」(6)という感情的紐帯、②貿易・金融・生産構造に関連する経済的紐帯、③武器移転や軍事援助による軍事的紐帯という三つの紐帯であり、本書ではこれら三つの紐帯の諸相を分析し、イギリスの勢力圏としての「ブリティッシュ・ワールド」の形成と、そのコモンウェルスへの歴史的変化を、それぞれの紐帯間の関係に注目しながら分析する。その際、イギリスとの感情的紐帯を創出した文化的な「ソフト・パワー」と、イギリスとの経済的紐帯や軍事的紐帯を創出した「ハード・パワー」の関係に注目し、(7)それぞれの紐帯がいかに関連しあいながらイギリスの勢力圏としての「ブリティッシュ・ワールド」を確立してきたのかを考察する。我が国のイギリス帝国史研究を振り返ると、こうしたブリティッシュ・ワールド内での共通性が必ずしも強調されず、感情的・経済的・軍事的紐帯の関係が注目されてきたわけでもなかった。本書は、これらの紐帯間の重層的関係によって構築される「ブリティッシュ・ワールド」という新しいフレームワークを提示することによって、イギリス帝国史研究の新しい地平を切り拓こうとする試みである。

2　ブリティッシュ・ワールド研究の進展と本書の位置

既にイギリスではブリティッシュ・ワールド研究が進展し、相当数の研究が蓄積されている[8]。ここでは、まずこれまでに公刊されたブリティッシュ・ワールド研究を整理し、そのうえでブリティッシュ・ワールド論における本書の位置を明らかにしておこう。

(1) ブリティッシュ・ワールド研究における「境界」の拡大

マイケル・ケニーとニック・ピアスが指摘しているように、いまやブリティッシュ・ワールド概念はコモンウェルスを含むイギリスの勢力圏と同義に使われている[9]。これまでのブリティッシュ・ワールド研究を回顧すると、研究の進展に伴い、ブリティッシュ・ワールドの境界が、「狭義のブリティッシュ・ワールド」論から「広義のブリティッシュ・ワールド」論、そして「最広義のブリティッシュ・ワールド」論に徐々に拡大してきたことがわかる。以下、この点を、これまでのブリティッシュ・ワールド研究を整理しながら確認しておこう。

ブリティッシュ・ワールド概念を最初に使ったフィリップ・バックナーとカール・ブリッジは、「狭義のブリティッシュ・ワールド」論を唱えた。彼らは、イギリスからの移民によって建設され、イギリス本国の人々と「ブリティッシュネス」という感情的紐帯を共有したドミニオン諸国（カナダ、オーストラリア、ニュージーランド、南アフリカといった自治植民地）[10]を「ブリティッシュ・ワールド」と捉えたのである。この「狭義のブリティッシュ・ワールド」論では、ギャラハーとロビンソンの自由貿易帝国主義論、ケインとホプキンズのジェントルマン資本主義論、そして『オックスフォード・イギリス帝国史』全五巻を、すべてドミニオン諸国を軽視するものとして否定的に評価している。つまり、「狭義のブリティッシュ・ワールド」論は、イギリス帝国史研究におけるドミニオン諸国の復権を狙ったものであった(11)。

それ以後のブリティッシュ・ワールド研究において、この「狭義のブリティッシュ・ワールド」論が捉えたドミニオン諸国はブリティッシュ・ワールドの中核である「橋頭堡（bridgeheads）」を構成すると考えられたが、研究の進展に伴い、「ブリティッシュ・ワールド」の境界はさらに拡大していくことになった。例えば、ギャリー・マギーとアンドリュー・トンプソン、そしてジェームズ・ベリッチは、ドミニオン諸国とアメリカ合衆国から構成されるイングリッシュ・スピーキング・ワールド、すなわちアングロ世界を「ブリティッシュ・ワールド」と捉え、「広義のブリティッシュ・ワールド」論を主張することになった。マギーとトンプソンは、イギリスから「広義のブリティッシュ・ワールド」への移民と、彼らが形成した経済のネットワークを重視し、ブリティッシュネスという文化的アイデンティティがアングロ世界の経済的統合に与えた影響を「文化経済（cultural economy）」という概念で強調した(12)。そして、この「広義のブリティッシュ・ワールド」において最もグローバリゼーションが進展したと主張したのである。ベリッチもアングロ世界の同一性を強調し、イギリス本国である「オールド・ブリテン」からドミニオン諸国である「ブリティッシュ・ウェスト」への移民、そしてアメリカ合衆国大西洋沿岸地域の「オールド・アメリカ」からアメリカ合衆国西部の「アメリカン・ウェスト」への移民が並行して行われ、全体としてのアングロ世界、すなわち「広義のブリティッシュ・ワールド」を形成した過程を描いた(13)。

一方、ジョン・ダーウィンは、ドミニオン諸国をブリティッシュ・ワールドの「橋頭堡」と捉え、さらにイギリス帝国の属領（インドやアジア・アフリカの植民地）や「非公式帝国」（中国やアルゼンチン）を含む「最広義のブリティッシュ・ワールド」論を提唱した。そして、イギリスを中心として全世界に拡大した「ブリティッシュ・ワールド・システム」の存在を強調したのである。注目すべき点として、ダーウィンは「広義のブリティッシュ・ワールド」

論とは異なり、アメリカ合衆国をブリティッシュ・ワールドの範疇から除いている。また、「狭義のブリティッシュ・ワールド」論とは対照的に、ギャラハーとロビンソンの自由貿易帝国主義論とケインとホプキンズのジェントルマン資本主義論を肯定的に評価している。[14] 一方、バリー・クロスビーとマーク・ハンプトンはこのダーウィンの「最広義のブリティッシュ・ワールド」論を前提として、さらに「ブリティッシュ・ワールド・システム」を創出した文化的要因を強調した。[15]

(2) ブリティッシュ・ワールド研究における本書の位置

このように、これまでのブリティッシュ・ワールド研究を回顧すると、ブリティッシュ・ワールドの境界が徐々に拡大してきたことがわかる。以上のような先行研究を踏まえて、本書が分析対象とするのは「最広義のブリティッシュ・ワールド」であり、カナダ、オーストラリア、ニュージーランド、南アフリカというドミニオン諸国だけでなく、アイルランドやインドを含む広範な地域を分析する。それゆえ、本書では、「狭義のブリティッシュ・ワールド」論のようにブリティッシュ・ワールドの地理的範囲をドミニオン諸国だけに狭く限定しない。また、本書の第七章で分析されているように、アメリカ合衆国を含む「広義のブリティッシュ・ワールド」論は歴史的には大ブリテン構想として提示されてきた。しかし、「広義のブリティッシュ・ワールド」論がアメリカ合衆国をブリティッシュ・ワールド概念に含めている点に関しては、既にレイチェル・ブライトとアンドリュー・ディリーが批判しているように、イギリスとアメリカ合衆国の政体の違いを無視しており、それゆえ批判的に評価されるべきであろう。[16]

また、これまでのブリティッシュ・ワールド研究では、感情的・経済的・軍事的紐帯を創りだす政治権力の果たす役割が軽視されてきた。本書ではこの点を批判し、権力が果たす役割を強調している。とくに感情的紐帯を創出した「ソフト・パワー」に関しては、エドワード・サイードが『オリエンタリズム』[17] のなかで強調した知と権力のむすびつき、そしてイギリス人の「他者」認識を強調し、また「ハード・パワー」に関しては、経済的紐帯だけでなく、ジョン・ミッチャムも最近強調した軍事的紐帯を考察している。[18] また、これまでのブリティッシュ・ワールド論ではとくに看過されてきた「殖民・植民地主義（settler colonialism）」論に対しても本書では一定の注意を払う。[19] この新たな研究潮流では、イギリス人移民が原住民に対して入植地で加えた暴力や迫害、さらには物質的資源の収奪の過程を分析する必要性が提起されている。

3　本書の構成と各章のテーマ

次に本書の構成について述べておこう。本書は一〇篇の論文によって構成されている。各章はそれぞれ独自の個別テーマを扱っており、一次資料の渉猟を踏まえて実証的・論理的な分析を試みているが、その個別テーマはすべて先述した本書の課題と有機的に関連している。すなわち、感情的・経済的・軍事的紐帯の関係に注目しながら、イギリスの勢力圏としてのブリティッシュ・ワールドがいかに形成され、その後コモンウェルスに変容したのかを分析しているのである。また、本書が扱っている時代は一八世紀から一九七〇年代までの約三世紀間にわたっており、各章はほぼその時代順に配列されている。以下、各章の内容を簡単に紹介しておこう。

第一章「ブリテン・アイルランド間の民兵互換――ブリティッシュ・ワールド「本国」における紐帯」（勝田俊輔）は、ブリティッシュ・ワールド「本国」内のブリテンとアイルランド間の紐帯を分析している。一八〇一年のブリテンとアイルランドの国家合同以前に行われたものとしては、エドマンド・バーク等によるブリテン・アイルランド間の「情愛の紐帯」の提唱が取り上げられ、両国間の関税削減による「経済的紐帯」強化の試みも分析されている。一方、一八〇一年の国家合同発足前後に行われたものとしては、「民兵互換」という軍事的な人的移動を通じた文化的な紐帯強化の過程が考察される。

第二章「インドにおけるイギリス自由主義的帝国主義」（竹内真人）は、イギリスのインド統治を取り上げ、一八世紀末から一九四七年のインド・パキスタン分離独立時まで長期にわたって存在したイギリスの自由主義的帝国主義のヴィジョンを考察する。この自由主義的帝国主義は、「文明化の使命」論に基づき、宣教や教育を通じてインド人を「ブリティッシュネス」というイギリス的アイデンティティに同化し、イギリスとの感情的紐帯を創出するものであった。また本章では、独立運動期のインド知識人がイギリスの感情的紐帯創出の試みに対してどのように反応したのかも考察されている。

第三章「時計時間の移植と管理――イギリス帝国の植民地天文台と時報技術」（石橋悠人）は、とくに一九世紀後半のブリティッシュ・ワールドにおいて精力的に推進された時計時間の移植と時間意識・規律の浸透について考察する。その際、正確性の高い時間を現地社会に提供した植民地天文台に注目し、植民地天文台がロンドンのグリニッジ天文台と緊密な協力関係を保ちながら、帝国規模の天文学ネットワークを形成していた点を強調する。帝国各地に共通の時計時間を移植することは、社会経済の発展や集団的アイデンティティ形成を促す試みでもあったと評価される。

第四章「ジェントルマン資本主義論が言わずにすませ、見ずにすませていること――ブリティッシュ・ワールド論との関連で」（アンドリュー・ディリー）は、ジェントルマン資本主義論を再検討し、ジェントルマン資本主義論が言わずにすませ、見ずにすませてきた諸論点を明らかにしたうえで、ジェントルマン資本主義論とブリティッシュ・ワールド論を統合する新たな研究の方向性を提示する。その際、資本輸出、移民、貿易の全てがイギリス・ドミニオン関係の重要な基盤であったことを確認し、スーザン・ストレンジの構造的権力論に注目しながら政治の自律性を強調すべき点が主張されている。

第五章「帝国特恵関税同盟構想の理想と現実――ジョゼフ・チェンバレンのヴィジョンの挫折」（松永友有）は、

一九世紀末から一九三二年のオタワ協定までの帝国特恵関税同盟の構想と現実をイギリス本国側の観点から分析し、感情的紐帯と経済的紐帯の関係を考察している。具体的には、本国と自治領の実利が衝突する通商同盟構想において、感情的紐帯と経済的紐帯が別物であり、感情的紐帯があるがゆえに経済的紐帯がこじれてしまう側面があったことを強調し、経済的紐帯の強化が感情的紐帯の強化につながることを期待したジョゼフ・チェンバレンの夢は幻想に過ぎなかったと主張している。

第六章「カナダ自由党と自由主義的帝国主義論」(福士純)は、第五章と対照的にカナダ側の視点から、カナダ自由党ウィルフリッド・ローリエ政権の帝国政策を分析する。ローリエ政権がイギリス本国との感情的紐帯を前提として帝国内での自治を強化し、分権的な帝国への移行を目指す自由主義的帝国主義を追求していたことを強調している。その際、一八九七年のフィールディング関税法による経済的紐帯の強化、そして一九一〇年のカナダ海軍法によるカナダ海軍創設による軍事的紐帯の強化を通じて、ローリエ政権が本国との感情的紐帯をより強固なものにしようとしていた点を分析する。

第七章「コモンウェルスという神話——殖民・植民地主義、大ブリテン構想、ラウンド・テーブル運動をめぐる系譜学」(馬路智仁)は、ヴィクトリア朝前・中期における殖民・植民地主義論とヴィクトリア朝後期の大ブリテン諸構想、そして一九一〇年代から戦間期のラウンド・テーブル運動を検討し、そこにおける複数のブリティッシュ・コモンウェルス構想を明らかにする。ブリティッシュネスとして表現される本国民と移住植民地の人々の間の大洋横断的な感情的紐帯が、歴史的にどのように構築・喚起されたかについて思想史・知性史研究の観点から光を当てることを目的としている。

第八章「第二次大戦戦時中にブリティッシュなるものを放送する——ラジオとブリティッシュ・ワールド」(サイモン・ポッター)は、ブリティッシュとしての感情的紐帯を強化した第二次大戦中のラジオ放送を分析する。一九二〇年代から一九三〇年代にかけて短波や受信機の技術が発展し、ラジオは遠大な距離を一瞬で飛び越えるコミュニケーションを可能にした。第二次大戦中にラジオはとくに情報とプロパガンダの媒体として重要であり、ファシズムに対抗して、ブリティッシュ・ワールドの住民を統合し、自由という共通の理想を訴えるために活用された点が強調されている。

第九章「アトリー政権期のコモンウェルス防衛と南アジア」（渡辺昭一）は、第二次大戦後アトリー政権期（一九四五〜五一年）のイギリスで、いかなるコモンウェルス防衛構想が考案され、軍事援助を通じた南アジアの安全保障体制がどのように構築されようとしていたのかを、インドとパキスタンの対立に注目しながら考察する。当該期のイギリスの軍事援助がスターリング・バランスの管理と連動して行われ、コモンウェルスの金融軍事的紐帯を強めたことや、イギリスのコモンウェルス再編構想がソ連を中心とした共産主義勢力の膨張を阻止するために行われたことを明らかにしている。

第一〇章「独立後インドの『軍事的自立化』とイギリスの位置」（横井勝彦）は、独立後インドの「軍事的自立化」の過程を、インド空軍の航空機生産を担当したヒンダスタン航空機会社とインド海軍の艦船建造を担当したマザゴン造船所に注目することによって経済史的観点から解明する。独立後インドは武器移転の構造を多角化して「防衛体制の自立化」を進めたが、一九五〇年代まではイギリスからの武器移転に大きく依存していた。しかし、中印紛争（一九六二年）以後はソ連からの武器移転に傾斜していき、英印間の軍事的紐帯は急速に消滅したことを明らかにしている。

以上のように本書では、一八世紀から一九七〇年代までの約三世紀間にわたるブリティッシュ・ワールドの変遷を、感情的・経済的・軍事的紐帯の関係に注目しながら総合的に分析することが試みられており、ブリティッシュ・ワールドの形成と、そのコモンウェルスへの変容がさまざまな事例を通じて明らかにされている。もちろん、以上の紹介からも明らかなように、時期にせよ、地域にせよ、本書が扱い残した点は多い。ブリティッシュ・ワールドの捉え方に関しても、執筆者の間で十分な統一がとれるに至らなかった点は、予めお断りしておきたい。しかし、本書が全体として、ポスト・ブレクジット時代のイギリス帝国史研究の現在を如実に示すものになっていることを、編者としては切に念願している。

注

（1）ブレクジットの歴史的背景と経緯については、以下を参照。Evans and Menon [2017]; Clarke, Goodwin and Whiteley [2017].

（2）アンダーソン［二〇〇七］。

（3）Thackeray, Thompson and Toye (eds.) [2018] pp. 2-5. ピーター・ケインもアンダーソンの『想像の共同体』に言及し、「共同体が想像され現実化されたものであるならば、経済もまた同様である」と主張している。Cain [2013] p. 99.

（4）このヴィジョンは、トニー・ブレア首相によってかつて頻繁に言及されていた。Gamble [2003] pp. 231-232.

（5）Howell [2014]. このようなイギリスのコモンウェルス諸国への接近を、帝国主義の再来、すなわち「帝国二・〇」であると批判する研究も存在する。例えば、Murphy [2018] を参照。

（6）コリー［二〇〇〇］。

（7）「ソフト・パワー」と「ハード・パワー」の概念については、ナイ［二〇〇四］; ナイ［二〇一一］を参照。

（8）ここで紹介するブリティッシュ・ワールド研究の多くは、定期的に開催されてきたブリティッシュ・ワールド・カンファレンスの研究成果として出版されてきた。同カンファレンスの主な開催地を列挙しておくと、イギリスのロンドン（一九九八年）、南アフリカのケープタウン（二〇〇二年）、カナダのカルガリー（二〇〇三年）、オーストラリアのメルボルン（二〇〇四年）、ニュージーランドのオークランド（二〇〇五年）、イギリスのブリストル（二〇〇七年）、中国の香港（二〇一一年）であり、ブリティッシュ・ワールド研究に対する関心の高さがうかがえる。

（9）Kenny and Pearce [2018] chap. 1 は、ヴィクトリア朝後期の大ブリテン（Greater Britain）構想からコモンウェルスに至るまで、イギリスの勢力圏の系譜をたどっている。大ブリテン構想については、とくに本書第七章と Bell [2007] を参照されたい。

（10）ドミニオン諸国の定義については、McIntyre [2009] pp. 76-79 を参照。

(11) Buckner and Bridge [2003]; Bridge and Fedorowich (eds.) [2003]; Buckner and Francis (eds.) [2005]; Buckner and Francis (eds.) [2006].

(12) Magee and Thompson [2007]; Magee and Thompson [2010]; Fedorowich and Thompson (eds.) [2013]. ブリティッシュ・ワールド内の文化の共有がドミニオン諸国の経済活動の円滑化に果たした役割については、Attard and Dilley (eds.) [2013] を参照。ネットワークを強調するイギリス帝国史研究としては、Lester [2001]; Laidlaw [2005] がある。

(13) Belich [2009].

(14) Darwin [2009].

(15) Crosbie and Hampton (eds.) [2016].

(16) Bright and Dilley [2017].

(17) サイード [一九九三]。

(18) Mitcham [2016].

(19) 「殖民・植民地主義」論については、Veracini [2010]; Veracini [2013]; Bateman and Pilkington (eds.) [2011]; Elkins and Pedersen (eds.) [2005] を参照。

文献リスト

ベネディクト・アンダーソン（白石隆・白石さや訳）[二〇〇七]『定本 想像の共同体――ナショナリズムの起源と流行』書籍工房早山。

リンダ・コリー（川北稔監訳）[二〇〇〇]『イギリス国民の誕生』名古屋大学出版会。

エドワード・W・サイード（板垣雄三・杉田英明監修、今沢紀子訳）[一九九三]『オリエンタリズム』上・下、平凡社。

ジョセフ・S・ナイ（山岡洋一訳）[二〇〇四]『ソフト・パワー――二一世紀国際政治を制する見えざる力』日本経済新聞出版社。

ジョセフ・S・ナイ（山岡洋一・藤島京子訳）[二〇一一]『スマート・パワー――二一世紀を支配する新しい力』日本経済新聞出版社。

Attard, B. and A. R. Dilley (eds.) [2013] *Finance, Empire and the British World: A Special Issue of the Journal of Imperial and Commonwealth History*, Vol. 41, *Journal of Imperial and Commonwealth History*, 41-1.

Bateman, F. and L. Pilkington (eds.) [2011] *Studies in Settler Colonialism: Politics, Identity and Culture*, Basingstoke.

Belich, James [2009] *Replenishing the Earth: The Settler Revolution and the Rise of the Anglo-World, 1783-1939*, Oxford.

Bell, Duncan [2007] *The Idea of Greater Britain: Empire and the Future of World Order, 1860–1900*, Princeton and Woodstock, Oxfordshire.

Bridge, C. and K. Fedorowich (eds.) [2003] *The British World: Diaspora, Culture and Identity*, London and Portland, Oregon.

Bright, R. K. and A. R. Dilley [2017] "After the British World", *Historical Journal*, 60–2.

Buckner, P. and R. D. Francis (eds.) [2005] *Rediscovering the British World*, Calgary.

Buckner, P. and R. D. Francis (eds.) [2006] *Canada and the British World: Culture, Migration, and Identity*, Vancouver.

Buckner, P. A. and C. Bridge [2003] "Reinventing the British World", *The Round Table*, 92–368.

Cain, Peter [2013] "Afterword: The Economics of the 'British World'", *Journal of Imperial and Commonwealth History*, 41–1.

Clarke, H. D., M. Goodwin and P. Whiteley [2017] *Brexit: Why Britain Voted to Leave the European Union*, Cambridge.

Crosbie, B. and M. Hampton (eds.) [2016] *The Cultural Construction of the British World*, Manchester.

Darian-Smith, K., P. Grimshaw and S. Macintyre (eds.) [2007] *Britishness Abroad: Transnational Movements and Imperial Cultures*, Carlton, Victoria.

Darwin, John [2009] *The Empire Project: The Rise and Fall of the British World-System, 1830–1970*, Cambridge.

Elkins, C. and S. Pedersen (eds.) [2005] *Settler Colonialism in the Twentieth Century: Projects, Practices, Legacies*, New York and Abingdon, Oxon.

Evans, G. and A. Menon [2017] *Brexit and British Politics*, Cambridge and Medford, MA.

Fedorowich, K. and A. S. Thompson (eds.) [2013] *Empire, Migration and Identity in the British World*, Manchester and New York.

Gamble, Andrew [2003] *Between Europe and America: The Future of British Politics*, Basingstoke and New York.

Howell, David [2014] *Old Links & New Ties: Power and Persuasion in an Age of Networks*, London.

Kenny, M. and N. Pearce [2018] *Shadows of Empire: The Anglosphere in British Politics*, Cambridge and Medford, MA.

Laidlaw, Zoë [2005] *Colonial Connections 1815–45: Patronage, the Information Revolution and Colonial Government*, Manchester and New York.

Lester, Alan [2001] *Imperial Networks: Creating Identities in Nineteenth-century South Africa and Britain*, London and New

York.

Magee, G. B. and A. S. Thompson [2007] "'Migrapounds': Remittance Flows Within the British World, c.1875–1913", in K. Darian-Smith, P. Grimshaw and S. Macintyre (eds.) *Britishness Abroad: Transnational Movements and Imperial Cultures*, Carlton, Victoria.

Magee, G. B. and A. S. Thompson [2010] *Empire and Globalisation: Networks of People, Goods and Capital in the British World, c.1850–1914*, Cambridge.

McIntyre, W. D. [2009] *The Britannic Vision: Historians and the Making of the British Commonwealth of Nations, 1907–48*, Basingstoke.

Mitcham, J. C. [2016] *Race and Imperial Defence in the British World, 1870–1914*, Cambridge.

Murphy, Philip [2018] *The Empire's New Clothes: The Myth of the Commonwealth*, Oxford.

Thackeray, D., A. Thompson, and R. Toye (eds.) [2018] *Imagining Britain's Economic Future, c.1800–1975: Trade, Consumerism, and Global Markets*, Cham, Switzerland.

Veracini, Lorenzo [2010] *Settler Colonialism: A Theoretical Overview*, Basingstoke.

Veracini, Lorenzo [2013] "'Settler Colonialism': Career of a Concept", *Journal of Imperial and Commonwealth History*, 41–2.

第1章　ブリテン・アイルランド間の民兵互換
——ブリティッシュ・ワールド「本国」における紐帯——

勝田俊輔

1　はじめに

現在の「イギリス」すなわちグレートブリテンおよび北アイルランド連合王国は、一種の寄せ集め国家である。というのも、この国家は、一六世紀から一九世紀にかけてイングランド王国にウェールズ、スコットランド、アイルランドが結合することで形成されてきたものだが、イングランドと他地域の結合は、必ずしも強固ではなかった。二〇世紀に入るとアイルランド南部が独立し、スコットランドとウェールズへ内政自治権が与えられ、さらに二一世紀にはスコットランド独立運動が高揚した。したがって、「イギリス」を国家として成立せしめてきた結合のあり方自体が歴史学の問いとなりうるのである。ブリティッシュ・ワールド論に即していうと、「本国」の内部に関しても、本国と自治植民地・属領との間の場合と同じように、各種の紐帯を問題にしうるということになる。

本章は、「本国」が持ったうちでもっとも複雑（かつ不安定）な紐帯、すなわちイングランド／ブリテンとアイルランドとの間の紐帯を主題とする。これは、一見すると奇妙な問題の立て方に思われるかもしれない。アイルランドとイングランド／ブリテンの間の関係は、分断と対立を基調としており、一歩譲って紐帯なるものが存在していたとしても、それは一五四一年の同君連合化、一六五〇年代の単一共和国形成、一八〇一年の国家合同のように、アイルランド側の意向を無視して一方的にイングランド／ブリテンの側が強いた結果に過ぎないのではないか——だが、こうしたイメージについて、本章で述べるように近年の歴史研究は修正を試みている。

実のところ、一七世紀後半から一八世紀のアイルランドには国家合同——これはアイルランド王国の消滅を意味した——の賛成論者が少数派ながら常に存在した(1)。公式な合同提案も、一六九〇年代から一七〇〇年代にかけて複数回、アイルランド王国の側からイングランド／ブリテン王国に対してなされていた。そして一八〇一年の合同は、ブリテンおよびアイルランド両国の議会が合同法案を可決する形で実現したのであり、この際には、それまで国制・国政から半ば排除された存在として議論の埒外に置かれていたアイルランドのカトリックをも視野に含めた合同論が、両国で展開されていた。

ここで確認すべきは、こうした国制上の紐帯とは別の次元でも、アイルランドとブリテンの間には紐帯、もしくはその提唱が、存在したことである。一七八二年に、アイルランド議会がブリテン議会に対する名目上の主権を獲得した際には、両国の真の絆は公式の関係ではなく情愛の関係に求められるべきとする言説が登場した。これに先行する一七七九年には、アイルランドはブリテンの航海法体制に参入しており、さらに一七八五年には、こうした経済面での紐帯の強化がブリテンから公式に提案された。そして一八〇一年の国家合同の際には、両国間の民兵の互換勤務すなわち人間の相互移動によって、文化的な紐帯を築こうとする試みも見られたのである。

本章は、両国間のこうした各種の紐帯について検討し、そのうえで連合王国形成時に打ち出された民兵互換による紐帯の強化の構想について、その可能性と閉塞性を解明することを試みる(2)。なお民兵互換については、アイルランド一国の文脈における軍事史および政治史からの解釈が存在するが[3]、本章はこれをブリテン・アイルランド関係における問題として論じる。

2　連合王国発足以前の紐帯

(1) 国家合同

一八〇一年にブリテンと合同する以前のアイルランド王国にとって、国家合同の先例は、一七世紀半ばに自らが短期間ながら経験したものと、一八世紀初頭のスコットランドとイングランドとの合同であった。

一七世紀の国家合同は、クロムウェル期において、単一国家、単一議会（在ロンドン）のもとでの「イングランド、スコットランドおよびアイルランド共和国」（一六五三〜一六六〇）として成立した。だがこれは王制復古によって解体し、三王国体制が復活した。三王国体制は名誉革命後も維持され、アイルランドはイングランドおよびスコットランド（一七〇七年まで）と同君連合をなした。ただし、これは対等な性質の国家連合ではなかった。アイルランドは自らの議会を持ったが、アイルランド行政府は、議会の多数派の長が構成する（議院内閣制）のではなく、イングランド政府によって派遣された総督の下にあった。総督の枢密院はアイルランド議会を通過した法案を修正・否決することがしばしばあり、さらにロンドンの枢密院も同じく修正・否決を行った。そのうえ、イングランド議会もアイルランドに対して一方的に立法権を行使しえた。名誉革命後の両国の国制上の紐帯は、イングランド（のちブリテン）によるアイルランドの統制としての性格が強かったといえる。

この一方で、名誉革命後のイングランドとスコットランドとの間の紐帯は、一七〇七年に同君連合から単一合同国家へと大きく強化されることとなった。注目すべきは、これと前後してアイルランド王国の側からも、合同を求める要求が出されていたことである。当時のアイルランド王国の統治エリートはプロテスタントの土地所有者階層からなっており、彼らは、自分たちの地位が結局はイングランドの軍事力に依存していることを名誉革命戦争の際にあらためて認識していた。このため、イングランドとの国制上の関係を考える際、国家合同はむしろ自然な選択肢の一つだったのである。アイルランド議会は一七〇三〜〇四年、一七〇七年、一七〇九年に、合同の提案と要求をイングランド／ブリテンの議会に送っていた。だが、両国の国制上の関係を変更する必要を認めなかったイングランド／ブリテン政府によって、この提案は無視された。

イングランドとスコットランドの国家合同の際に、デフォー（Daniel Defoe）が合同賛成派の公論形成に一役買ったことはよく知られている。この合同をアイルランドから批判したのがスウィフト（Jonathan Swift）である。(4) その一方で、スウィフトは元来アイルランドとイングランドの合同論者であり、一七〇三年のアイルランド議会による合同提案が実を結ばなかったことに落胆していた。(5) 一七二〇年代初頭のスウィフトが、アイルランドに対するブリテンの統制への抵抗運動を言論によって率いたことは両国の関係史における重要な事実だが、これが両国の合同という選択肢が失われた後のことだった点は確認しておくべきである。

ただし、一八世紀の半ば以降は、むしろアイルランドの側が合同に反対の姿勢を見せることとなる。一七五〇年前後にアイルランドの政治情勢が再び不穏となり、ブリテンによる統制が不安定となると、ロンドンの政府では、陸軍大臣フォックス（Henry Fox）が首相ペラム（Henry Pelham）に合同を提唱するなど、アイルランドとの合同が議論され、またブリテンの下院議員で後に国務大臣となるヒルズバラ（Hillsborough）伯が合同論を唱える冊子を一七五一年に公にした。(6) この冊子に触発されて、他の冊子や新聞がアイルランド国内で合同について論じるようになり、さらに一七五三〜五六年にアイルランド財政をめぐってアイルランド総督と議会との間に対立が生じると、再び合同論がブリテンに登場した。(7) これは政策提案として実を結ぶことはなかったが、ダブリンではブリテンとの合同が計画されているとの噂が広まり、合同反対派による暴動が一七五九年に発生した。暴徒は議事堂に侵入し、数名の官職保有者を襲撃して、さらに約五〇名のアイルランド議会議員に「合同に決して賛成しないという厳粛な義務」に誓いを立てるよう強制する事態となった(8)。

ブリテンの側からすると、合同という形は取れなかったにせよ、対ヨーロッパ戦略上の弱点だったアイルランドに対する統制を失うこともできなかった。このため一七六〇年代に入ると、アイルランド総督はそれまでの慣例を改め、議会の会期中（原則として二年に一会期）だけでなく常時ダブリンに滞在することで、アイルランド社会での存在感を強めようとした。だがこの一七六〇年代には、本国ブリテンと北米植民地の間で対立が始まっており、さらに一七七五年からアメリカ独立戦争へと事態が悪化することとなった。これを受けてアイルランドの統治エリートは、合同反対の立場から一歩踏み出した。彼らは北米植民地への同情を表明しつつ、ブリテンからの統制の撤廃を要求するにいたったのである。

アメリカ独立戦争の戦況が悪化し、ブリテンと北米植民地との間の国制上の紐帯が完全に失われる可能性が大きくなったため、アイルランドが第二のアメリカとなることを恐れたブリテン政府は、譲歩せざるをえなかった。政府は一七八二年から八三年にかけてアイルランドに対する統制を大きく弱め、ブリテン議会の立法権および、アイルランド総督の法案修正・否決権を廃止した。この結果アイルランド王国は、少なくとも形式上は議会主権を獲得することとなった。だがこのように両国の国制上の紐帯が弱まる一方で、国制とは別次元の紐帯の強化を唱える言説が登場していた。情愛の紐帯である。

(2) 情愛

両国民の間に情愛が成立しえたのだろうか。ブリテンの国民が抱いた反アイルランド感情については、とくに一九世紀のものに関してかなり多くの研究がある。(9) ただしこれらは一方的に負の側面を強調する傾向が強い。実際には、アイルランドに対するブリテンの眼差しはニュアンスに富んでおり、親愛感情が示されることもあった。

一八世紀後半の例を見ると、一七七八年、バーク（Edmund Burke）は「私は、アイルランドと利害および情愛におけるできる限り緊密な絆を持ちたいと願う〔……〕そしてそのことが、疑いもなく、政府の名ばかりの結合よりもはるかに望ましいことなのである」と論じていた。(10) バークはアイルランド生まれだが、この時期にはブリテンの政治家として活動していた。なおバークはアイルランドが議会主権を持つことに反対の立場を取っており、北米植民地との関係でもアイルランドとの関係でも、本国議会が原則上は立法権を有することを認めつつ、ただしその行使に際しては賢明に自己抑制し、そうすることで治められる者との間の精神的な絆を強める方が望ましい、との思考を晩年まで維持していた。(11)

アイルランドの側でも、有力政治家で議会主権確立に功のあったチャールモント（Charlemont）子爵が、一七八二年に「相互の愛と自由という貴重な紐帯」について述べており、さらにこの議会に自らの名を冠されることになった議会指導者のグラタン（Henry Grattan）も、議会主権を要求する同年の議会演説で、「ブリテンの国名と国民に対する生来の情愛」をアイルランド人が抱くべきと弁じた。(12) アイルランドの議会主権をブリテン政府が承認するとの報がもたらされると、グラタンは議会に向けて、以下の条項を含んだ感謝の決議を国王に奉じるよう提案した。

〔……〕両国の調和を乱すいかなる国制上の問題もこれ以降は存在しないのであり、またグレートブリテンは、〔議会主権を求める〕我々の決意を確かに承認したのと同じように、我々からの情愛を確かなものと見なしうるのであります。

我々は、ブリテン国民と運命を共にする決意をこの先忘れることはなく、またここに繰り返すものであります。

この決議提案は二一一対四の圧倒的多数で可決された[13]。

確認しておくべきは、情愛の絆は、国制上の紐帯（統制）が弱まったことへの反作用としての側面があったと同時に、公式な国家合同への代替として、合同に反対する際の論法ともなったことである。グラタンは合同反対論者であり、バークも同じく「支配する者の心情が好意的なのか、それとも冷淡なのかということの方が［……］法の条文の文言などよりも、人間にとってはるかに大きな重要性を持つ」として、公式の合同に反対していた[14]。バークの論法を継承したのがグレイ（Grey）伯であった。彼は「議会の合同ではなく、心、情愛、そして利害の合同」が望ましいとし、後に小ピット（William Pitt, the Younger）によってなされるブリテンとアイルランドの国家合同の提案に反対することとなる[15]。

とはいえ、この当時まだブリテンとアイルランドの両国民の接触はもちろん、互いについての知識でさえも限定的であり、情愛の紐帯の提唱も、空理空論と呼びうる側面があったことも否定できない[16]。

（3）同君連合体制の限界

形式上は議会主権が与えられたとはいえ、グラタン議会体制下のアイルランドは、ブリテンからの統制を完全に脱してはいなかった。依然として行政府はブリテン政府によって派遣されるアイルランド総督の下に構成されており、このため、両国の間に何らかの対立が発生した場合、それはアイルランドにおける行政府と立法府の間の対立として発現する可能性があった。これを避けるため、行政府は議会運営に際して利権の配分に頼る傾向を強めざるをえなかったが、逆にこのことも、「腐敗」を通じたブリテンによる統制として、両国間の対立を煽る可能性があった。

このような意味で完全には対照的でない両国の関係には、調整の余地が残されていた。しかし、アイルランドに議会主権を与える際のブリテン側の立役者フォックス（Charles James Fox）は、これが両国関係を調整する最終措置と考え、それ以上の譲歩をアイルランドになそうとはしなかった[17]。逆に国家合同に踏み切る案も、アメリカ独立戦争中にブリテン政府によって検討されたが、当時のアイルランド総督がアイルランドでの反対姿勢の強さを指摘したこともあり、この案は放棄されていた[18]。

そこで新首相の小ピットは、別な角度から両国の紐帯を強めようとした。すなわちピットは一七八五年に、両国間の関税の削減（特定品目については廃止）および財政の部分的統合を唱えた。すでに一七七九年にアイルランドはブリテンの航海法体制に組み込まれており、植民地貿易の自由を享受していたが、この通商連合の提唱は、スミス(Adam Smith) の愛読者だったピットが、両国間の通商の自由化が双方の経済にとって有益な結果をもたらし、財政統合とあわせて「イングランドとアイルランドが実質的に一つの国になる」と期待を込めた策であった。だが、これは国制上の統合への一歩とも見なしえたため、グラタンは同案を「国家合同が忍び寄る発端」と呼んで反対した。このため結局ピットの革新的な案は、法案としてブリテン議会は通過したものの、アイルランド議会の強い反対によって挫折することとなった[19]。

こうして、非対称的な同君連合が維持された。実はここには、ブリテンからの統制とその結果生じるアイルランドでの行政と立法の分離以外にも、困難の種があった。すなわち、同君連合の紐帯の核をなす共通の君主に関わる問題である。一七八八年に国王のジョージ三世が病気となり、翌年の初めには王太子を摂政として立てる必要性が浮上した。その際アイルランド議会は、独自のイニシアティブによって、摂政に本来の王権と同等の権限を認める勅語奉答文 (address) を可決した。だがこれは、同じ時期にブリテン議会の多数派が構想していた摂政の権限とは異なっていたのである。実際には、間もなくジョージ三世が回復して摂政を立てる必要がなくなったため、この問題による危機は回避された。だが、両国の関係がさらなる調整を何らかの形で必要としていたことは否定しえず、ブリテンの側では、元首相のノース (Frederick North) らが国家合同への賛成を示唆するなど、合同は選択肢の一つとして存続した[20]。

ピット自身、通商連合の試みが挫折した後しばらくはアイルランド情勢に手をつけなかったが、その一方で議会合同の機会を窺ってもいた[21]。好機は、革命の時代である一七九〇年代に到来することとなる。

フランス革命の開始に伴い、全ヨーロッパ的に政治改革の機運が高揚すると、アイルランド議会内外には、アイルランド議会における利権すなわち「腐敗」とブリテンの影響力の排除を目的とする急進主義的運動が組織された。その一方で彼らは、「互いに利益を与え、互いに必要とする関係が、互いの情愛を確固たるものとするであろう」と明言していた[22]。だが対仏戦争が始まると、彼らの運動は行政府によって弾圧された。弾圧された急進主義運動は地下に潜り、非合法運動すなわち武装蜂起に路線を転向し、フランス軍の支援を受けつつ、一七九八年にアイルランド共和国建国を目的に掲げる反乱を起こした。

反乱は結局鎮圧されたが、議会の「腐敗」を問題の発端とする急進主義運動が大規模な反乱を起こした事実からして、もはやグラタン議会体制の下でのアイルランド王国をそのままに放置することはできなかった。加えて、革命フランスとの大戦争の最中にあって、両国の紐帯をあらためて強化する必要があったが、そのための根本的な手段は、最も重要な政治機関である議会の合同であった。このため実際のところ反乱勃発直後から、ロンドン政府首脳は議会合同による連合王国の形成に向けた準備を始めていた。一八〇〇年に両国の行政府は国家合同法をそれぞれの議会で通過させ、グレートブリテンおよびアイルランド連合王国の発足を迎えることとなる。

3　連合王国の形成と民兵互換

(1)　統合の可能性

連合王国は一八〇一年に始まり、一九世紀を通じて維持されるが、すでに一八三〇年代よりアイルランドからは分離独立の要求が発せられており、また一八八〇年代以降の自由党の自治構想のように、ブリテンの側からも連合王国の改編の試みがなされていた。結局この国家は、一九二二年にアイルランドの南部二六州が分離することで大きく縮小する。このように見ると、発足した新国家は失敗を運命づけられていたと考えられるかもしれない。

実際に、連合王国は統合性の弱い国家として発足した。議会と国教会は合同したものの、行政府は統合されず、また旧王国のそれぞれの国法が存続した。だが、連合王国の発足当初には、統合を強化しようとする思考法があったことも事実である(23)。国制の次元では、議会および国教会に続いて両国の財務省が統合され、また経済の次元では両国間の関税が撤廃されて完全な自由貿易圏が成立した。

また、国制や経済とは別の次元を見ても、国家合同を結婚になぞらえる比喩は当時しばしば用いられ(24)、アイルランドへの関心がブリテンで高まっていた。ある歴史家の表現を借りるならば、「ケルトのカルト」がブリテンで一世を風靡していたのである(25)。一例として、一八〇〇年公刊のエッジワース著『ラックレント城』は、「つい最近まで、ヨーロッパ諸国の中でイングランドの姉妹国であるアイルランドほど、その生活習慣がイングランド人に知られていない国は無かった」状態の改善を目的に掲げており、実際に一種のアイルランド入門としての役割を果たした。ピットやジョージ三世は同書を愛読し、国王は「この本を読んで初めてアイルランド人を理解できた」と述べたとされる(26)。

実際には、この例は、先述のように当時アイルランドについての「生の」情報が不足していたことを示している。「アイルランド旅行記」が隆盛を見るのは連合王国発足後しばらくしてからのことである(27)。また、連合王国発足期には、両国間の人口移動がいまだ限られた規模でしかなされていなかった。確かに一八世紀末にはロンドン、リヴァプール、マンチェスタなどにアイルランド人のコミュニティが成立しており、またアイルランド人の季節労働者がイングランドの農場で働く姿もおなじみの光景となっていた(28)。だが、蒸気船が就航するナポレオン戦争後まで旅客運賃は高く(29)、一八二〇年代以降に本格化する大量のアイルランド人移民の時代はまだ始まっていなかった。ある同時代人の推計では、連合王国形成期にはアイルランドから海を渡った人間は年に一五〇〇人程度であり[30]、このうちブリテンに定住した人間は一〇〇〇人に満たなかった可能性がある[31]。

ところが、このように限られた規模での人的接触・交流しか存在しなかった段階で、連合王国政府は、ブリテンとアイルランド両国の間で毎年一万人以上の人間を移動させる措置を実現した。両国の民兵ユニットの互換すなわち交替勤務である。

(2) 民兵互換

この措置を当初推進しようとしたのは連合王国発足直後のアイルランド総督ハードウィック（Hardwicke）伯であり、「考えうるいかなる措置よりも〔……〕両国の合同を強化する」ものとして、民兵互換をブリテン政府の首脳に提案した[32]。なぜ民兵互換が両国の紐帯を強化しうると考えられたのか。ハードウィックは、民兵互換によって「連合王国のさまざまな地域の住民が、互いの風習と生活様式についてこれまでよりもよく知ることになる」と述べていた[33]。民兵互換にこうした効果を期待していたのは、ハードウィックだけではなかった。そもそも民兵互換は、アイルランド主席政務官、続いて連合王国下院議長となったアボット（Charles Abbot）によってハードウィックに提案されたものであった[34]。ブリテンの側でも、ピットの後継首相となったシドマス（Sidmouth）子爵は、民兵互換によって「国家合同が完成したものと考える」と述べていた[35]。実際に民兵互換法案が議会に上程された一八一一年、同法案を提出した連合王国内相ライダ（Richard Ryder）は以下のように弁じている。

この措置から期待される道徳的および政治的な効果は、軍事的な利点よりもはるかに大きいものであります。〔……〕この措置に関しては、真のイングランド人なのであれば誰でも、アイルランド人としての思いを抱きつつ、また真のアイルランド人であれば、イングランド人としての思いを抱いて語るべきであります。この措置は、互いの性質についての両国の無知、そしてそのために双方が苦しんできた無知を取り除くことになりましょう。新しいつながりや友誼、そして近しさが創り出され、それは特定の階級や地位に限定されるものではなく、両国民の全体に広がるものでありましょう〔……〕。[36]

ここで確認しておくべきこととして、民兵互換には先例があった。これはブリテンの民兵ユニットがアイルランドで勤務する形で実現していた。一七九八年の反乱勃発により、「姉妹王国の忠良なる兄弟たちに対する暴虐」を知ったブリテンの民兵兵卒たちは、反乱鎮圧のためにアイルランドでの勤務を志願し、[37]二〇以上の連隊が反乱勃発から一カ月以内に正式な申請を行った。[38]ここには上官による圧力もあった可能性は否定できないが、[39]建前上は自発的な志願であり、[40]一例としてハードウィックその人の指揮するケンブリッジシャー連隊では八〇〇名が志願した一方で、志願しなかった者は一八名にとどまった。[41]ブリテンの民兵は一八〇〇年までアイルランドで勤務を続けた。その実態は前線での戦闘ではなく各地の駐屯地の守備だったが、[42]最盛期には一万三五〇〇名ものブリテン民兵がアイルランドで勤務していた。[43]この数は、当時のアイルランドに配備されていた正規軍を大きく上回るものであった。[44]

では、民兵とホスト社会との間の関係はどうだったのか。摩擦が全くなかったわけではない。[45]だが全体として見ると、両者の関係はむしろ平穏を基調としていたし、友好的な関係が築かれたことを示す証拠もある。民兵の将校とアイルランド側の上流・中流階級の人間は、前者の非番時に交際することが通例であった。一七九九年、ランカシャー民兵の将校は、アイルランド南部クロンメルより家族に手紙を送っており、駐屯地が主催した舞踏会について、「町と近隣の上流階級の全員が出席し、その数は一三四名に達しました。〔……〕午前二時になってダンスが終わりました。こんなにも気持ちの良いパーティは初めてです。食事の後、再び踊り始めて、朝の六時まで続きました」と記している。彼の連隊がアイルランドを去る際には、「身分のある住民が町からしばらく付き添って行進し、イングランドへ戻る旅路の安全を祈って喝采した」とされる[46]。

民兵の将校と親しく交際した「身分のある住民」は、プロテスタントで体制派だった可能性が高い。その一方で、一般兵卒もホスト社会と親しく交流していたと考える証拠がある。実は、兵舎勤務とされていた兵卒に対しては、地元住民との間の接触を最小限に抑えるように配慮がなされていた。それは性病の感染を防ぐこと[47]、そして「アイルランド女性と結婚することを防ぐ」ことを目的としていた[48]。結婚は、地元民との交流のもっとも端的な例である。そこで、都市ダブリンにおける民兵と地元民の結婚について検討することとする。

当時ダブリンに存在した国教会教区の大半で教区簿冊が残されており、婚姻記録を確認できるが、通常は新郎新婦の名前が記されているのみで、両者の肩書きについては不明の場合が多い。間接的なデータを挙げると、ブリテンの民兵が駐屯していた一七九八～一八〇〇年にかけて、合計四七一件の結婚が確認できる。これは先行する一七九五～九七年での婚姻数三九四件と比べて約二〇%の増加であり、また続く一八〇一年から一八〇三年には婚姻数は四二二件に減っている。すなわち、ブリテン民兵の勤務期間に婚姻数が増えている。例外的に肩書きが残されており、民兵兵士であることを直接確認できるケースもある。興味深いことに、彼らの結婚相手のうち、「ブリジット・トロイ(Bridget Troy)」、「マーガレット・オブライエン(Margaret O'Brien)」、「レイチェル・フィッツパトリック(Rachel Fitzpatrick)」、「ブリジット・ゴーマン(Bridget Gorman)」など、カトリックの地元民と考えられる名前が新婦として記されている例があり、これらは、民兵と地元民との間の交流の存在を強く示唆する[49]。当時の新聞報道も、こうしたデータを裏付ける――「下士官と兵卒の多くが、すでにダブリンで伴侶を見つけている」[50]。なお、地元女性の多くはカトリックだったはずだが、当時カトリックの教会記録はほとんど残っていないため、ここで確認できたのは、国教会方式で執り行われた婚姻の場合のみである。

なおアイルランドの民兵にも、互換勤務の先例があった。彼らは一七九九年にブリテン勤務を志願していた。[51] だが、ブリテン政府は、増援の必要のないブリテン本土にアイルランド民兵を勤務させることには意義を見いだせず、逆にブリテンの民兵部隊のプライドを傷つけるとしてこの提案を却下した。[52] 結局アイルランド民兵は、ジャージー島およびガーンジー島において二個連隊のみが一七九九年に勤務することとなった。[53] ただしこの事例については、史料の不足のため実態が不明である。

アイルランドの民兵は、連合王国の発足直後にもブリテン勤務を積極的に志願していた。[54] 例えば一八〇一年には、全三八連隊のうち三六から志願が寄せられている。[55] ここには物見遊山の気分もあったであろうことは想像に難くないが、ブリテン民兵に恩を返す動機もあったとの記録もある。[56] コーク州南部連隊の兵士たちは「多大なる活発さと熱意をもって」志願したとされ、一人は「もちろんイングランドに志願する〔……〕キッチンからパーラーに行くようなものだよ」と述べたとされる。[57] いずれにせよ一八一一年、民兵の互換がついに実現した際には、アイルランドの民兵部隊はブリテン各地で歓迎されたことが史料に残っており、ある史家によれば、「到着したアイルランド民兵を迎えた〔……〕友好の精神は、その後も継続し、ことは大きな摩擦なしに進んだ」とされる。[58]

(3) 文明化

ただし民兵互換は、ブリテンとアイルランド両国民の交流と相互理解を促進すべき措置としてのみ構想されたのではなかった。ハードウィック、アボット共に、民兵の互換は「文明度において劣ると認めざるをえない方の国の状況を改善する」と記していた。[59] この考えは当時広く見られたものであった。またアイルランド側でも、こうした教化の効用は認められていた。一八〇四年の連合王国議会において、アイルランド貴族の一人は、「民兵連隊に属するアイルランドの下層民がこの国を訪れ、この国の人民と交わることで得られる大いなる利益〔……〕すなわちイングランドの有徳な農民の生活様式と気質にある程度まで倣うこと」について述べていた。[60] 一八〇五年にアイルランドを訪れたイングランド人は、「複数のアイルランド民兵連隊の将校は〔……〕〔民兵互換による〕相互交流が、慣習を一致させることによってアイルランドを文明化する〔……〕であろうと宣言した」と記している。[61] 一八〇八年、アイルランドの有力紙は「この国〔ブリテン〕に多少なりとも居住したことのあるアイルランドの下層民はすべて、その経験を通じて振る舞いとモラルの双方において相当に改善されたことを示した」ことを理由に、民兵互換を唱えていた。[62]

実のところ、連合王国の形成それ自体に、アイルランドを文明化する意図が込められてもいた。国家合同をめぐり、二〇〇点以上のパンフレットが公にされており、[63] 主な論点は合同による経済的・政治的な損益、およびアイルランド議会が自らを解体することの合法性だったが、[64] 首相ピットは「イングランドとの交流が緊密になることにより、〔アイルランドの〕富と文明が内発的に進歩するための障壁が取り除かれる可能性」に言及していた。[65]「アイルランド人の無知と文明の欠如」については、国家合同に反対する側も認めていた。[66] ダブリン総督府高官の一人は、合同反対のパンフレットにおいて「我々はアイルランドの劣等性を認めつつこれを嘆き〔……〕我々が文明および政策において欠落していることをここに宣言する」と記していた。[67] 連合王国発足後も、アボットは首相シドマスにあてて「〔アイルランド〕の文明および国内の繁栄を促進し、真の合同国家をもたらす」旨の主意書を送っていた。[68]

4　おわりに

民兵互換は、一八一一年より、民兵部隊が常勤の任を解かれる一八一六年まで続く。その後のブリテン、アイルランド両国間の人的な交流は、アイルランドからブリテンへの大量の移民が基調となる。ある歴史家が「ノルマン・コンクエスト以来の出来事」と呼んだ、ブリテン島への大量の人口移入である。[69] 彼らの多くが貧しい労働者階層に属していたため、救貧負担の増大および労働賃金の低下が懸念され、受け入れ先のブリテン社会から厄介視されたことはよく知られている。民兵互換の際にアイルランド民兵が受けた歓待ぶりと比べ、著しい顕著をなしていることはあらためて確認しておきたい。

この違いについて、移民労働者と民兵は大きく異なる集団だったことが要因としてあげられよう。だが、そもそもアイルランド人移民＝貧しいカトリック、とするステレオタイプがあまりにも支配的でありすぎ、プロテスタントや中間層に属するカトリックのアイルランド人移民の姿が見えにくくなっているとの指摘もある。(70) このことは、民兵互換であれ移民であれ、一九世紀のブリテンとアイルランドの間の人的な紐帯を、緊張の関係の一色で描くことはできないことを示唆する。

本章で見たように、一七世紀以降、のちのブリティッシュ・ワールド「本国」をなすイングランド／ブリテンとアイルランドとの間の紐帯には複数の次元が存在し、このため両国の関係は複雑な性格を持った。このことが、「本国」とその外部との間の紐帯にどのような影響を及ぼしたのか。アイルランドからの移民はブリティッシュ・ワールド各地に広がっていたことを考えると、この点についての考察も今後必要となろう。

注

（1） Kelly［2001b］p. 134.

（2） 本章で用いる主な史料は、議会討論記録、パンフレット、新聞、内務省文書および主要政治家の私文書である。当時は公文書と私文書の厳密な区別がなく、内容的には公文書に準ずる文書が個々の政治家の家産として保存され、後に英国図書館などに移管された。また、民兵部隊についての史料は、残存する例が少ないが、例外的に残っていたケンブリッジシャー連隊についての史料を用いた。

（3） McAnally［1949］pp. 245, 249; Bartlett［1992］pp. 299–301, 326; Cookson［1997］pp. 200–201.

（4） Hayton［2001］pp. 154–155.

（5） Macinnes［2001］p. 91.
（6） Murphy［1989］pp. 51–53.
（7） O'Donovan［1979］pp. 74-87; Kelly［2001a］pp. 55–56.
（8） Kelly［2001b］p. 125.
（9） 代表的なものとして，Hickman［1995］; Curtis［1997］.
（10） Cited in Kanter［2009］p. 45.
（11） 岸本広司［二〇〇〇］四一三–四一四頁。
（12） McDowell［2001］p. 58.
（13） Speech of Henry Grattan, 27 May 1782, *The Parliamentary Register of Ireland: History of the Proceedings and Debates of the House of Commons of Ireland*, vol. 1 (Bristol: Thoemmes Press, 1999), pp. 357, 371.
（14） Cited in Connolly［2001］p. 173.
（15） Smith［1990］p. 73.
（16） Bartlett［2001］pp. 247–255.
（17） Ayling［1991］p. 115.
（18） Murphy［1989］p. 68.
（19） O'Brien［1987］chap. 3; Kelly［2001b］p. 128. 傍点は原文ではイタリック。
（20） Kelly［2001a］pp. 59–60.
（21） Kelly［1992］p. 246.
（22） McDowell［1986a］p. 300.
（23） Hoppen［2008］pp. 1-14.
（24） Dougherty［2001］p. 202.
（25） Dougherty［2001］p. 211.
（26） エッジワース［二〇〇一］一三九頁，解説三三〇頁；Dougherty［2001］p. 211.
（27） Bartlett［2001］p. 249.

(28) McDowell [1986b] pp. 658–659; MacRalid [2011] pp. 41–47.

(29) Neal [1988] p. 1.

(30) Lord Colchester (ed.), *The Diary and Correspondence of Charles Abbot, Lord Colchester, Speaker of the House of Commons 1802–1817* (London: John Murray, 1861), vol. 1, p. 293.

(31) Cullen [1994] p. 140.

(32) Hardwicke to Lord Hobart, 20 Aug. 1801, British Library, Hardwicke Papers, Add. Mss, 35771/42–44. 同様の提案を他の政府首脳にも送っている。Add. Mss, 35701/57–61 and HO 100/104/35–36.

(33) Hardwicke to Pelham, 6 Jan. 1802, HO 100/109/13–15.

(34) Abbot to Hardwicke, 6 Apr. 1801, Hardwicke Papers, Add. Mss, 35711/7–8. Abbot to [Hardwicke], 31 Dec. 1801, Hardwicke Papers, Add. Mss, 35711/174–175.

(35) Hardwick to Yorke, 18 Sept. 1801, Hardwicke Papers, Add. Mss, 35701/100–103.

(36) Speech of Ryder, 14 May 1811, *Hansard's Parliamentary Debates*, vol. 20, c. 130–131.

(37) Copy of a letter from Lieutenant Colonel Braddyll, of the Royal Lancashire Regiment of Militia, 16 June 1798, in *A Collection of Letters Addressed to His Royal Highness The Duke of York, from the Commanders of Different Regiments of Militia in Great Britain; Containing Offers to extend Their Services to Ireland, to suppress the Present Rebellion* (Dublin: J. Milliken, 1798), pp. 7–8, 16, 20.

(38) *A Collection of Letters Addressed to His Royal Highness...*, p. 12.

(39) Hardwicke to Richard Huddleston, 20 June 1798, Cambridgeshire County Record Office, Huddleston Correspondence, 488/C3/HR16.

(40) *A Collection of Letters Addressed to His Royal Highness...*, pp. 16, 20.

(41) Hardwicke to Huddleston, 24 Jan. 1799, Huddleston Correspondence, 488/C3/HR25; Battalion Companies of the Cambridgeshire Militia, Volunteering for Ireland, 24 Jan. 1799, Hardwicke Papers, Add. Mss, 35671/30–31.

(42) McAnally [1949] p. 146.

(43) *Times*, 27 Sept. 1798.

(44) Bartlett [1996] p. 249.

(45) Katsuta [2013] p. 143.

(46) Cited in R. J. T. Williamson and J. Lawson Whalley, *History of the Old County Regiment of Lancashire Militia Late 1st Royal Lancashire* (*The Duke of Lancaster's Own*)*; Now 3rd & 4th battalions The King's Own* (*Royal Lancaster*) *Regiment. From 1689 to 1856* (London: Simpkin, Marshall & Co, 1888), pp. 154–166.

(47) "A comparative View of the Diseases and Mortality which occurred in the Warrick and First West York Regiments of Militia during their Residence in Dublin Commencing July 1798 & Ending December 1799, with Observations Thereon", Feb. 1802, Pelham Papers, Add. Mss, 33119/177–194.

(48) R. Huddleston to Hardwicke, 27 Aug. 1799, Hardwicke Papers, Add. Mss, 35672/238–239.

(49) Katsuta [2013] pp. 144–145.

(50) Cited in Sir John M. Burgoyne, *Regimental Records of the Bedfordshire Militia from 1759 to 1884* (London: W. H. Allen & Co., 1884), p. 48.

(51) McAnally [1949] p. 146.

(52) Nelson [2007] p. 235.

(53) McAnally [1949] p. 147–148; Nelson [2007] p. 236.

(54) McAnally [1949] pp. 162, 182.

(55) "List of the Regiments of Militia who have volunteered Their Services to Any Part of the United Kingdom, and Whose Offers of Service have been accepted." [no date, but probably 1801], Colchester Papers, PRO 30/9/132/25–26. Cf. 全ての連隊が志願したとの記録もある。*Colchester diary*, vol. 1, p. 275.

(56) McAnally [1949] pp. 146, 182.

(57) Hardwicke to Hobart, 20 Aug. 1801, Hardwicke Papers, Add. Mss, 35771/42–44.

(58) McAnally [1949] pp. 247–248.

(59) Abbot to [Hardwicke], 31 Dec. 1801, Hardwicke Papers, Add. Mss, 35711/174–5; Draft of a Despatch from Mr. Abbot to Lord Pelham, 2 Jan. 1802, *Colchester Diary*, vol. 1, pp. 399–400; Hardwicke to Pelham, 6 Jan. 1802, HO 100/109/13–15.

(60) Speech of Lord Carleton, 19 Apr. 1804, *Hansard's*, first series, vol. 2, c. 154.

(61) John Carr, *Analysis of a New Work of Travels, lately Published in London. The Stranger in Ireland; or, A Tour in the Southern and Western Parts of That Country, in the Year 1805* (London: Phillips, 1806), p. 523.

(62) *Freeman's Journal*, 7 May 1808.

(63) Mansergh [2001] p. 126.

(64) Mansergh [2001] pp. 134–135.

(65) *Speeches on the Subject of an Union, Delivered in the Lords and Commons of Great Britain and Ireland, Being Volume the Sixth of Union Tracts* (Dublin: J. Milliken, 1799), p. 69.

(66) *Speeches on the Subject of an Union...*, pp. 22–23.

(67) Cited in Mansergh [2001] p. 128.

(68) Abbot to Addington, 13 Feb. 1801, *Colchester Diary*, vol. 1, p. 236.

(69) Lees [1979] p. 15.

(70) MacRaild [2011] p. 91.

文献リスト

岸本広司［二〇〇〇］『バーク政治思想の展開』御茶の水書房。

マライア・エッジワース（大嶋磨起・大嶋浩）［二〇〇一］『ラックレント城』開文社出版。

Ayling, Stanley [1991] *Fox: The Life of Charles James Fox*, London.

Bartlett, Thomas, and D. W. Hayton (eds.) [1979] *Penal Era and Golden Age: Essays in Irish History 1690–1800*, Belfast.

Bartlett, Thomas [1992] *The Fall and Rise of the Irish Nation: The Catholic Question 1690–1830*, Dublin.

Bartlett, Thomas [1996] "Defence, Counter-insurgency and Rebellion: Ireland, 1793–1803", in Thomas Bartlett and Keith Jeffery (eds.) *A Military History of Ireland*, Cambridge.

Bartlett, Thomas [2001] "Britishness, Irishness and the Act of Union", in Keogh and Whelan (eds.) *Acts of Union*.

Boyce, D. George, Robert Eccleshall and Vincent Geoghegan (eds.) [2001] *Political Discourse in Seventeenth- and Eigh-*

teenth-Century Ireland, Basingstoke and New York.

Connolly, Claire [2001] "Writing the Union", in Keogh and Whelan (eds.), *Acts of Union*.

Cookson, J. E. [1997] *The British Armed Nation 1793–1815*, Oxford.

Cullen, L. M. [1994] "The Irish Diaspora of the Seventeenth and Eighteenth Centuries", in Nicholas Canny (ed.) *Europeans on the Move: Studies on European Migration 1500–1800*, Oxford.

Curtis, L. Perry, JR. [1997] *Apes and Angels: The Irishman in Victorian Caricature*, Washington and London.

Dougherty, Jane Elizabeth [2001] "Mr and Mrs England: The Act of Union as National Marriage", in Keogh and Whelan (eds.) *Acts of Union*.

Hayton, David [2001] "Ideas of Union in Anglo-Irish Political Discourse, 1692–1720: Meaning and Use", in Boyce, Eccleshall and Geoghegan (eds.) *Political Discourse in Seventeenth- and Eighteenth-Century Ireland*.

Hickman, Mary J. [1995] *Religion, Class and Identity: The State, the Catholic Church and the Education of the Irish in Britain*, Aldershot.

Hoppen, K. Theodore [2008] "An Incorporating Union?: British Politicians and Ireland 1800–1830", *English Historical Review*, 123–501.

Kanter, Douglas [2009] *The Making of British Unionism, 1740–1848: Politics, Government and the Anglo-Irish Constitutional Relationship*, Dublin.

Katsuta Shunsuke [2013], "The Proposal for a Militia Interchange between Great Britain and Ireland", *Irish Sword*, 29–116.

Kelly, James [1992] *Prelude to Union: Anglo-Irish Politics in the 1780s*, Cork.

Kelly, James [2001a] "The Act of Union: Its Origins and Background", in Keogh and Whelan (eds.) *Acts of Union*.

Kelly, James [2001b] "Public and Political Opinion in Ireland and the Idea of an Anglo-Irish Union, 1650–1800", in Boyce, Eccleshall and Geoghegan (eds.) *Political Discourse in Seventeenth- and Eighteenth-Century Ireland*.

Keogh, Dáire, and Kevin Whelan (eds.) [2001] *Acts of Union: The Causes, Contexts, and Consequences of the Act of Union*, Dublin.

Lees, Lynn Hollen [1979] *Exiles of Erin: Irish Emigrants in Victorian London*, Manchester.

Macinnes, Allan [2001] "Union Failed, Union Accomplished: The Irish Union of 1703 and the Scottish Union of 1707", in Keogh and Whelan (eds.) *Acts of Union*.

MacRaild, Donald M. [2011] *The Irish Diaspora in Britain, 1750–1939*, London.

Mansergh, Daniel [2001] "The Union and the Importance of Public Opinion", in Keogh and Whelan (eds.) *Acts of Union*.

McAnally, Sir Henry [1949] *The Irish Militia 1793–1816: A Social and Military Study*, Dublin and London.

McDowell, R. B. [1986a], "The Age of the United Irishmen: Reform and Reaction, 1789–94", in T. W. Moody and W. E. Vaughan (eds.) *A New History of Ireland IV: Eighteenth-Century Ireland 1691–1800*, Oxford.

McDowell, R. B. [1986b] "Ireland in 1800", in Moody and Vaughan (eds.) *A New History of Ireland IV*.

McDowell, R. B. [2001] *Grattan: A Life*, Dublin.

Murphy, Seán [1989] "The Dublin Anti-Union Riot of 3 December 1759", in O'Brien (ed.) *Parliament, Politics and People*.

Neal, Frank [1988] *Sectarian Violence: The Liverpool Experience, 1819–1914: An Aspect of Anglo-Irish History*, Manchester.

Nelson, Ivan F. [2007] *The Irish Militia, 1793–1802: Ireland's Forgotten Army*, Dublin.

O'Brien, Gerard [1987] *Anglo-Irish Politics in the Age of Grattan and Pitt*, Blackrock.

O'Brien, Gerard (ed.) [1989] *Parliament, Politics and People: Essays in Eighteenth-Century Irish History*, Blackrock.

O'Donovan, Declan [1979] "The Money Bill Dispute of 1753", in Bartlett and Hayton (eds.) *Penal Era and Golden Age*.

Smith, E. A. [1990] *Lord Grey 1764–1845*, Oxford.

第2章　インドにおけるイギリス自由主義的帝国主義

竹内　真人

1　はじめに

ジョン・ウィルソンは『征服されたインド』の中で、イギリスのインド統治は、インド社会を宗教的・道徳的にイギリス化させようとした「道徳的プロジェクト」によってではなく、初発から終わりまで暴力によって遂行されたと主張している。すなわち、インドでは、イギリスの「文明化の使命」は全く実践されず、それゆえ「イギリスのインド統治によって、インド社会に理性と秩序が与えられ、暴力の行使や道徳的堕落は稀になった」という認識は誤りであったと主張したのである(1)。

しかしながら、このウィルソンの見解は偏っている。なぜなら、イギリスは一八世紀末以降のインド社会に対し、軍事力や経済力というハード・パワーだけでなく、「文明化の使命」に基づく文化的なソフト・パワーも行使していたからである(2)。本章が明らかにするようにイギリスは、宣教や教育という文化的力によってインド人を「ブリティッシュネス」というイギリス的アイデンティティに「同化」させることを試み、イギリスとの感情的紐帯をインドに構築する「道徳的プロジェクト」を実践していた。この感情的紐帯の創出を重視するイギリスの自由主義的帝国主義(Liberal Imperialism)は、一八世紀末以降のイギリス帝国主義の特徴となり、イギリスの福音主義者・思想家・政治家たちによって積極的に推進された。そして、そのヴィジョンは少なくとも一九四七年のインド・パキスタン分離独立時まで存続することになった。

確かに、一八五七年に始まったインド大反乱によってこのようなイギリスの自由主義的帝国主義の試みは消滅したとみなす研究も存在する。例えば、トマス・メトカフは、インド大反乱以降のイギリスのインド統治はそれまでのイギリスとの「同化」ではなく「差異」を強調するようになったと主張したし、(3)カルナー・マンテナは、イギリスの自由主義的帝国主義がインド大反乱によって消滅し、「イギリスがインドを放棄すれば、派閥争いや無政府状態が必然的に生じる」というその後のイギリス側の主張は、イギリスの帝国主義的支配を正当化する単なる「アリバイ」として機能したと主張した。(4)

だが、本章では、このメトカフやマンテナの見解とは異なり、インドにおいて「ブリティッシュネス」を創出し、イギリスとの感情的紐帯を構築しようとしたイギリス自由主義的帝国主義の試みは、インド大反乱によっても消滅せず、引き続きイギリスの「道徳的プロジェクト」であり続けたと主張する。(5)まず次節では、イギリスの福音主義者・思想家・政治家たちが抱いていた自由主義的帝国主義のヴィジョンがいかに構築され、その内容はいかなるものであったのかを解明することにしよう。

2　イギリス自由主義的帝国主義のヴィジョン

（1）自由主義的帝国主義の誕生——エドマンド・バークから福音主義へ

自由主義的帝国主義が確立した一八世紀末よりも前の時代のイギリスでは、異文化に対する寛容が一般的であった。エドマンド・バーク（Edmund Burke）は、インド文明をイギリス文明よりも劣ったものと考えずに、インドの古き良き慣習を尊重してインド人に対し慎重に対処すべきことを説いた。このバークの立場は、ウィリアム・ジョーンズ（William Jones）、ウィリアム・ロバートソン（William Robertson）、ホーラス・ヘイマン・ウィルソン（Horace Hayman Wilson）といったイギリスの古代インド研究者たちによっても踏襲された。松井透は、これらの寛容的なジェントルマンを「温情主義的知印派」と総称し、彼らの父権主義的な権威主義を強調した[6]。

この寛容的なジェントルマンの態度が、イギリス的アイデンティティとの「同化」を求める非寛容的な自由主義的帝国主義の態度に転換したのは、一八世紀末のことであった。その転換の原因は福音主義にあった[7]。福音主義は、一七三〇年代以降の英米の「福音復興運動」によって拡大した禁欲的プロテスタンティズムであり、その具体的諸教派には、英国教会低教会派、会衆派、スコットランド長老派、バプティスト派、メソディスト派、クエーカー派があった。福音主義の教理は、予定説を強調する高度カルヴィニズムとは異なり、神の恩恵の普遍性と人間の自由意志を強調するものであり、福音を信じる者は救われるが、信じない者は救われないと主張した。それゆえ、全人類に「信じる機会」を与えることが強調され、異教徒を改宗するためにバプティスト伝道協会、ロンドン伝道協会、エディンバラ・グラスゴー伝道協会、英国教会派伝道協会、メソディスト伝道協会、信仰宣教団（faith missions）といった福音主義派宣教団体がイギリスで設立された[8]。

このような福音主義の拡大に伴って、ジェントルマン・エリートの父権主義的権威主義は福音主義的自由主義思想と癒着・融合するようになった[9]。ジェントルマン・エリートは自由主義的政策転換を余儀なくされ、宣教や教育によってイギリス的アイデンティティに「同化」させる「文明化の使命」が強調されるようになった。

（2）チャールズ・グラントの福音主義

自由主義的帝国主義のヴィジョンは、チャールズ・グラント（Charles Grant）の福音主義思想の中に明示されている。グラントは、東インド会社の会長・役員を務めたクラパム派の福音主義者であり、奴隷貿易廃止運動で有名なウィリアム・ウィルバーフォース（William Wilberforce）の友人でもあった。[10] グラントは、イギリスがインドから継続して利益を得るためにはインド人に「良き統治」を教える必要があり、またキリスト教共同体の一部である東インド会社は、その統治下にあるインド大衆の福利増進の義務を持つと考えた。[11] それゆえ、一七九二年頃に『イギリスのアジア臣民の社会状態に関する観察、とくに道徳とその改善方法について』（以下、『観察』）を執筆した。[12] その目的は、英印貿易という経済的紐帯を創出するだけでなく、インド人への英語教育や宣教活動によってイギリスとの感情的紐帯をインドに創出することにあり、[13] その論理は、イギリス的アイデンティティへの「同化政策」と、その道徳的基底としての福音主義によって特徴づけられていた。[14]

グラントのインド人観は次のようなものであった。インド人は堕落の底に沈んでいる。誠意・正直は忘れられ、欺瞞・策略・不正・不和・利己・罵倒・誹謗が満ちている。親子の愛情や夫婦愛はひからび、婦人の地位は極めて低く奴隷や囚人に等しい。この悪の根源は、先天的なものではなく、迷信と呪術の体制としてのバラモン支配下のヒンドゥーイズムによって生みだされている。[15] それゆえ、インド人を社会的道徳的に改革するためには、インド人を、より優れたイギリス的アイデンティティに「同化」させることが必要である。『観察』の中では、この「同化政策」について次のように説明されている。

同化の原理、共通の紐帯〔……〕すなわちこの種の結びつける絆がなければ、我々はこの国を単なる武力で保持しなければならない。しかし、感情や〔宗教〕原理に基づくアイデンティティが〔イギリスと〕同程度に確立されるならば、我々はインド地域に新たな光景を現出することができよう。すなわち、人々が愛情の絆で自発的に結ばれ、彼らの政府に誠心誠意の愛着を感じ、それゆえ国力を増大させる光景を、である[16]（傍点は原著）。

そのためには、まずインド人に英語を教育せねばならない[17]。そして、英語による宗教教育を行って[18]インド人の心に福音主義的な神の「光」を導入し、彼らの無知蒙昧を悔い改めさせねばならない[19]。インド人に唯一の真実の神の存在を教えられれば、インド人は「道徳と義務の完全な体系」を理解するようになり、偶像崇拝は消え去るだろう。このようにグラントは考え[20]、英語教育と福音主義的な宗教原理を導入することによって、イギリスの商業も栄えることになると断言したのである。以上のことから、グラントは、感情的紐帯の創出によるイギリスのインド支配を正当化したと考えられよう[21]。

（3）インド公教育の試み——ベンティンク卿、マコーリー、トレヴェリアン、ウッド

公教育によってインド社会を改革し、イギリス的アイデンティティに「同化」させようとする政策は、一八二八年にウィリアム・ベンティンク卿（Lord William Bentinck）がベンガル総督（後の初代インド総督）として着任してから本格的に行われるようになった。彼は福音主義によって駆り立てられていた。例えば、寡婦が亡夫の火葬の火で殉死するサティーというインドの風習を一八二九年に廃止し、ヒンドゥー教の死の女神カーリーへの供物を求めて殺人を行うタギーという暗殺集団の鎮圧も開始した。そして、一八三五年に英語による公教育を開始し、行政機関や法廷での言語をペルシア語から英語に変えることになったのである[22]。その際、公共教育委員会委員長としてベンティンク卿に、『インド人の教育に関する覚書』（以下、『覚書[23]』）を提出したのが、トーマス・バビントン・マコーリー（Thomas Babington Macaulay）であった。

マコーリーは、クラパム派の福音主義者として育てられた歴史家・詩人・政治家であり、[24]福音主義的な非寛容主義に裏づけられてイギリス的アイデンティティへのインド人の「同化」を強調した。彼は『覚書』の中で次のように主張している。この地方のインド人たちによって一般的に話されている言葉は、文学的で科学的な情報を含んでおらず、しかもあまりにも卑しく粗野である。高等教育を受けるインド人は、現地語とは異なる言語、さらにはアラビア語やサンスクリット語とは異なる言語で教育されねばならない。私〔マコーリー〕はサンスクリット語やアラビア語の知識を持たないが、ヨーロッパの良い図書館の一棚はインドとアラビアの全ての作品に値する。英語は行政機関の公用語として優れているだけでなく、東洋の商業の公用語になるだろう。[25]そのうえで、マコーリーは英語による公教育の目的を次のように述べた。

英語はサンスクリット語やアラビア語よりも知る価値がある。〔……〕当座は私たちが支配する幾百万の人々と私たちの間の通訳となりうる階級を創設するのに最善を尽くすべきである。血や肌の色はインド人でも嗜好、意見、道徳、知性ではイングランド人であるような人々の階級を、である。[26]

すなわち、マコーリーは、たとえ血縁はなくても、英語による公教育によってインド人をイギリス的アイデンティティに「同化」させようとする自由主義的帝国主義のヴィジョンを抱き、それを試みていた。さらに一八三六年にマコーリーは、「英国教育を受けたヒンドゥー教徒が彼の宗教に心から愛着を持ち続けることはありえない。我々の教育計画が実行されるなら、今から三〇年後には、ベンガルの名望家階級には一人の偶像崇拝者もいなくなるだろう」と述べ、[27]かようなイギリス流の公教育を受けたインド人が自らヒンドゥー教を捨て去り、ついにはイギリス的制度やイギリスとの感情的紐帯を前提とした自治・独立を要求するようになる日を期待したのである。[28]

このイギリスの自由主義的帝国主義のヴィジョンはチャールズ・エドワード・トレヴェリアン（Charles Edward Trevelyan）によっても抱かれていた。彼は一八三八年に出版された『インド人の教育について』の中で、イギリスによるインド公教育によってインド人は「道徳的・知的に解放」され、進歩の道を歩むようになると主張している[29]。トレヴェリアンは、インド人からの反感を防ぐために、イギリス政府による公教育は中立的で非宗教的であるべきと主張したが、キリスト教に基づかない教育は不完全であると考え、イギリス流の教育によってインド人はおのずと福音の光に導かれるだろうと考えた。すなわち、インドの進歩のためには、イギリス流の教育だけでなく、ヒンドゥー教からの改宗も必要であると考えたのである。

一八五四年になると、イギリス政府は、宣教学校や現地語を使用する学校を含む、より包括的なインド公教育制度を導入することになった。その公教育制度は、インド監督局総裁であったチャールズ・ウッド（Charles Wood）の「教育公文書」の中に明示されている[30]。彼は福音主義派宣教師アレクサンダー・ダフ（Alexander Duff）の提言を参考にしてこの公文書を著したが、インド人の教育をイギリス政府の責任とし、初等教育から高等教育に至る教育行政機構を整備し、教育拡充の主要手段として教育補助金制度を創設した。同文書は、インド人からの反発を防ぐために政府が宗教政策に干渉しない方針をとっていたが[31]、ウッドや当時のインド総督ダルハウジー卿（Lord Dalhousie）が想定したようにインドの中等学校のほとんどは宣教団体によるものだったから、教育補助金を受け取ったのも宣教団体がほとんどであった。すなわち、ウッドの公教育制度は宣教師の教育活動を最大限に利用し、イギリスの宣教活動を賞賛したものであったのである。

このようなイギリス的アイデンティティとの「同化」を求める自由主義的帝国主義のヴィジョンは、その後のインド大反乱によっても消滅することはなかった。次節では、この点を考察することにしよう。

3　インド大反乱と福音主義

(1) インド大反乱の衝撃

一八五七年五月に始まったインド大反乱はイギリスのインド統治を震撼させ[32]、イギリス政府によるインド社会改革が大反乱の原因であったのかどうかに関する論争を活発化させた。とくに批判の対象とされたのは、インド総督ダルハウジー卿が行った一連の社会改革であった[33]。彼は、女嬰児殺しや人身供犠を批判し、サティーの根絶に尽力した。一八五〇年にはキリスト教への改宗者が先祖の遺産を相続する権利を保障する法律を制定してキリスト教への改宗を容易にし、一八五六年にはヒンドゥー教徒の寡婦の再婚を認める法律を公布した[34]。なかでも、寡婦の再婚に関する法律は最も批判されることになった。ディズレーリ（Benjamin Disraeli）のような保守主義者はインド社会改革がインド民衆に不満を抱かせたと考え、イギリス政府によるインド社会改革を批判したが、一方、自由主義者はダルハウジー卿の社会改革やキリスト教の普及がインド大反乱の原因ではなかったと考えた[35]。

かような論争を通じて、イギリス政府によるインド社会改革は次第に控えられるようになった。確かにイギリス政府はインド大反乱後にインドの慣習を公然と批判しなくなり、インドのキリスト教化を表立っては推進しなくなった。宗教的中立がイギリス政策の基本となり、信仰の自由や寛容さが尊重されるようになったのである。それゆえ、イギリス政府は調停や非介入を旨として主としてインドの治安維持の役割に徹するようになった[36]。とはいえ、「文明化の使命」というイギリス自由主義的帝国主義のヴィジョンが消滅したわけではなかった。イギリス政府はさらなる社会改革を行う代わりに、公教育や宣教師の布教活動によってインドの異教徒自身が自らの慣習を改めるのを長期的に期待するようになったのである[37]。実際、イギリス人の教育に関する信念はインド大反乱以後も消滅しなかった。インド大反乱はインドでの教育をむしろ推進するようになり、イギリス人は教育の力によってインドの宗教的基盤が侵食されることを期待するようになった。インド大反乱の原因は、インドでの教育の進展にあったのではなく、インドでの宗教的無知の残存にあると考えられるようになったのである。それゆえ、教育によってインド人の道徳的・知的・身体的状態を改善し、イギリスに忠実な階級を創出することが引き続き求められるようになった。教育補助金制度を通じて宣教学校を助成する政策も廃棄されることはなかった。「文明化の使命」というヴィクトリア朝的信念は依然としてイギリスの教育政策の中心に存在し続けることになったのである。[38]

(2) インド大反乱に対する福音主義派宣教師の態度

一方、福音主義派宣教師はインド大反乱に対してどのような態度をとったのだろうか。インド大反乱以後もいまだに強い影響力を保持していた福音主義派宣教師は、同反乱を、インドでの布教が進まないことに対する「神の不満の現れ」と解釈するようになった。[39] 例えば、アレクサンダー・ダフは次のように述べた。我々は神から偉大な伝道計画を信託されたにもかかわらず布教自体に怠慢であったから、インド大反乱という「悲しい裁き」を受けた。[40] それゆえ、インド大反乱以後に最も必要なのは活発な布教活動であると主張したのである。

同様の態度は、福音主義派のロンドン伝道協会宣教師マシュー・アトモール・シェリング（Matthew Atmore Sherring）[41] によっても示されていた。彼は『大反乱時のインドの教会』の中で次のように述べた。インド人に対する布教の必要性を宣教師たちに再確認させたのは、インド大反乱という恐ろしい出来事であった。インドに欠落していたのは、公教育でも公正な統治でもなかった。なぜなら、それらは既に存在していたからである。インド人たちがむしろ必要としていたのは、神の福音、キリスト教であった。なぜなら、神の光によって、彼らは平和、繁栄、幸福、栄光に導かれるからである。[42] 将来の反乱を防ぎうる最良の方法もインド人のキリスト教化にある。イギリス政府がこれまで宗教的中立政策をとってセポイたちをキリスト教から遠ざけてきたことは誤りであり、それこそが大反乱の原因だったのである。キリスト教だけが、危機の際に殉死をも厭わない忠臣を生みだすのだ。それゆえ、将来の反乱を防ぐためにも、イギリス政府は宣教を推進すべきである(43)。そう主張して、シェリングはイギリスとの感情的紐帯の創出を求めた。

教会こそが、世界中のあらゆる人々の間に存在する普遍的な帝国を獲得できる。それは、欺瞞や暴虐、迫害や拷問、流血や死ぬまで続く憎しみに基づく帝国ではなく、自由、友情、愛や善意に基づく帝国である。〔……〕あらゆる国の人々が、一つの家族になり、一つの共通の神聖な紐帯によって結合され、キリストを主と認め、キリストだけを愛し、キリストだけに仕えたなら、なんと素晴らしいことであろうか(44)。

こうした福音主義派宣教師の主張によって、イギリス政府が宗教的中立の立場を変えることはなかった。とはいえ、これらの宣教師の言説が明らかにしていることは、イギリスとの感情的紐帯をインドに創出しようとしたイギリス自由主義的帝国主義のヴィジョンがインド大反乱以後も消滅せずに存在していた、ということである。

(3) J・S・ミルの代議制統治論とグラッドストンの自由主義的帝国主義論

イギリス自由主義的帝国主義のヴィジョンがインド大反乱以後も存続したことは、J・S・ミル(John Stuart Mill)の代議制統治論とグラッドストン(William Ewart Gladstone)の自由主義的帝国主義論をみても明らかである。

J・S・ミルは一八二三年から一八五八年までロンドンのイギリス東インド会社に勤務したが、イギリスのインド統治の究極的な目的は代議制統治に基づく自治を与えることであると考え、イギリス自由主義的帝国主義を正当化した。彼は一八六一年に出版した『代議制統治論』の中でカナダやオーストラリアのような「文明化された地域」とインドのような「野蛮な地域」を区別した。前者は、イギリス人移民によって形成され、イギリス人と共通の血縁・言語・文明を持つ地域であり、代議制統治の能力を持つほどに成熟していた。一方、後者のインドはいまだに文明化されておらず、そうした成熟の段階に至っていなかった。それゆえ、イギリスのインド統治によって個人主義や合理主義という自由主義的価値観を注入し、代議制統治に基づく自治が認められうるまでインドを教導しなければならないと主張したのである。[45]

イギリス自由党の首相であったグラッドストンも同様の自由主義的帝国主義のヴィジョンを抱いていた。彼は次のようにイギリスと植民地の間の感情的紐帯の重要性を強調している。

〔イギリスと植民地の間の〕関係の実体は、イギリス政府からの公文書の中にあるのではなく、相互的な愛情や道徳的・社会的共感の中にある。それらの愛情や共感は、それぞれの共同体が成熟し、それらの共同体が相互に自由である時にだけ育まれる。[46]

グラッドストンにとって、帝国とは「自由に成長する共同体」であり、武力によってではなく、「自由意志」に基づいて自発的な政治的結合関係を維持し、危機の際にはイギリスが防衛すべきものであった。カナダ、オーストラリア、ニュージーランドのような高度に文明化された植民地に対しては責任政府を与えて分離独立させるが、東洋やアフリカなどの文明化が遅れた地域に対しては「文明化の使命」を強調し、遅れた民族を教導するためのイギリス支配（「道徳的信託統治（moral trusteeship）」）を認めた。[47] すなわち、グラッドストンもJ・S・ミルと同様に、文明化が遅れたインド社会を教導し、イギリスとの感情的紐帯に基づいた自治を付与しうるほどに成熟させることを試みていたのである。

このイギリスとの感情的紐帯をインドに創出しようとするイギリス自由主義的帝国主義のヴィジョンは、その後のインド独立運動期においても存在していた。次節ではこの点を考察することにしよう。

4　インド独立運動高揚期の自由主義的帝国主義とインド知識人の反応

第一次世界大戦中にイギリス政府はインドに対して一〇〇万人を超える兵員と一億四六〇〇万ポンドの資金提供を求めた。この過重な戦争協力はインド人の生活を混乱させ、マハトマ・ガンディー（Mahatma Gandhi）等に率いられた民族運動が高揚することになった。この民族運動の懐柔を目的として、一九一七年八月二〇日、ロイド・ジョージ（David Lloyd George）が率いた戦時内閣のインド担当大臣エドウィン・モンタギュー（Edwin Montagu）は、インドでの自治制度の拡大と責任政府の樹立を漸次的に実現する旨の声明を発表した。翌一八年にモンタギューはインド総督チェルムスフォード（Viscount Chelmsford）とともに報告書を作成・発表し、その報告書に基づいてイギリス政府は一九年にインド統治法を公布し、二一年に実施した。この一連の改革をモンタギュー＝チェルムスフォード改革と呼ぶが、このインド統治法では、民族運動の懐柔を目的として、総督の行政参事会の半数をインド人から選出するなど、インド統治のインド人化が促進された。とくに一九二〇〜三〇年代には、インド高等文官のインド人化も進展するようになった(48)。

(1)　インド高等文官フランク・ルガード・ブレインのパブリック・スクール設立構想

その頃、イギリス人のインド高等文官であったのが、フランク・ルガード・ブレイン（Frank Lugard Brayne）であった。彼の叔父は『英領熱帯アフリカの二重統治論（*The Dual Mandate in British Tropical Africa*）』を書いたフレデリック・ルガード（Frederick Lugard）であり、ブレインはケンブリッジ大学ペンブルック・カレッジ卒業後の一九〇五年にインド高等文官になった。彼は福音主義者であり、一九二〇～三〇年代にはインドのグルガオン農村地域でインド人の道徳改善運動を行った。(49)

インド統治のインド人化が進展したモンタギュー＝チェルムスフォード改革以後の時期に、ブレインはパンジャブにインド人ジェントルマンの子女を対象とするパブリック・スクールを設立することを構想した。この構想は計画で終わり、実際に実現することはなかったが、(50)パブリック・スクールでのジェントルマン教育によってインド統治に必要な「人格（character）」をインド人に身に付けさせ、イギリスとの感情的紐帯に基づく自治を達成させるという自由主義的帝国主義のヴィジョンに基づく構想であった。

ブレインはこの構想の中で次のように主張した。イギリスの役人はイギリスのパブリック・スクールで教育されている。それゆえ、インドのパンジャブでもパブリック・スクールを設立し、そこで将来のインド人役人を教育すべきである。イギリス人から行政を引き継げるインド人の階級を創出できなければ、インドの行政システムはすぐに機能しなくなってしまうだろう。インドで自治を達成するためには、義務感、責任感、判断の公平性、自立心、独創力等の「人格」を持つ多数のインド人が必要である。そのためには、厳格な規律、授業時間以外の自制心、健全な道徳、宗教教育等に基づいて人格形成を行う寄宿制のパブリック・スクールが必要である。(51)

とくに注目すべきなのは、ブレインが宣教団体に対してこのパブリック・スクールの設立を検討すべきと主張している点である。(52)実際、ブレインは、デリーでセントスティーヴンズ・カレッジ（St. Stephen's College）を設立していた「ケンブリッジ・ミッション・トゥ・デリー（Cambridge Mission to Delhi）」に手紙を送り、インド人役人を養成するためのパブリック・スクールを設立するように要請した。(53)この提案に対して、同ミッションは資金不足を理由として断ったが、[54] 宣教師が果たすべき役割について、ブレインが依然として期待していた点は明らかであろう。つまり、宣教師の活動によってイギリスとの感情的紐帯の創出を試みる自由主義的帝国主義のヴィジョンは、インド独立運動期のブレインによっても抱かれていたのである。

（2）自由主義的帝国主義に対するインド知識人の反応

このイギリスの自由主義的帝国主義のヴィジョンに対し、インド独立運動期に活躍したインド知識人たちはいかなる反応を示したのであろうか。ここでは、マハトマ・ガンディー、ニロッド・C・チョウドリー（Nirad C. Chaudhuri）、そしてジャワハルラル・ネルー（Jawaharlal Nehru）の三人を取り上げて考察してみよう。

周知のごとく、インド独立運動の指導者マハトマ・ガンディーは一九〇九年に彼の代表作『ヒンドゥ・スワラジ』を書き、それまでのイギリス帝国臣民としての権利だけを主張する態度を改め、イギリス帝国の批判者として非暴力主義に基づく不服従運動を展開した。そして、イギリス帝国から独立するために近代イギリスの物質文明と機械を徹底的に批判した。[55] 彼は同書の中で「インド文明は至高で、〔イギリスの〕西洋文明は三日間の見世物である」と主張し、[56] 機械によって織られるイギリス製の布地を拒否して[57] 次のように述べた。

この文明は不道徳です。〔……〕この文明によってイギリス国民は腐敗してしまったのです。この文明は滅ぼすものであり、滅びるものです。この文明から遠ざかっているのがよいのです。〔……〕文明はイギリス人たちにとって不治の病ではありませんが、いま病気に罹っているのを忘れてはなりません。[58]

ここに見られるのはイギリス文明の全否定である。インドとイギリスとは血縁によって結ばれてはいなかったが、ガンディーはさらに同書の中でイギリスとの言語的・宗教的な紐帯をも拒絶した。すなわち、「インドの言語は英語ではなくてヒンディー語です」と述べ、「私たちの宗教に逆らうようなことをしてはなりません」と主張したのである。[59]つまり、ガンディーはイギリスとの感情的紐帯を全面的に拒否したと考えられよう。

一方、イギリスとの感情的紐帯を保持し、イギリス帝国の「現地情報提供者（native informant）」としてインド独立後に公然とガンディーを批判したニロッド・C・チョウドリーは、ガンディーのようには考えなかった。チョウドリーの思想は明らかにイギリスとの感情的紐帯を示していた。

チョウドリーは、一八九七年に東ベンガルの小都市で弁護士の父親のもとに生まれた。チョウドリーは彼の高等教育のために家族と共にカルカッタに引っ越したが、修士号取得に失敗した後は同地でジャーナリズムの仕事に従事した。インド民族運動の主要な人物たちの秘書として三年ばかり働いた後の一九四二年にオール・インディア・ラジオ（All India Radio）に就職してデリーに移り、そこでインド・パキスタン分離独立暴動の最中の一九四七年に彼の有名な『無名なインド人の自叙伝（*The Autobiography of an Unknown Indian*）』（以下、『自叙伝』）の執筆を開始し一九五一年に出版した。[60]彼の著作はイギリスのインド統治、そしてイギリス帝国の喪失感を前提としていた。それは最愛の者の墓碑に刻まれた言葉を彷彿とさせる『自叙伝』冒頭の次の献辞に明らかであった。[61]

> インドでのイギリス帝国の思い出に捧げる。イギリス帝国は我々に〔イギリス帝国〕臣民の地位を与えたが、我々全員がいまだに要求するのをやめていない〔インドでの〕市民権を与えるのを許さなかった。「私はイギリス市民である」。なぜなら、我々の中に現存している良きもの全ては、イギリスの不変の統治によって生じ、形成され、活気づけられてきたからである。[62]

イギリスのインド統治を良きものと考えるこのチョウドリーの献辞は、インドでは憎悪の対象となったが、イギリスでは賞賛された。なぜなら、イギリスの読者はインド・パキスタン分離独立後に生じたイスラム教徒とヒンドゥー教徒の間の大虐殺の原因がイギリスのインド統治の終焉、すなわちインドの脱植民地化にあると考えたからである。(63)

チョウドリーは『自叙伝』の中で、イスラム教徒とヒンドゥー教徒間の融和と非暴力主義を説いたガンディー主義を次のように批判した。インドのナショナリズムには次の三つの型がある。自由主義と新ヒンドゥー主義とガンディー主義である。自由主義と新ヒンドゥー主義は大きく異ならず、その違いは自由主義がイギリス文明をヒンドゥー教よりも重視し、新ヒンドゥー主義がヒンドゥー教をイギリス文明よりも重視しただけであった。両方ともイギリス文明を含んでいる点で肯定できる。しかし、ガンディー主義だけはイギリス文明を拒否した点で肯定できない。なぜなら、それはイギリス文明と理性を拒否することによって原始的で憎悪に満ちたナショナリズムに転落するからである。ガンディー主義は非暴力主義を強調する点で奴隷道徳にとどまっている。高貴な奴隷はこの謙虚な道徳を保持できるであろうが、そうでない奴隷は肉欲に駆られて非暴力主義を捨て去るだろう。このガンディー主義の対極にあるのが自由主義であり最も優れている。新ヒンドゥー主義はあくまでも次善のものである。(64)

このチョウドリーの思想から明らかになるのは、彼がイギリスの帝国主義的イデオロギーを内面化していたことである。チョウドリーにとってイギリス帝国とは、イギリス帝国臣民を保護し護衛する一神教的で恵み深い天空の存在であり、それを失うことは単にイギリス軍がいなくなったり国歌が変わったりすることではなく、深遠な形而上学的トラウマであった。イギリス帝国の崩壊は、啓蒙主義的合理性に基づく根源的な道徳秩序が、ガンディー主義の帰結としてのインド・パキスタン分離独立暴動に示されているように、宗教的な偏狭さと私欲にとらわれ、ヒステリー的に理性を失った群衆に取って代わられたことを意味した。ヒンドゥー教的な粗野な現実の上にあったのは、超越的に我々を規制するイギリス帝国の価値観であり、それは超俗的で理想主義的なものであった。イギリスの統治はチョウドリーにとって次のことを保障するものだった。すなわち、金銭的で感情的で肉体的な諸欲望、つまり強欲な世俗的野心が、統制された知的欲望に変化することである。これこそが、チョウドリーがイギリス帝国を賛美した理由であった。インド人の肉体から精神を解き放ち、インド人の心に読み考える能力を与えたのは、イギリスのインド統治であったというのである。イギリスは、子としてのインド人に対し天空からいつも友好的な言葉で話しかけ、インド人を安心させ落ち着かせた。チョウドリーにとってイギリスの支配とは、インド人を至高の高みから観察し、道徳的に規制する、形而上学的な一神教的衣装を身にまとった良き支配であったのである[65]。

しかし、イギリス帝国の「現地情報提供者」としてのチョウドリーが抱いたイギリス帝国へのノスタルジアは、透徹した現実主義と柔軟な姿勢で非同盟中立を主張し、一九四七～六四年まで一貫して初代インド首相を務めたジャワハルラル・ネルーには共有されることはなかった。ネルーはコモンウェルス残留によるインドの利益を確保しながら、イギリスと対立していたソ連に対しては肯定的評価を下していた[66]。

一九二九年に初版を出版した『ソヴィエト・ロシア』の中で、ネルーは次のように述べた。イギリスとソ連は確かに敵対関係にあるが、ソ連がインドを脅かすことは想像できないほどありえないことである。インドとソ連は友好的な隣国同士であり、軋轢は存在しない。軋轢が存在するのは、イギリスとソ連の間であり、インドとソ連の間ではない。なぜ我々インド人がイギリスとソ連の長年の対立を受け継がなければならないのだろうか。その対立は強欲で貪欲なイギリス帝国主義によって生み出されたものである。我々の関心はこの帝国主義を終わらせることにあり、それを支持したり強化したりすることではない[67]。

このネルーの主張には、チョウドリーが抱いたようなイギリスのインド統治に対する賛美はない。ネルーはコモンウェルス残留によるインドの利益を確保しながら、ソ連との友好関係を築くことを期待していたのである[68]。このネルーの思想は、一九六二年の中印紛争以後急速にソ連からの武器移転に傾斜することになるインドの姿勢を暗示していたとは言えないだろうか。独立後のインドの方向性は、インドのヒンドゥー教徒に暗殺されたガンディーによってでもなく、イギリスのオックスフォードへの移住を七三歳の時に実現したチョウドリーによってでもなく、初代インド首相として独立後のインドを導いたネルーの柔軟な現実主義によって切り拓かれることになったのである。

5　おわりに

本章で明らかになったことをまとめておこう。

まず強調すべき点は、イギリスとの感情的紐帯をインドに創出しようとしたイギリス自由主義的帝国主義の試みが、インド大反乱によっても消滅せず、少なくとも一九四七年のインド・パキスタン分離独立時まで存続したことである。それゆえ、イギリスの「文明化の使命」がインドで実践されなかったと述べたジョン・ウィルソンの研究や、インド大反乱以降のイギリス自由主義的帝国主義の消滅を強調したトマス・メトカフやカルナー・マンテナの研究は批判されなければならない。宣教や公教育によってインド人に親イギリス的人格を植え付けることを試みたイギリスの文化的なソフト・パワーの役割は、イギリスの自由主義的帝国主義の性格を明らかにするうえで強調されるべきである。イギリスは軍事力や経済力といったハード・パワーと並んで文化的なソフト・パワーも行使していたのであり、このソフト・パワーに基づいて形成されたイギリス自由主義的帝国主義のヴィジョンはインド独立運動期のインド高等文官フランク・ルガード・ブレインやインド独立後のインド知識人ニロッド・C・チョウドリーによっても抱かれていた。

また、この文化的なソフト・パワーによって親イギリス的な人物を作り出そうとするイギリスの帝国主義的試みは、ロナルド・ロビンソンがかつて強調した「コラボレーター（collaborators）」という現地協力者を周辺側に作り出そうとする試みでもあり、このロビンソンのコラボレーター論は積極的に再評価されるべきであろう。(69) マイケル・フィッシャーが既に述べたように、イギリスの自由主義的な帝国主義は公式的な領土支配よりも「コラボレーター」の創出による非公式支配を目指すものであった。インドにおいては、こうしたイギリス自由主義的帝国主義の試みにもかかわらず、「コラボレーター」の十分な創出が難しく、それゆえ公式的な領土支配が続くことになったが、J・S・ミルやグラッドストンが示したように、代議制統治に基づく自治が認められるまでインドを教導して同地に「コラボレーター」を創出しようとするイギリス自由主義的帝国主義の試みは、インド大反乱によって消滅した訳ではなく、それは一九四七年のインド・パキスタン分離独立時まで長期にわたって持続的に行われていたと主張することができるのである。(70)

注

（1）Wilson [2016] pp. 4-7, 9.
（2）ナイ［二〇〇四］；ナイ［二〇一一］。
（3）Metcalf [1995] p. x.
（4）Mantena [2007]; Mantena [2010] pp. 21-22.
（5）P・J・ケインも、イギリスの自由主義的帝国主義がインド大反乱以後も衰退しなかったと述べ、メトカフやマンテナの研究を批判している。この点については、Cain [2012]; Cain [2019] を参照されたい。
（6）松井［一九六五］一〇〇－一〇一頁。
（7）竹内［二〇一二］一〇八頁；Stokes [1959] pp. xii, xiv. 自由主義と帝国主義の関係に関する英語文献として、Mehta [1999]; Pitts [2005] も参照。
（8）竹内［二〇一五］参照。
（9）松井［一九六五］一〇一－一〇二頁。
（10）Carson [2004]; Embree [2004].

(11) Embree［1962］p. 143.

(12) Charles Grant, *Observations on the State of Society among the Asiatic Subjects of Great Britain, particularly with respect to morals; and on the means of improving it. – Written chiefly in the year 1792*, *British Parliamentary Papers*（1812–13）, X（282）.

(13) Embree［1962］p. 141.

(14) 松井［一九六五］一〇二頁。

(15) 松井［一九六五］一〇二–一〇三頁。

(16) Grant, *Observations*, p. 104.

(17) *Ibid*., p. 77.

(18) *Ibid*., p. 79.

(19) *Ibid*., p. 76.

(20) *Ibid*., pp. 79–80.

(21) 松井［一九六六］一〇頁。

(22) Rosselli［1974］pp. 208–211.

(23) Thomas Babington Macaulay, “Minute on Indian Education”, 2 Feb. 1835, in *Macaulay: Prose and Poetry, selected by G. M. Young*（Cambridge, Massachusetts, 1970）, pp. 719–730.

(24) Thomas［2004］. 最近のマコーリーに関する伝記的研究として、Masani［2013］も参照。

(25) Macaulay, “Minute on Indian Education”, pp. 721–723.

(26) *Ibid*., p. 729; 平田［二〇一六］一五〇頁。

(27) アンダーソン［二〇〇七］一五四頁。

(28) 松井［一九六五］一〇六頁。

(29) Trevelyan［1838］p. 205.

(30) ウッドの文教政策については、Moore［1966］pp. 108–123を参照。

(31) 秋田［一九八三］六〇、六二頁。

（32）インド大反乱の経緯については、長崎［一九八一］を参照。
（33）Metcalf［1964］pp. 92-93.
（34）*Ibid.*, pp. 27-28.
（35）*Ibid.*, pp. 92-93.
（36）*Ibid.*, pp. 107-108.
（37）*Ibid.*, pp. 108-109.
（38）*Ibid.*, pp. 95, 121-122, 124, 126-127, 133.
（39）*Ibid.*, pp. 98-99.
（40）Duff［1858］p. 255.
（41）Jackson［2004］.
（42）Sherring［1859］p. 166; Metcalf［1964］p. 99.
（43）Sherring［1859］p. 339; Metcalf［1964］pp. 99-100.
（44）Sherring［1859］pp. 2-3.
（45）Metcalf［1964］pp. 9-11; ミル［一九九七］四〇六－四〇七、四一九頁。
（46）W. E. Gladstone, "England's Mission", *The Nineteenth Century*, IV（Sept. 1878）, p. 572.
（47）Koebner and Schmidt［1964］pp. 101-102, 145, 161.
（48）本田［二〇〇二］八六－八七、一一八、一九八頁。
（49）ブレインの経歴や彼の道徳改善運動については、Dewey［1993］を参照。
（50）Brayne［1929］p. 139.
（51）Notes and correspondence about a scheme to establish a public school in the Punjab, 1925-31, Papers of Frank Lugard Brayne, India Office Records, British Library, Mss Eur/ F 152/ 28, fos. 1, 3-4.
（52）*Ibid.*, f. 1.
（53）F. L. Brayne to Rev. King［Secretary, Cambridge Mission House Delhi］, 8 Oct. 1931, *ibid.*, fos. 36-37.
（54）Rev. King to F. L. Brayne, 22 Oct. 1931, *ibid.*, f. 38.

（55）秋田［一九九八］; 長崎［一九九六］。
（56）ガーンディー［二〇〇一］一四五頁。
（57）ガーンディー［二〇〇一］一四三頁。
（58）ガーンディー［二〇〇一］四一－四二頁。
（59）ガーンディー［二〇〇一］一四二－一四三頁。
（60）Almond［2015］p. 4.
（61）Almond［2015］pp. 100-101, 131.
（62）Chaudhuri［2001］p. v.
（63）Almond［2015］p. 5.
（64）Chaudhuri［2001］pp. 449-450, 456-457.
（65）Almond［2015］pp. 108, 114, 116-117; Chaudhuri［2001］p. 52.
（66）ジャワハルラル・ネルーの現実主義とコモンウェルス残留によるインドの利益については、秋田［二〇一七］; 渡辺［二〇一七］; 中村［一九六六］を参照。
（67）Nehru［1949］pp. 127, 130-131. ガンディーも『ヒンドゥ・スワラジ』の中で次のように述べた。「ロシアをあなたは恐れているのかもしれませんが、私たちは恐れていません」。ガーンディー［二〇〇一］一四三頁。
（68）この点については、本書の第一〇章を参照。
（69）ロビンソンのコラボレーター論については、Robinson［1972］を参照。
（70）Fisher［2016］.

文献リスト

秋田茂［一九八三］「自由貿易帝国主義時代のインド支配――チャールズ・ウッド卿のインド統治政策をめぐって」『史学研究』（広島史学研究会）一六一。

秋田茂［一九九八］「植民地エリートの帝国意識とその克服――ナオロジとガンディーの場合」、木畑洋一編著『大英帝国と帝国意識――支配の深層を探る』ミネルヴァ書房。

秋田茂［二〇一七］『帝国から開発援助へ――戦後アジア国際秩序と工業化』名古屋大学出版会。

ベネディクト・アンダーソン（白石隆・白石さや訳）［二〇〇七］『定本 想像の共同体――ナショナリズムの起源と流行』書籍工房早山。

M・K・ガーンディー（田中敏雄訳）［二〇〇一］『真の独立への道（ヒンド・スワラージ）』岩波書店。

竹内真人［二〇一五］「宗教と帝国の関係史――福音主義と自由主義的帝国主義」『社会経済史学』八〇‐四。

竹内幸雄［二〇一一］『自由主義とイギリス帝国――スミスの時代からイラク戦争まで』ミネルヴァ書房。

ジョセフ・S・ナイ（山岡洋一訳）［二〇〇四］『ソフト・パワー――二一世紀国際政治を制する見えざる力』日本経済新聞出版社。

ジョセフ・S・ナイ（山岡洋一・藤島京子訳）［二〇一一］『スマート・パワー――二一世紀を支配する新しい力』日本経済新聞出版社。

長崎暢子［一九八一］『インド大反乱 一八五七年』中央公論社。

長崎暢子［一九九六］『ガンディー――反近代の実験』（現代アジアの肖像8）岩波書店。

中村平治［一九六六］『ネルー』清水書院。

平田雅博［二〇一六］『英語の帝国――ある島国の言語の一五〇〇年史』講談社。

本田毅彦［二〇〇一］『インド植民地官僚――大英帝国の超エリートたち』講談社。

松井透［一九六五］「イギリスのインド支配の論理――ヨーロッパの自意識とアジア観」『思想』四八九。

松井透［一九六六］「チャールズ・グラントの思想――イギリス人のインド支配とインド観」『インド文化』（日印文化協会）六。

J・S・ミル（水田洋訳）［一九九七］『代議制統治論』岩波書店。

渡辺昭一編著［二〇一七］『冷戦変容期の国際開発援助とアジア――一九六〇年代を問う』ミネルヴァ書房。

Almond, Ian [2015] *The Thought of Nirad C. Chaudhuri: Islam, Empire and Loss*, Cambridge.

Brayne, F. L. [1929] *The Remaking of Village India: Being the Second Edition of 'Village Uplift in India'*, London.

Cain, P. J. [2012] "Character, 'Ordered Liberty', and the Mission to Civilise: British Moral Justification of Empire, 1870–1914", *Journal of Imperial and Commonwealth History*, 40-4.

Cain, P. J. [2019] *Character, Ethics and Economics: British Debates on Empire, 1860–1914*, Abingdon, Oxon.

Carson, Penelope [2004] "Charles Grant", in H. C. G. Matthew and Brian Harrison (eds.) *Oxford Dictionary of National Biography in Association with the British Academy: From the Earliest Times to the Year 2000*, vol. 23, Oxford.

Chaudhuri, Nirad C. [2001] *The Autobiography of an Unknown Indian*, New York.

Dewey, Clive [1993] *Anglo-Indian Attitudes: The Mind of the Indian Civil Service*, London.

Duff, Rev. Alexander [1858] *The Indian Rebellion: Its Causes and Results*, London.

Embree, Ainslie Thomas [1962] *Charles Grant and British Rule in India*, London.

Embree, Ainslie T. [2004] "Charles Grant", in Donald M. Lewis (ed.) *Dictionary of Evangelical Biography 1730–1860*, vol. 1, Peabody, Massachusetts.

Fisher, Michael H. [2016] "Collaborators and Empire", in John M. MacKenzie (Editor-in-Chief), Nigel R. Dalziel (Assistant Editor), Michael W. Charney and Nicholas Doumanis (Associate Editors) (eds.) *The Encyclopedia of Empire, Volume I*, Chichester, West Sussex.

Jackson, E. M. [2004] "Matthew Atmore Sherring", in Donald M. Lewis (ed.) *Dictionary of Evangelical Biography 1730–1860*, vol. 2, Peabody, Massachusetts.

Koebner, R. and H. D. Schmidt [1964] *Imperialism: The Story and Significance of a Political Word, 1840–1960*, Cambridge.

Mantena, Karuna [2007] "The Crisis of Liberal Imperialism", in Duncan Bell (ed.) *Victorian Visions of Global Order: Empire and International Relations in Nineteenth-Century Political Thought*, Cambridge.

Mantena, Karuna [2010] *Alibis of Empire: Henry Maine and the Ends of Liberal Imperialism*, Princeton, NJ.

Masani, Zareer [2013] *Macaulay: Britain's Liberal Imperialist*, London.

Mehta, Uday Singh [1999] *Liberalism and Empire: A Study in Nineteenth-Century British Liberal Thought*, Chicago and London.

Metcalf, Thomas R. [1964] *The Aftermath of Revolt: India 1857–1870*, Princeton, New Jersey.

Metcalf, Thomas R. [1995] *Ideologies of the Raj* (New Cambridge History of India, III: 4), Cambridge.

Moore, R. J. [1966] *Sir Charles Wood's Indian Policy 1853–66*, Manchester.

Nehru, Jawaharlal [1949] *Soviet Russia: Some Random Sketches and Impressions*, Bombay.

Pitts, Jennifer [2005] *A Turn to Empire: The Rise of Imperial Liberalism in Britain and France*, Princeton and Woodstock, Oxfordshire.

Robinson, Ronald [1972] "Non-European Foundations of European Imperialism: Sketch for a Theory of Collaboration", in Roger Owen and Bob Sutcliffe (eds.) *Studies in the Theory of Imperialism*, London.

Rosselli, John［1974］*Lord William Bentinck: The Making of a Liberal Imperialist 1774-1839*, Berkeley and Los Angeles.

Sherring, Rev. M. A.［1859］*The Indian Church during the Great Rebellion*, London.

Stokes, Eric［1959］*The English Utilitarians and India*, Oxford.

Thomas, William［2004］"Thomas Babington Macaulay", in H. C. G. Matthew and Brian Harrison（eds.）*Oxford Dictionary of National Biography in Association with the British Academy: From the Earliest Times to the Year 2000*, vol. 35, Oxford.

Trevelyan, Charles E.［1838］*On the Education of the People of India*, London.

Wilson, Jon［2016］*India Conquered: Britain's Raj and the Chaos of Empire*, London.

第3章 時計時間の移植と管理
——イギリス帝国の植民地天文台と時報技術——

石橋 悠人

1 はじめに

一八八六年にロンドンで開催された植民地・インド博覧会（Colonial and Indian Exhibition）は、国内外に向けてイギリス帝国の拡大と統合を象徴的に示すものであった。五〇〇万人を超える来場者たちは、海外の入植地を含む多数の地域に関わる展示物を目の当たりにし、世界規模で進む帝国の緊密化を「経験」することができた[(1)]。帝国の一体性を認識させるための仕掛けは、早くもその入場口に現れている（図3-1）。外壁の上部に取りつけられたブリタニア像と二つの半球、そしてイギリスの植民地と自治領を明示した世界図の間に五つの時計が据えられた。一回り大きな時計が告げるのは本国で用いられているグリニッジ標準時であり、他の四つの時計は帝国の主要都市オタワ、ケープタウン、カルカッタ、シドニーの時刻を示す。時間と帝国統合の関連がモチーフである。本章では、この展示に見られる時間と帝国の関係という観点から、ブリティッシュ・ワールドにおいて精力的に推進された時計時間の移

図3－1　植民地・インド博覧会（1886年）

出典：MacKenzie［2001］.

植について論じることにしたい。

一九世紀の欧米諸国では時間の意識・制度・技術が大きく変化した。工場労働制の拡大、鉄道・電信網の敷設、大陸間を結ぶ汽船航路の確立は、人間・商品・資本・情報移動の量的拡大と加速をもたらし、時間の均質化・標準化の圧力が一段と高まった（いわゆる「空間・時間の圧縮」(2)）。国内・世界標準時の成立と歩調を合わせるように、電気時計や時報装置、電信を用いた時計の同期などの技術が開発され、正確度の点で改善された時間が社会生活の基盤として広範に流通するようになる。これらの発明のみならず、時間厳守の意識や時間の節約などの価値観が拡散・伝播され、世界的な次元で時間概念・意識を変容させる潮流となった(3)。とりわけイギリスの海外入植地は、そのような「時間改革」の焦点と言える。入植者・科学者・技師による公共時計の設置を通した時計時間の普及をはじめ、オーストラリア、インド、南アフリカなどの諸地域では、現地住民の「文明化」を標榜する宣教団体による時間規律や安息日の教化活動が活発に行われることで、同じ時間意識を共有する空間の拡大が図られている(4)。

近年のブリティッシュ・ワールド研究では、経済的・軍事的な意味での統合に加えて、同様の習慣、食文化、法制度、物質文化などの要素の共有を通じて、イギリス本国と白人入植地との間に「感情的」な結びつきと社会文化的な同質性が生まれた点が強調されている(5)。本国からの移民や現地生まれの白人たちは、海外で自分たちが慣れ親しんだ制度、社会生活の習慣、広い意味での文化の再構築を追求し、イギリスの製品、出版物、食文化、言語、宗教が経済的・感情的な紐帯の構築・維持に大きく寄与したという。本章では、このような同質性を高めるための文化的な装置の一つとして、時間の概念や技術を取り上げたい。先述の「時間改革」により、イギリスとの社会文化的な共通性を希求する白人入植地とインドの白人たちは、本国で通用している時間に関する価値規範・制度・技術を積極的に移入した。イギリスの時間意識の浸透は、従来から植民地に定着していた既存の時間概念との対比を通して、文化的な一体性の醸成を刺激したと考えられる。

帝国各地における「時間改革」を後押しした現象として、これまで鉄道・電信網の敷設、宣教団体の活動、公共時計・時計塔の建設が注目されてきた。こうした研究動向に新しい視座を提起するために、ここでは正確度の高い時間を現地社会に提供した植民地天文台（colonial observatory）に着目する。帝国の主要都市に次々と建設された天文台は、現地政府や東インド会社によって運営されていたが、同時にロンドンのグリニッジ天文台との緊密な協力関係を有すことで、帝国規模の天文学のネットワークを形成した。とくに一八三五年から八一年までグリニッジ天文台長を務めたG・エアリ（George Biddell Airy）は、植民地天文台の活動を支える重要な役割を果たした。帝国と科学の関係をめぐる研究は、植民地都市の学術団体、植物園、動物園、博物館、図書館、学校・大学、研究所のネットワークが、科学知識の生産・移動・循環を促した点を浮き彫りにしている[(6)]。しかし、このような角度から植民地天文台を分析する試みは端緒についたばかりである。そこで本章では時計・時報技術の移転を中心に、いかにして各地の植民地天文台が時間の正確化・標準化のための拠点となったかを明らかにしたい。

2　ブリティッシュ・ワールドにおける「時間改革」

一九世紀後半に植民地天文台による正確な時間の伝播を目的とする活動が広がりを見せるが、その背景には多くの入植地で行われた「時間改革」の展開があった。最初にイギリスの時間概念・慣習・制度の移植を試みる多様な動きを地域ごとに概括的に整理しよう。まずオーストラリア大陸南東部では、一七九七年にシドニーに時計塔が設置されるなど、植民地建設の過程で時計時間の定着が模索された。一八二〇年代以降、時間管理に関する取り組みは本格化し、市場、教会、タウンホール、学校などの施設に時計が相次いで導入された(7)。一八四四年の時点でシドニーには五つの公共時計が設置されていたが、それぞれが示す時刻には少なからぬ誤差が生じていたという。一八五〇年代以降、ゴールドラッシュや社会経済の全般的な発展、鉄道・電信網の敷設に刺激され、公共時計のみならず懐中時計や置時計の普及が進んだ。ただし、シドニーやメルボルンでも公共時計の正確性は乏しく、天文台による正確度の高い時間の提供に対する需要が高まった。

時計時間の移植と並行して、アボリジナルに対するヨーロッパの時間意識の教化が試みられた点は特筆に値する。一八世紀後半から当地を訪れた白人たちは、先住民の身体形質や習俗に関する観察記録を残すが、そのなかにアボリジナルが詳細な時間認識を持たないとする見解が繰り返し登場する(8)。例えばアボリジナルは星、太陽、月などの天体の観測、動物の移動、植物の開花などの「自然」のリズムに由来する時間概念を持つとし、ヨーロッパの厳密な時間意識やそれに基づく合理的・規則的な生活リズムが欠落しているとする評価が見られる。こうしたヨーロッパの時間を標準とする認識は、現地民に対する時間概念や規律の教育の正当化に活用される。オーストラリア大陸でも活発な宣教活動を行っていたキリスト教福音主義者たちの間では、時間の節約や無為な浪費を避けることが徳目として称揚されており、宣教拠点やアボリジナルの保護区において、彼らは時間規律や安息日の習慣、労働と余暇の明確な区別などの教育を主導した[9]。

オーストラリア大陸と同様、南アフリカでも先住民に対する時間規律の普及が重視された。G・ナニによれば、一部の入植者や宣教師たちはカフィル、ブッシュマン、ホッテントットとの接触から、彼らが時間の厳密な計測・表現方法を持たないと認識し、入植拡大のフロンティアで現地民の労働慣行、住居、服装などの習俗の改変を目指すなかで、安息日の習慣や時計時間に基づく行動を体得させることを試みている[10]。イギリスの時間概念を浸透させようとする諸活動は、ケープタウン周辺の慢性的な労働力不足を解消するために、現地民を規律化し労働力として活用するという思惑とも関連していた。それゆえ、宣教学校を拠点に時間意識を改革するプログラムとして七曜日・時間・分・秒・安息日などの概念の教育が施され、時計時間に沿った労働・休息・余暇の過ごし方が奨励された。また、一九世紀中葉までにケープタウンで午砲（定刻に大砲の空砲を発射し聴覚的に時間を伝達する装置）の設置や公共時計の着実な増加が見られた。もとより、このようなオーストラリアや南アフリカの先住民に対する時間規律の教化や時計時間の定着は直線的な過程ではなく、先住民による安息日や労働時間の拒否・無視などの「抵抗」をはじめ、先住民と白人との時間に関する「相互交渉」が繰り返された。

つづいてカナダでは航海術・測量・科学研究における必要性から、一八三〇年代以降に正確性の高い時間の計測と伝達が推進されている。一九世紀前半のカナダでは、イギリスからの移民や製品・資本の輸入拡大によって、いわゆる「イギリス化」現象が進行したが、これと並行して多数の技師・弁護士・医師・建築家などの専門家層の移動が英加の文化的・経済的統合の度合いを高めた[11]。この状況下で、イギリスから天文学者や観測機器が移動することで、天文研究や時報サービスの基礎が形成された。とくにクロノメーター（航海中の経度測定用時計）の時刻設定を目的として、ケベックやモントリオールなどの都市で天文台による時報の提供態勢が整えられていった[12]。他方、ニュージーランドでは、国内標準時の設定が他の植民地と比べて早期に実現している。一八六〇年代初頭に端を発する電信網の敷設によって各都市が結びつけられたことに刺激され、一八六八年には複数の地方時が併存する状況を解消するために標準時が導入された。ただし、都市部でも公共時計が相互に異なる時間を示すなどの状況に変化はなかった。[13]

最後に一八五八年に直轄支配がはじまったインドでは、鉄道網、道路、内陸河川、軍事宿営地などの施設の改良が進められるなか、各地にイギリスの都市景観の典型ともいえる時計塔が建設された。帝国支配と建築物の関係を分析するT・メトカフは、それらの一連の時計塔がイギリスによる支配を象徴し、インド人に時間規律を植えつけるための装置であったとする。[14]時計塔とともに現地社会の時間に変革をもたらしたのが鉄道網の拡大である。一八六〇年代初頭から鉄道会社や植民地政府の行政官らがインドにおける鉄道時間の統一化を盛んに議論し、一八七〇年代にはそれまで電信用の標準時として利用されていたマドラス時間が、インド全域をカバーする鉄道時間として適用された。[15]イギリス人のみならず多数のインド人が鉄道を利用するようになり、時刻表に依拠することで鉄道時間は徐々に浸透していった。もっとも、インドにおける時間の全面的な統合が直ちに実現したわけではない。近年の研究で明らかにされているように、鉄道運行自体にしばしば遅れや時刻表との差異が生じており、白人とインド人の双方から不満の声が上がった例も多く見られる。[16]植民地国家にとって、鉄道を通じた厳密な時間意識や規律の浸透は容易ではない課題であり、二〇世紀にいたるまで、都市や地域ごとに宗教的時間、農業的時間はもとより、地方時や鉄道時間などの並立状況は続いた。[17]

右に述べてきた概況が示す通り、各入植地の政治・社会状況に規定されることで、イギリス帝国における「時間改革」の展開には少なからぬ地域的な差異が生じた。そうした複雑で多元的な状態を前提として確認しつつ、ここでは各地域に共通して看取できるいくつかの特質に着目してみたい。最初に世界的な海運と貿易網の拡充による人間・商品・資本・情報の移動の加速化、現地社会の経済発展、鉄道・電信・郵便などの情報通信・交通網の発達を背景に、植民地行政や科学者・技術者を中心に時間伝達のための設備の刷新が行われた点を指摘できる。信頼性の高い時間を社会に提供することを目的に、時計塔・公共時計や後述する報時球と午砲の適切な運用が課題となり、機械時計が刻む均一なリズムの浸透により、社会生活の多様な側面を円滑に進めることが模索された。帝国各地に共通する「時間改革」の実践は、現地社会・植民地都市に本国と同様の時間の制度・技術を移植することで、社会経済の発展や秩序形成を促す試みであった。

時間の思想・習慣・技術の共有は、物質的・経済的な意味に留まらない多様な影響をもたらすものであった。近世の北米植民地において文化・消費の「イギリス化」が進行したことはつとに論じられてきたが、同様の現象が一九世紀の白人入植地にも確認できる。[18]言語、食事、習慣、建築、商品などの共有の動きは、文化的な一体性を構築するための推進力となった。[19]しかし、これまでの研究では触れられてこなかったが、時間に関わる文化・技術・習慣の共有もまた、帝国規模での文化的統合を導く一つの要素と捉えることができる。E・ゼルバベルやB・アンダーソンが指摘したように、同一の時間意識や暦などの制度の共有は経済活動やコミュニケーションの促進に加えて、地域社会・宗教的共同体・国民国家における社会的結束性を高め、集団的アイデンティティの拠り所として作用するからである。[20]ある集団が特定の時間秩序を内部で共有していることは、集団としての統一性を増幅させ、他の集団から区別する効果を持つ。そうして境界線が仮構されることで、同じ時間性の共有が集団の内的な凝集性を高める契機となる。

集団の内的な統合強化の作用に加えて、ブリティッシュ・ワールドの「外延部」では、イギリスの時間文化の拡散が自らのものとは異なる時間文化の変革あるいは排除として顕在化した点を見逃すことはできない。M・アダスにしたがえば、一九世紀のヨーロッパ人は概して非ヨーロッパ世界の計時装置や時間認識を低く評価する傾向があり、精密な時間意識や時計技術は「文明」を強く象徴する装置となった。[21]そのことはヨーロッパの計時・時報技術が非ヨーロッパ社会に持ち込まれる一つの要因となっただけでなく、先住民の時間概念を「不明瞭」・「不規則」であるとする評価を活用して、厳格な時間規律を持つ「文明」＝イギリス人とそれを持たない他者という区分の形成を促している。入植者や宣教師たちはこの区分に依拠して、現地民に対する厳密な時間規律の内在化を迫った。これは南アフリカではホッテントットやブッシュマン、カフィル、オーストラリアではアボリジナルを対象に実践された。とくに植民地行政官や宣教師たちは「不規則な」時間意識を植民地社会の統治・生活・労働・生産性に支障をきたす「問題」として措定し、それを変革するためにイギリスの時間に関する制度や慣行を導入した。このように異なる時間性を生きる人々との関係・交渉を通して、イギリスの時間意識・技術に依拠するという自己意識が醸成されることで、ブリティッシュ・ワールドの文化的結合が強化されていたのである。[22] 次節では、右記のように「時間改革」が進められる各入植地において、時計時間の移植を促す天文台の役割を検討する。

3　植民地天文台ネットワークの形成

帝国各地における「時間改革」の基軸となったのが、主に一九世紀に設立された植民地天文台である。海軍省が運営母体となったケープ天文台を除いて、植民地天文台はイギリス政府が主導する何らかの全体的な計画によって建設されたわけではない。むしろ白人入植地やインドに移民・入植した人々が運営の担い手となった。本節でも地域ごとに天文台の状況を論じていこう。

天文学が植民地科学の代表的な存在となっていたオーストラリア大陸では、一八二〇年代にシドニー近郊のパラマッタ観測所で、アマチュア天文家でもあったニューサウスウェールズ総督T・ブリスベン（Thomas Brisbane）が南天の恒星研究に従事した。[23] ブリスベンの帰国後、この観測所は政府の施設として一八四〇年代末まで運用され、そこで利用されていた機器類は一八五八年に開設されるシドニー天文台（図３－２）に引き継がれる。[24] 一九世紀中葉以降、イギリスからの内政面での政治的権限の委譲や長期的な経済ブームを背景に、植民地政府は都市化やインフラ整備に余念がなかった。[25] そのような状況下、総督W・デニソン（William Denison）の指揮のもと植民地政府がシドニー天文台の運営母体となった。開設に際して植民地政府から諮問を受けたグリニッジ天文台長エアリは、活動方針や機器に関する多岐にわたる提言を送っている。その後シドニーにならい現地政府がスポンサーとなり、アデレイド（一八六〇年代初頭）とメルボルン（一八六二年）にも科学研究の拠点として天文台が建設された。

図3－2　シドニー天文台（1874年）

出典：Public Domain.

カナダでは一八四〇年代から連合植民地として統合が強化され、次第に権限を強めた責任政府の支援によって天文研究が開花した。一八五〇年に主要港の一つケベックに天文台が設置され、正確な時間を船舶に伝える業務が開始される（図3－3）。同天文台の設立に関しても、カナダ総督からの協力要請を受けたエアリが、計画の策定や機器の手配に関与した。[26] 一八六〇年代初頭にはキングストンのクィーンズ大学に天文台が開設されたほか、一八七〇年までにマギル大学天文台がオタワの都市部や海港に時報を伝え、さらにカナダ東部のセントジョンにも海事関係者向けの時報発信を主眼とする天文台が設置されている。一八六七年の連邦化まで、これらの天文台は各地の現地政府が拠出する資金で運用されたが、それ以降はカナダ気象局の一元的な監督下に置かれ、気象観測や時報発信などの実用性の高い活動に注力した。[27]

南アフリカでは、一八二七年に設立されたケープ天文台が中心地

図3－3　ケベック天文台と報時球（1870年代）

出典：Jarrell［1988］.

となった[28]。この天文台はグリニッジ天文台と同様にイギリス海軍省傘下の施設であり、「王立天文台」（Royal Observatory, Cape）という名称を付与された。初代天文台長F・ファローズ（Fearon Fallows）の時代から、時報発信や気象観測、南天の恒星観測による星表作成が実施されている。一八三四年に天文台長に就いたT・マクルア（Thomas Maclear）は施設の組織化に着手し、南アフリカにおける天文研究を大きく進展させた。同天文台はグリニッジ天文台と密接な関係を保っており、それは観測機器の移転に役立てられている。例えばマクルアはエアリに対して、グリニッジ天文台で利用されていた機器の提供やロンドンで購入可能な機器の手配をしばしば依頼した[29]。一八五二年にはグリニッジ天文台の経緯儀をモデルにした望遠鏡がケープ天文台に備えつけられ、子午線観測と時間決定に用いられた。

白人入植地と同じくインドでも、植民地天文台がヨーロッパ天文学の拠点となった。マドラスでは一七八六年に個人の小規模な観測所が設けられ、一七九二年には東インド会社がその観測機器を引き継いで天文台を新設した。マドラス天文台における恒星、木星の衛星、月蝕・日蝕の継続的な観測記録は、ヨーロッパの天文学界で高い評価を得た。そして一八六二年に導入された経緯儀望遠鏡によって、恒星・小惑星・彗星・変光星・月・火星の研究が本格化し、

図3－4　ボンベイ天文台（1877年）

出典：Sen［2014］.

この時期を境に観測機器が大きく改善されるようになる。

他方、一八二〇年代にはボンベイ文芸協会が旗振り役となり、東インド会社から資金提供をうけるボンベイ天文台（図3－4）が建設された(30)。当初は施設の建設と機器の輸入をめぐって現地の天文学者と東インド会社が対立するなど、運営状態は良好とは言い難かった。それでも、徐々に新型の望遠鏡・標準時計・報時球などの機器が導入され、クロノメーターの管理や地磁気・気象観測が行われるようになった。天文台の関係者たちは、大規模な商港ボンベイにおけるクロノメーターの調整や時報通知を有意義な取り組みと認識していた(31)。

一八世紀より南アジアでは多様な学術分野で、「西洋科学」と在来の「インド科学」との相互作用が新しい知識の生産を促していたが、一九世紀の植民地天文台ではインド在来の天文学が直接的に参照されることは少なく、主としてヨーロッパの科学的知識・実践が恒星の位置決定や時間把握に用いられた(32)。ただし、数学の素養を持つ多くのインド人助手が実験・観測・機器の管理を担っていた点は、助手の大半を白人が占める他の植民地天文台には見られない特質である。インドではイギリス人の人口の乏しさゆえに、商業や行政に関する手続きと同じように、測量事業のような科学的活動においても現地民の参画に頼ることが一般化していた。[33] マドラス天文台では、インド人助手が子午線望遠鏡による観測や時報装置の運用を担い、ボンベイ天文台では天文部門と気象・地磁気部門でインド人の助手・計算者・使用人が雇用されていた。[34] 彼らの仕事は植民地天文台の維持に不可欠なものであるだけでなく、重要な科学的知見を生み出すものでもあった。[35]

ここまで述べてきた天文台の多くが、一九世紀後半に制度化や活動内容の明確化を経験し、天文観測（恒星座標の特定、惑星、月、彗星、木星の衛星、月蝕・日蝕など）に留まらない複合的な拠点として機能するようになった。代表的な活動を挙げれば、天体観測を通して地理上の位置の精密計測が可能であるため、経度測定や測量の基準点として採用される事例が多く見られる。南アジア全域におよぶイギリスの三角測量はよく知られているが、それ以外にも各入植地で地図作成を目的に測量が実施されており、経度・緯度の基準点を正しく確定するために植民地天文台が利用された。[36] 一九世紀前半から隆盛する地磁気・気象研究に関しても、各天文台では長期的な観測が行われている。各天文台には活動面で一定の共通性を認められるが、力点が置かれるものはそれぞれに異なっており、例えば同じインドでもマドラス天文台が天体観測に注力する一方、ボンベイ天文台は気象・地磁気研究を重点的に推進した。

一八八〇年代に入るまで、程度の差はあるものの、各天文台は科学者の任命、観測プログラムの設計、科学装置の導入などの面でグリニッジ天文台との連携に強く依存していた。先に指摘したように、エアリは植民地政府からの依頼を受け、ケベックとシドニー天文台の立ち上げを支援した。その協力内容は観測業務を考慮した建物の設計から機器の選定、ロンドンの科学機器・時計メーカーとの交渉にまで及ぶ。他の天文台についても、頻繁に活動方針や観測機器に関する情報や助言を提供し、それぞれが抱える課題の解決に貢献している。エアリが天文台長の候補者を推薦した事例も少なくない。ロンドン王立協会会長、イギリス科学振興協会会長、天文学会会長などの科学界の要職を歴任したエアリは、広範な人的ネットワークを駆使して植民地で働くに適した学者を推挙した。代表的な事例を挙げるならば、シドニー天文台にはケンブリッジ大学卒のＷ・スコット（William Scott）、マドラス天文台にはＮ・ポグソン（Norman Pogson）を推薦し、彼らは植民地政府によって天文台長として任用されている(37)。

エアリの協力はグリニッジ天文台と植民地天文台との関係を強化し、帝国規模の天文学ネットワークの形成を導くものであった。ケープ天文台とシドニー天文台は開設当初から年次報告書をグリニッジ天文台に送付するだけでなく、書簡の定期的な交換などの連携がなされた。一八四六年にはエアリが首相Ｒ・ピールに対してあらゆる植民地天文台を統括する政府機関の新設を提案し、植民地省でＷ・グラッドストンともこの問題を協議している(38)。この提案は実現しなかったものの、彼が制度面でイギリス帝国全体の天文研究を主導する立場を得ようとしていた様子が垣間見える(39)。ただし、エアリは確かに強い影響力を有したが、植民地の政府や天文学者は必ずしも彼の意向に従うばかりの受動的な存在ではなかった。一例を挙げれば、一八五九年にエアリはインド相Ｅ・スタンリー（Edward Stanley）にグリニッジとインドの各天文台間の定期的な書簡交換による交流を提案する(40)。その目的はヨーロッパの天文研究の情報を伝え、植民地の天文学者の孤独感を取り除くためと説明されている。これに対して、マドラス政府は植民地天文台の自律性を理由に提案を固辞した。書簡交換の制度化により、植民地天文台の自律性が減じられ、グリニッジ天文台長のいわば「管轄下」に置かれてしまうことが危惧されたのである。イギリスから植民地へ一方向的な影響があったわけではなく、入植地の多様な利害や思惑が介在した点を考慮しなければならない。

天文学ネットワークの構築と発展には、エアリのみならず多様な担い手が寄与していた点にも触れておく必要があるだろう。行政官や医師などの専門職層と同じように、帝国内の移動を通じてキャリア形成を行った天文学者たちの存在はとりわけ重要である(41)。彼らの多くは本国政府の施策によって移動したというよりも、個人のキャリア形成を目的に主体的に渡航した。例えばケンブリッジ大学出身でグリニッジ天文台の助手を務めていたＥ・ストーン（Edward Stone）は、一八七〇年にマクルアの後任者としてケープ天文台長に就任し、七九年にはオックスフォードのラドクリフ天文台長へ転身している。同じくケンブリッジ大学出身のG・スモリー（George Smalley）は、一八四六年にケープ天文台の助手として採用され、マクルアの下で観測活動に励んだ後ロンドンに戻り、一八五四年からキングズ・カレッジで自然哲学と天文学の教育に携わった(42)。そして植民地省から候補者の照会を受けたエアリの推薦により、一八六四年にシドニー天文台長に任命された(43)。ストーンとスモリーの事例から、帝国内を往来する専門科学者のキャリアが浮かび上がる。

天文学者のみならず、科学研究に理解を示す植民地総督の移動が天文台の発展を導く事例も見られる。一八四〇年代にヴァン・ディーメンズ・ランド（タスマニア）総督デニソンはエアリに書簡を送付し、地磁気観測の拠点であるロスバンク観測所の活用に関する意見聴取を行っている(44)。デニソンは陸軍士官校出身の工兵としてそのキャリアを開始し、チャタムやウリジの工廠で働いた経歴に加えて、一八三六年にはエアリが天文台長に就任したばかりのグリニッジ天文台で観測活動を経験していた(45)。ヴァン・ディーメンズ・ランドにつづくニューサウスウェールズ総督時代に、シドニー天文台の設立を主導したことは既に論じた。さらに一八六一年にマドラス総督に異動すると、デニソンは現地の天文台への子午線望遠鏡の設置を支援した(46)。複数の植民地総督を務めた彼は、各都市でインフラや様々な制度の改良に尽力したが、植民地天文台の向上もそうした活動の一つと数えることができる。

このように検討してくると、エアリによる支援はイギリス帝国内での科学技術の実践や組織運営の標準化を志向する動きであり、グリニッジ天文台と同様の手続きや装置を植民地天文台で再現するものであったことが指摘できる。この試みはエアリの助言や天文学者・観測機器の移動によってある程度達成されており、多数の植民地天文台の間に少なからぬ共通性が生み出されたことは疑いえない。しかし、標準化には限界もあり、現地の多様な状況（気候などの観測条件、植民地政府の利害、スタッフの任用、観測機器の稼働状態、活動資金の多寡など）に応じて、科学研究の方法や実践、観測プログラム、機器、組織化の枠組みは修正を迫られた。本国から輸送された機器が適切に作動せず、入植地の技師や科学者たちによる改良が必要になる事例も見られる[47]。したがって、イギリスから植民地に天文学の実践が何らの支障もなく直線的に伝播されたわけではなく、グリニッジ天文台からの影響と現地の状況や利害・思惑を反映する植民地天文台の自律性が複雑に関係し時に競合しながら、ブリティッシュ・ワールドを舞台とする科学の探求とその実践が拡大していたのである。

4　天文台の時間と時報技術

一九世紀後半までに欧米諸国とその植民地天文台の多くが、社会に対して広く時間を伝達する公共性の高いサービスを提供するようになる。天文台の機器と多様な実践（精巧な観測機器・時計、熟練の観測者、日課としての観測活動、綿密な計算、自動化された装置）によって決定される時間が伝播された。この領域のパイオニアとなったのが、他ならぬグリニッジ天文台である。一八五〇年代初頭にエアリが開始したグリニッジ時報サービスは、電信網を用いて、イギリス国内の鉄道会社、海軍工廠、電信会社、郵便局、時計商、都市自治体に標準時を伝えるものであった[48]。時報サービスはとくに航海術における必要性を満たした。船舶の位置を確定する際、商船や海軍艦艇はクロノメーターを経度の把握に利用し航海の安全性・迅速性を高める。クロノメーターの時刻を正確に維持するためには、出港前に基準となる時刻を参照することが不可欠であり、そのために天文台の時間が活用された。さらにグリニッジ天文台の時報は鉄道駅や郵便局の時計、そして都市部の公共時計の基準として利用されることで社会生活の「調整役」として働いた。そのような天文台時間を広範囲に伝えるために考案されたのが、報時球（定刻に大型の球形装置が落下し視覚的に時間を伝達する装置）と午砲である。イギリス国内では報時球は一八二〇年代末にポーツマス海軍工廠、一八三三年にグリニッジ天文台に建設されて以降、次第に各地の海港に置かれた。午砲については、一八六一年にエ

表3-1　イギリス帝国の海外領土における時報装置（1880年）

地域	都市	時報の種類	通知される時間	時間の基準
Malta	Valetta	報時球	マルタ標準時	
India	Bombay	報時球	ボンベイ標準時	コラバ天文台
		公共時計	ボンベイ標準時	コラバ天文台
	Colombo	報時球	コロンボ標準時	
	Madras	腕木信号	マドラス標準時	マドラス天文台
	Calcutta	報時球	カルカッタ標準時	
St. Helena	James Town	報時球	グリニッジ標準時	ラダー・ヒル天文台
Cape Colony	Table Bay	報時球	ケープ標準時	ケープ天文台
		午砲	ケープ標準時	ケープ天文台
	Simons Bay	円形の装置	ケープ標準時	ケープ天文台
	Port Elizabeth	円形の装置	ケープ標準時	ケープ天文台
	Port Alfred	報時球	ケープ標準時	ケープ天文台
Mauritius	Port Louis	報時球	モーリシャス標準時	ロイヤル・アルフレッド天文台
Australia	Adelaide	報時球	アデレイド標準時	アデレイド天文台
	Port Phillip	報時球	メルボルン標準時	メルボルン天文台
		報時球	メルボルン標準時	メルボルン天文台
		旗	メルボルン標準時	メルボルン天文台
	Sydney	報時球	シドニー標準時	シドニー天文台
	Newcastle	報時球	シドニー標準時	シドニー天文台
Tasmania	Hobart Town	報時球	ホバートタウン標準時	
		午砲	ホバートタウン標準時	
New Zealand	Wellington	報時球	ニュージーランド標準時	ウェリントン天文台
	Lyttelton	報時球	ニュージーランド標準時	
Newfoundland	St. John's	午砲	セントジョンズ標準時	
Canada	St. John, N. B.	報時球	セントジョン標準時	
	Quebec	報時球	ケベック標準時	ケベック天文台
	Montreal	報時球	モントリオール標準時	モントリオール天文台
Bermuda	Ireland Island	報時球	バミューダ標準時	
British Guiana	Demerara	報時球	デメララ標準時	

出典：“British Possessions”, The Admiralty［1880］. 地名・掲載順は同書に従った。

ディンバラで設置されたものが嚆矢である。

一八六〇年代以降、蒸気船の定期航路の確立、本国・白人入植地間貿易の拡大、入植地経済の発展、移民の増加、海軍の世界展開などの状況を背景に、海外のイギリス領に多数の報時球・午砲が設置された。表3－1は海軍省が発行した『時報便覧』（一八八〇年）から、「イギリス領」（British Possessions）の項目を整理したものである[49]。この航海者向け冊子には、世界各国の報時球と午砲の稼働状況が記載されているが、ヨーロッパの外部では「イギリス領」にこれらの装置が多く設置されたことが示されている。マルタ、インド、セントヘレナ、ケープ植民地、モーリシャス、オーストラリア、タスマニア、ニュージーランド、ニューファンドランド、カナダ、バミューダ、英領ギニアに報時球・午砲が設置されていたが、国内と植民地の海港にこれほど多くの時報装置を導入した国家は他にはない。装置の種類としては報時球が大半を占める。通知されている時間は各地の現地時間であるが、多くの場合でその基準は植民地天文台の時刻と規定されている。本国でグリニッジ天文台が基準となる時刻を社会に通知したのに対し、海外では植民地天文台が同様の役割を担っていたことがわかる。

いかにして植民地天文台で時報発信が可能になったのか。第一に指摘すべき要因はエアリによる積極的な支援である。概ね一八七〇年代まで、イギリス領の入植地では精巧な望遠鏡・標準時計・報時球などの時報発信に欠かせない技術を自前で生産することは難しく、本国からの知識・技術の移転に頼らざるをえなかった[50]。時報技術に精通するエアリは、一八四〇年代から六〇年代にかけてリヴァプール、エディンバラ、グラスゴーなどの大規模な海港を有す都市の天文台の時報事業を支援してきた[51]。それゆえ植民地の政府と天文学者たちもまた、観測プログラムや機器に関わる問題だけではなく、時報についてもエアリに助言や協力を頻繁に求めている。エアリは情報提供に留まらず、先端的な機器・時計の購入を手配するなどの協力を惜しまなかった。彼は科学機器・時計メーカーと交渉を重ね必要な装置を選定し、詳細な見積書や設計図をもとに植民地側と調整を行ったうえで発注し、完成後には直接海外に送付するかグリニッジ天文台の助手による検査をへて発送に至るまでの過程を統括している。

表3－2にはエアリおよび彼の後任天文台長W・クリスティの仲介により、イギリスから植民地天文台に送られた時報関連の機器の代表的な事例を整理した。発送された機器には、時間決定に利用される子午線望遠鏡や天文台の時間基準として用いられる標準時計が含まれる。エアリは植民地側からの要請を受け、具体的な状況・要望を入念に検討した上で適した業者を選定している。受注・製作を担当したのはいずれも国内有数の科学機器・時計メーカーであ

表3-2　グリニッジ天文台長エアリとクリスティによる技術移転の仲介例（1850〜80年代）

装置・時計	天文台	メーカー	時期	特徴
子午環望遠鏡	Quebec	——	1850年	エアリの提案により、グリニッジ天文台の旧式装置を提供
	Williamstown	Troughton & Simms	1861年	エアリが植民地政府の代理人としてメーカーとの交渉を担当
	Madras	Troughton & Simms	1862年	エアリがグリニッジ天文台に導入した望遠鏡をモデル
	Singapore	Troughton & Simms	1892年	天文台長W. クリスティがメーカーと交渉
経緯儀望遠鏡	Madras	Troughton & Simms	1864年	エアリがメーカーと交渉
	Adelaide	Cooke & Son	1874年	エアリがメーカーを選定．グリニッジ天文台の助手が完成品を検査
標準時計	Quebec	Dent	1850年	エアリが注文．グリニッジ天文台における試験を経て発送
	同上	Molyneux	同上	同上
	Sydney	Frodsham	1860年	エアリが仲介し発注
	Williamstown	Frodsham	1860年	植民地天文台長からの依頼を受け、エアリがメーカーと交渉・検査を担当
	Madras	Shepherd	1868年	エアリの推薦により発注。マドラス天文台内での時計の同期に利用
	Bombay	Shepherd	1869年	天文台から報時球と公共時計を同期する計画に利用
	Singapore	Kullberg	1892年	報時球の稼働に利用．天文台長W. クリスティがメーカーと交渉・発注
報時球	Quebec	——	1850年	リヴァプール天文台の報時球をモデル
	Sydney	Maudslay、Sons & Field	1858年	エアリの推薦により、グリニッジとディールの報時球を作成したメーカーが製造
	Singapore	——	1892年	天文台長W. クリスティとイギリス海軍水路測量局長の協働事業
公共時計	Bombay	R. L. Jones	1869年	ボンベイ天文台の標準時計と同期

出典：CUL MS RGO Papers of George Biddell Airy 6/140-153; Papers of Frank Dyson 8/147.

る。いくつか事例を挙げれば、時計の生産に関しては、国会議事堂の公共時計（ウェストミンスター・クロック）の製作者として名高いデント社、クロノメーターや標準時計を量産したフロドシャム社、ロンドン万国博覧会の水晶宮に掲げられた公共時計やグリニッジ天文台の標準時計を開発したシェパード社への発注が見られる。[52] 工作機械で知られるモーズリ社が報時球を建設する一方、欧米各地の天文台のために観測機器を生産したトルートン＆シムズ社も植民地天文台の主軸となる望遠鏡を提供した。[53] これらの先端的な技術者集団はグリニッジ天文台にも製品を納入しており、科学研究の物質的な基盤を整備する貴重な役割を果たしていた。精密機器・時計の生産には数カ月からときに数年間を要することもあり、その製造と海外への輸出を成功裏に実現させるためには、エアリの協力に立脚した綿密な情報収集と業者選定が欠かせなかった。

エアリによる細やかな協力のほかに、多彩な経路を通じた知識の移動が時報技術の移転を可能にした。機器調達に直接関与していない場合でも、エアリは植民地側からの依頼に応じて時報発信に関連する有用な知識を提供している。もっとも、彼はイギリス帝国の天文学ネットワークの枠内でのみ知識の共有を許容したわけではなく、諸外国からの問い合わせにも例外なく対応しており、欧米諸国のトランスナショナルな科学者共同体の要請に応えていた[(54)]。グリニッジ天文台の助手たちも、時報サービスを詳しく解説した公開講演や論考を発表している。例えば時報・時計担当助手W・エリス（William Ellis）は、創刊後まもない『ネイチャー』への寄稿論文やイギリス時計協会における講演において、グリニッジ天文台の時報サービスの特徴を論じた[(55)]。こうして公表される知識は、植民地天文台における時報技術の移転・改良に際して参照された可能性が高い。

科学者・技術者の移民も知識や技術の移動に直結する要因となった。一八五〇年代初頭にグリニッジ天文台で時報・時計担当助手を務めたC・トッド（Charles Todd）は、サウスオーストラリア政府からの照会を受けたエアリの推薦により、アデレイド天文台長として任用されている[(56)]。トッドの事績としてはオーストラリア大陸における電信敷設事業を牽引したことがよく知られているが、彼は新型の報時球の設計や公共時計の管理にも精力的に携わった。そこでは、グリニッジ天文台で得た専門知識と経験が活用されるだけでなく、現地に赴いてからも本国のエアリとの定期的な情報交換により適切な技術の利用を企図した様子が観察できる[(57)]。このように、エアリによる支援や情報発信、そして専門家の移動を通した知識の移植を通して、ブリティッシュ・ワールド内で一定の正確性を有す時間を提供するための技術が共有された。

つぎにこうして移植された時報技術の稼働状況について、これまでに把握することができた範囲で論じることにしたい。まず一八六〇年代中葉のシドニー天文台では、現地時間を伝える報時球が良好な状態で稼働していた。さらにシドニー周辺の多数の気象観測所に対して、電信網を利用した天文台の時報通知が行われたほか、一八七〇年代初頭までに都市部の郵便局に掲げられた時計を天文台から電信で同期する技術が確立している(58)。マドラスでは一八五〇年代末までに稼働状態が悪化した報時球が撤去され、代わりに天文台が管理する午砲が時刻を伝えた(59)。ボンベイでは一八六〇年代後半に天文台長が中心となり時報装置の改良が試みられ、視認性が低かった天文台の報時球を新設の塔に移し、電信を媒介に天文台から遠隔操作する方式が採用された。さらにクロノメーターの調整を目的に、ボンベイ港に天文台の時間を示す大型の公共時計を設置することが決定し、エアリの提言にのっとり本国の時計技師R・L・ジョーンズ（Robert L. Jones）が公共時計とその同期技術を製作している(60)。この公共時計は一八六〇年代末にボンベイに到着したが状態は良好ではなく、数年間にわたり現地の技師により修理が重ねられることで信頼性を向上させる必要があった(61)。この他にもイギリスから輸出された時計などの装置が適切に作動せず、誤差・故障を引き起こしたり不正確な時間を拡散させたりする事例は決して少なくない。そこから、条件が異なる環境に技術を適応させることの困難が読み取れる。

植民地天文台による時間通知は、どのように利用されたのであろうか。正確性の向上した時間の提供は海港の重要な設備として、海軍艦艇・商船・旅客船・外国船の航海術に寄与したと考えられる。本章で触れた植民地天文台の大半で、クロノメーターの管理・調整・試験が業務となっていた。このような取り組みは一八二〇年代初頭にグリニッジ天文台がイギリス海軍を対象に行ったのを皮切りに、リヴァプールなどの海港都市の天文台で基幹的な業務として位置づけられてきた(62)。植民地天文台でも同様に、海事関係者たちがクロノメーターの管理・調整をゆだねることが一般化した。例えば一八六〇年代末のボンベイ天文台では、インド海軍や他の船舶が所有する約七〇器のクロノメーターが保管されている。[63] 多くの植民地天文台は海港周辺の報時球を管理したが、その主たる目的はクロノメーターの調整に必要な程度の正確性を有す時間の通知にあった。

一九世紀後半に人・資本・商品・知識の移動が世界的に拡大するなかで、海上交通の要衝となるブリティッシュ・ワールドの主要な貿易港で、天文観測に基づく時報を告げる一連の植民地天文台の必要性はきわめて大きかった。R・ビッカーズが指摘するように、世界的な移動性の向上は蒸気船や海底電信網などの交通・情報通信の整備は言うに及ばず、港湾施設、灯台、倉庫、ブイ、ビーコン、桟橋などの「海のインフラ」整備なくして不可能であった。[64] このような「世界の一体化」を促進するインフラや科学技術として、遠隔地の海図や経度測定に必要な航海暦はもとより、本章で取り上げてきた植民地天文台と時報装置のネットワークを含めることができる。また、海底電信網、航海暦、海図と同様に、欧米諸国の中でもイギリスが時報技術の設置という点で主導権を握っていた。技術や知識をイギリス帝国内で排他的・独占的に活用するのではなく、海上交通や自由貿易の国際的な「公共性」の論理を前提に、知識の公表や情報発信を通して諸外国でも利用可能な状態に置いた点でも、時報装置と海図・航海暦・灯台との共通性を認めることができる。[65]

植民地天文台および時報技術と海上交通の拡充との関連について、一九世紀後半のブリティッシュ・ワールドをめぐる以下の二つの視角を検討してみよう。まずT・ピーチによれば、遠方の土地への航海そのものが、イギリス人のアイデンティティの醸成や確認のための契機となっていたという。[66] イギリスから中国・インド方面や他の入植民地への航海を経験した人々は、異国の人々・環境・習俗やブリティッシュ・ワールドの諸都市で共通文化に接することで、次第に世界各地に拡散するイギリス人としての自己意識を強固なものにした。つぎにD・ベルによれば、蒸気船と海底電信に代表される交通・情報通信技術の革新と普及が触媒となり、イギリス人の空間認識が押し広げられることで、世界規模の政治的統合のための時間・空間的な障壁が克服されたとする認識が確立した。この認識を前提とすることで、J・R・シーリー『英国膨張史』などの多彩な「大ブリテン構想」が提起された[67]。二つの議論に共通するのは、世界的な人間・商品・情報の移動性の向上を、アイデンティティの結晶化や大規模な帝国構想の条件として看取している点である。これらの見方を前提とすれば、大洋航路の結節点となる諸都市に置かれることで航海の円滑・安全な実施に寄与した植民地天文台と時報装置を、文化的な意味でのブリティッシュ・ワールドの構築・維持や観念上の帝国構想の形成に寄与するものと見ることも可能であろう。

世界的な海運・流通・貿易への貢献に加えて、現地社会の脈絡では天文台の時間が活用されることで入植地の時間秩序を規定した。まず天文台の標準時計は電信によって都市部に点在する公共時計と接続され、その時刻の調整・同期が行われた。そのなかには植民地都市を代表する建造物も含まれており、例えばメルボルンのターミナル駅フリンダース・ストリートに掲げられた衆目を集める大型の公共時計が現地天文台の時刻を示した[68]。とくにオーストラリアでは公共時計の管理がいち早く進展し、一八七〇年代中葉までにシドニー、メルボルン、アデレイドで天文台から鉄道駅、議会、時計商、電信局、郵便局、タウンホールの時計が調整される仕組みが確立している[69]。一八六〇年代以降に電報の発信・受信時刻の統一化や時刻表に沿った郵便集配が発達する一方、都市間を結ぶ鉄道では利便性・安全性から正確度の高い時間管理が不可欠であり、ターミナル駅の公共時計が天文台から管理され、車掌が各駅に時間を伝えたり、電信を用いた伝達が行われたりしたと考えられる。オーストラリアのみならず、南アフリカ、カナダ、インドの諸都市において、天文台に基づく時間の伝達システムが構築され、共通文化としての時計時間が次第に浸透することになった。

ブリティッシュ・ワールドを構成する各地域では、先述の通り一八六〇年代にニュージーランドで国内標準時が設定されたことをはじめ、一八八三年には主に鉄道時間の乱立状態の解消を目的に、カナダとアメリカ合衆国でグリニッジ子午線を基準とする時間帯制度が導入された[70]。グリニッジ天文台を通過する子午線が国際基準と承認されるのは、一八八四年にワシントンで開催された国際会議での決定による。この決定に基づき、一八九二年には南アフリカ植民地、一八九五年にはオーストラリア、一九〇六年にはインドで、グリニッジ子午線を基準とする国内標準時や時間帯制度が策定された(71)。オーストラリアでは、一八九一年にアデレイド天文台長トッドが東経一三五度線を基準に大陸全体で単一の標準時設定を提起するなど、時間制の改革に関する議論を主導した。結果としては、大陸の東西で地方時に小さからぬ差があることから、単一の時刻ではなく三つの時間帯（東部・中央・西部時間　東経一五〇度、一三五度、一二〇度を基準）を設定して、地域的に時間を均質化する案が全ての植民地政府で採択された。諸外国と比較した場合に、これらのイギリス領諸地域ではグリニッジ子午線の採択が早期に実現したが、その背景には一九世紀中葉以来の植民地天文台のネットワーク形成と天文学者たちの活動があったと言えるだろう。

5　おわりに

本章では植民地天文台ネットワークに注目して、ブリティッシュ・ワールドを舞台とする時間の標準化・正確化を追求する活動を検討してきた。イギリス本国においてエアリが時間の標準化を推進したことは多くの論者によって指摘されてきたが、植民地天文台への技術移転を通して入植地社会における時間の標準化と均質化のための活動に寄与していた点は見過ごされてきた。こうしたエアリの活動は、国内で発展した時報技術を対外的に普及するものであった。彼は欧米諸国の科学者たちに対しても情報を提供したが、一方で機器の発注・移送などの具体的な支援はイギリス帝国の天文学ネットワークの内部で行われる機会が多かった。ただし、エアリがこのネットワーク全体を完全に統括していたわけではなく、多様な利害を持つ各入植地の現地行政官や政治家、科学者たちとの交渉や関係の中で具体的な技術移転や植民地天文台の運用の方向性が規定された。さらにイギリスから輸出された時計や望遠鏡などの装置が現地の状況に適応するかたちで改良・修正される事例は、直線的な伝播論では捉えきれない技術移転の複雑な性格を示している。

正確な時間や厳格な時間規律の希求は、一九世紀のイギリス帝国の海外入植地に広く共有された文化的規範の一つであった。時間に関する同種の技術や規範を共有する空間の拡大が帝国の統合性を高める一方で、異なる時間意識を持つ人々に対して、それはイギリス／ヨーロッパ的な時間意識の受容を迫る動きとして顕在化した。このような内的・外的な作用を持つ時間意識・制度・技術の拡散の動きが、本国・入植地間の紐帯を観念の上で強化する要因となったと考えられる。観念的な統合性の増幅に加えて、植民地天文台のネットワークを媒介にした時間の標準化と正確化のための技術移転は、ブリティッシュ・ワールドとグローバル空間における交通・輸送の速度上昇や安全性の向上を支える役割を果たした。精密な観測機械が設置された植民地天文台が提供する時報の発信や報時球の管理、そしてクロノメーターの調整は、一九世紀後半の世界的な海上交通と移動性の向上、帝国の経済的・文化的統合、さらにはイギリス人意識の醸成に関連するものであった。

ただし、時間に関する科学技術の移転が、必ずしも安定的・直線的に障害もなく実現していたわけではない点はあらためて指摘する必要があるだろう。あらゆる植民地天文台が時計や報時球の誤差・故障の問題に繰り返し直面していた。エアリや植民地における協力者たちは、各種の時報計画によって、天文台が提供する標準化された規則的な時間を媒介に植民地社会を秩序づける構想を思い描いていたかもしれないが、それは部分的にしか実現しなかった。また、各植民地の人々の階級、職業、ジェンダーによる個人差はもとより、都市部と農村部、さらには鉄道や汽船などの交通網とのアクセスの程度などの要因により、時間の標準化や時間規律の浸透の程度は著しく異なっていたはずである。イギリス帝国の拡大とともに単一の時間が世界を覆いつくすような転換が生じた、というような理解は一面的にすぎる。世界的な時間の標準化は迅速に進行したわけではなく、複数の多様な時間概念・制度・習慣と併存・競合しながら複雑に展開する過程だったのである。

注

（1）Sweet［2001］p. 337; 植民地・インド博覧会を詳細に検討するのは、川本［二〇〇一］；福士［二〇〇七］。

（2）この主題については、ハーヴェイ［一九九九］第三部を参照。

（3）近年の帝国史およびグローバル・ヒストリー研究では、一九世紀に世界規模で進展した時間意識・制度・技術の変容・均質化に関心が寄せられている。代表的な研究を挙げれば、Bayly［2004］pp. 12–19; Osterhammel［2015］chap. 2; Conrad and Osterhammel［2018］pp. 527–581.

（4）Davison［1993］; Nanni［2012］.

（5）ブリティッシュ・ワールドの経済・社会・文化的統合については、さしあたり以下の文献を参照。Magee and Thompson［2010］; Potter［2015］pp. 98–105; Crosbie and Hampton［2016］. 帝国意識を中心とするイギリス帝国と文化の関係については、木畑［一九九八］。

（6）帝国規模のネットワークやブリティッシュ・ワールドの視点からの科学・技術・医学史研究として、安原［二〇〇四］; Drayton［2000］; Hodge and Bennett［2011］; Livingstone and Withers［2011］; Pietsch［2013］. 帝国ネットワーク論については、Lester［2006］; Lambert and Lester［2006］. また、帝国や国家のネットワークを越境する科学知識や思想の生産と移動、および科学の制度化の展開にも注意を払う必要がある。この点については、水野［二〇〇四］を参照。

（7）Karskens［2013］p. 94.

（8）オーストラリア大陸におけるその拡大と時間規律の伝幡については、Davison［1993］; Nanni［2012］.

（9）近代イギリスにおける福音主義と時間規律については、Thompson［1967］; Cunningham［2014］chaps. 1–2.

（10）南アフリカにおける時間改革についてはNanni［2012］に依拠した。

（11）木村、バックナー、ヒルマー［一九九七］第一部。

（12）Thomson［1978］chaps. 1–2.

（13）Pawson［1992］; イギリスにおけるグリニッジ標準時の適用は、鉄道網が飛躍的に拡大する一八四〇年代末以降に大きく進展し、実質的にブリテン島の全域で地方時から標準時への転換が行われた。ただし、国会において法制化されるのは一八八〇年のことである。

(14) Metcalf [1984]; イギリス帝国における建築文化を検討するBremner (ed.) [2016] には、帝国各地に建設された時計塔や公共時計の図像が豊富に見られる。

(15) 電信・鉄道時間のみならず、日常生活の時刻 (civil time) としてもマドラス時間の適用が提起されたが、カルカッタ、ボンベイ、カラチは引き続き各都市の現地時間を日常生活用に維持することが認められた。鉄道時刻表はウルドゥー語やヒンディー語などの現地言語にも翻訳され、英語版とともに流通した。Prasad [2013].

(16) Mukhopadhyay [2018] chap. 1.

(17) Ogle [2015] chap. 4.

(18) 川北 [一九九八]; 井野瀬 [二〇〇七]。

(19) Bridge and Fedorowich (eds.) [2003]; Magee and Thompson [2010]; Bickers [2010].

(20) ゼルバベル [一九八四] はそのような事例の一つとして、ユダヤ人の安息日習慣を扱っている。アンダーソン [一九九七] は国民形成について検討するなかで、大量生産・消費される新聞や雑誌などの「出版資本主義」の興隆による「同時性」構築の意義を指摘するだけでなく、ナショナリズムの醸成には時計や暦によって計られる「均質で空虚な時間」(ベンヤミン) への転換が決定的に重要であったと論じた。四九頁。

(21) アダスによれば、工業化社会において時間規律や時間の節制などのモラルを植えつけられたヨーロッパ人が、アジアやアフリカの諸社会を探検・旅行し、ヨーロッパを基準とする視点から現地社会における機械時計のリズムや時間厳守の意識の欠如を批判的に観察したという。Adas [1989] pp. 241–258.

(22) ブリティッシュ・ワールド研究に対しては、白人入植者の同質性や帝国建設における役割を強調するあまり、彼らの人種主義的な思想や植民地主義的な言説の政治性、言い換えれば「支配」や「抑圧」の問題が矮小化されかねないとする批判がある。Lester [2006]; Bright and Dilley [2017] を参照。本章で取り上げている時間改革は、先住民に対して思考や行動の前提となる時間意識の改造を迫り、イギリス/ヨーロッパ的な時間意識を植えつける点で多分に政治的な営為と言える。

(23) その成果は一八三五年に恒星表として刊行された。パラマッタ天文台については、Saunders [2004]; Schaffer [2010].

(24) シドニー天文台の設立と初期の活動については、Orchiston [1988, 1998].

(25) 天文台設置の動きは、植民地における植物園や学術団体の普及に代表される科学文化の定着とも不可分ではないだろう。オーストラリア大陸南東部における科学文化の確立を概観するのは、Gascoigne and Maroske［2013］.

（26）ケベック天文台では一八五二年に報時球の運用が始まり、その後同市の経度測定や太陽黒点の研究が進展した。エアリによる協力については、Cambridge University Library, Papers of George Biddell Airy, CUL MS RGO 6/143. 以下、エアリ文書は CUL MS RGO 6 と略記する。

（27）Jarrell［1988］chaps. 1-3.

（28）ケープ天文台の設置には、一八世紀初頭に正確な経度測定法の公募と審査のために議会が開設した経度委員会が関与していた。石橋［二〇一〇］第五章。初期のケープ天文台については、Warner［1995］.

（29）ケープ植民地を事例に、イギリス帝国における科学機器・望遠鏡の移動を考察するのは、Mcaleer［2011］.

（30）ボンベイをはじめとするインド各地の天文観測施設の設立経緯と活動内容については、Sen［2014］chap. 2 が詳述している。一八二六年にはカルカッタにも小規模な観測施設が置かれ、計時と時報通知を担った。

（31）Report of the Committee of Inquiry on the Colaba Observatory［1865］.

（32）一九世紀初頭にインドを訪れたイギリス人の東洋学者たちは、古来発展を遂げてきたインド天文学を研究し、ヨーロッパ天文学に示唆を与える思想や技法・機器を探求したが、一八三〇年代までにこうした試みは次第に衰退した。Sen［2014］.

（33）ラジ［二〇一六］第二章。

（34）Administration Report upon the Madras Observatory［1866］.

（35）そのような事例として、マドラス天文台の助手 C. Ragoonatha Chary による新たな変光星の発見を挙げることができる。Administration Report upon the Madras Observatory［1867］.

（36）Edney［1997］p. 88.

（37）Letter, C. Wood（Principal Secretary of State for India）to G. B. Airy, dated 1860/9/21, G. B. Airy to C. Wood, dated 1860/9/25, CUL MS RGO 6/146/197-200. スコットはシドニーに渡航する直前に、グリニッジ天文台で天文観測や時報発信の技法について訓練を受けていた。Orchiston［1998］.

（38）Airy［1896］p. 179.

（39）一八世紀末から一九世紀中葉のイギリスでは、長期にわたり王立協会会長を務めたJ・バンクスや地質・地理学者R・マーチソンのように科学界で強大な権勢を誇る人物が登場することがありえたが、天文学ではとくにエアリが多大な影響力を保持した。

Miller and Reill［1996］; Gascoigne［1998］; Stafford［1989］.

（40） Letter, G. B. Airy to Lord E. Stanley（Principal Secretary of State for India）, dated 1859/2/15, CUL MS RGO 6/146/135-6.

（41） イギリス帝国内を移動する専門家層や他の様々な立場の人々に注目するアプローチの代表例として、Lambert and Lester［2006］.

（42） Wood［1976］.

（43） Letter, F. Rogers（Secretary of the Colonial Office）to G. B. Airy, dated 1862/11/3, CUL MS RGO 6/148/294. スモリーを推薦するにあたり、エアリは国内の有力な科学者に情報提供を求めた。ラドクリフ天文台長R・メインは、「ブリテン諸島において評価を得ている天文学者が、シドニー天文台［の仕事］を引き受けてくれるとは考えられない」とし、グリニッジ天文台の助手でも喜んでイングランドを離れることはないだろうと返答している。植民地天文台のポストが必ずしも魅力的なものではなかったことが示唆される。Letter, R. Main to G. B. Airy, dated 1862/12/22, CUL MS RGO 6/148/366. 物理学者でのちにケンブリッジのキャヴェンディッシュ研究所初代所長となるJ・C・マクスウェルが、「科学的知識と正確性の習慣」を持っているため、スモリーが天文台での仕事に適していると推薦している点も興味深い。Letter, J. C. Maxwell to G. B. Airy, dated 1863/5/14, CUL MS RGO 6/148/384.

（44） Letter, W. Denison to G. B. Airy, dated 1853/1/21, CUL MS RGO 6/144/24-5; ロスバンク観測所については、Savours and McConnell［1982］.

（45） Arbuthnot［2004］.

（46） Letter, N. Pogson to E. F. Webster（Acting Chief Secretary to Government）, dated 1883/9/8, CUL MS RGO 6/154/130. この望遠鏡はグリニッジ天文台用にエアリが設計した子午線望遠鏡（通称 Airy's Transit Circle）をモデルにしたものである。

（47） 一例を挙げれば、オーストラリア大陸のヴィクトリア政府に対してロンドンのシェパード社が納入した標準時計は故障が多く、作動状態が不安定であったためイギリスに返送されている。Letter, Office of Agent General for South Australia in London to G. B. Airy, dated 1866/10/31, CUL MS RGO 6/616/463.

（48） 社会経済史の観点からグリニッジ時報サービスの意義を検討するのは、石橋［二〇一四］。時報サービスの技術的側面に関しては、Chapman［1998］; Gay［2003］; Rooney and Nye［2008］.

（49） The Admiralty［1880］. このパンフレットは、諸外国から情報提供を受けたエアリによってまとめられ、時報の形状・地理上の位置・建物などのデータを航海者に伝えた。

(50)　一八七〇年代から八〇年代には、次第に入植地でも独自に時報技術が生産可能になる。また、現地生まれの天文学者が植民地天文台長に就任する事例も見られるようになる。Jarrell［1988］; Thomson［1978］.

(51)　グラスゴーの時報発信状況については、Clarke and Kinns［2012］. リヴァプールにおける公共時計の同期の改良については、Ishibashi［2014］. エディンバラにおける報時球と午砲の設置を概観するのは、Kinns［2011］.

(52)　各メーカーの研究として、Mercer［1977, 1981］; Howse［1997］.

(53)　トルートン&シムズ社については、McConnell［1992］.

(54)　一八七三年にはドイツ政府の依頼により、イングランド南東部のディール海軍基地に設置された報時球の設計図を提供している。ドイツ政府は国内各所にグリニッジやディールの報時球をモデルにした装置の設置を計画していた。CUL MS RGO 6/617/126-140.

(55)　Ellis［1865, 1870, 1876］.

(56)　トッドについてはHollis［2004］; Marsden and Smith［2005］pp. 224-225.

(57)　例えばサウスオーストラリア議会の公共時計同期計画に関して、トッドとエアリは意見交換を重ねた。Clocks for Houses of Parliament, Adelaide, CUL MS RGO 6/616/447-70.

(58)　Report of Astronomer for 1864（Government Observatory, Sydney）, CUL MS RGO 6/148; Report of Astronomer for 1871（Government Observatory, Sydney）, CUL MS RGO 6/150.

(59)　Administration Report upon the Madras Observatory［1865］.

(60)　Letter, C. Chambers to G. B. Airy, dated 1866/6/7, G. B. Airy to C. Chambers, dated 1866/8/15, CUL MS RGO 6/616/514-5, 537-8.

(61)　Report on the Condition and Proceedings of the Government Observatory, Colaba［1878］.

(62)　グリニッジ天文台による海軍に対するクロノメーター管理サービスの起源と実態については、Ishibashi［2013］.

(63)　Report of the Committee of Inquiry on the Colaba Observatory［1865］.

(64)　Bickers［2013］によれば、貿易と移民を促進するグローバルなインフラ開発やその担い手としてのエンジニアの移動に関する研究は今後の進展が期待されているという。

(65)　イギリス海軍の海図作成事業の国際的公共性については石橋［二〇一五］。経度測定用の航海暦の国際的な普及実態を論じるのはHowse［1997］. グローバルな電信敷設に関してはヘッドリク［二〇一三］。

(66) Pietsch [2010].
(67) Bell [2005]; 一九世紀後半の大ブリテン構想については本書第七章が参考になる。
(68) Davison [1993] p. 40.
(69) Report of the Melbourne Observatory [1876].
(70) Stephens [1989].
(71) Howse [1997]; インド標準時の成立をめぐる政治的対立についてはOgle [2015] chap. 4.

文献リスト

B・アンダーソン（白石さや・白石隆訳）［一九九七］『増補　想像の共同体――ナショナリズムの起源と流行』ＮＴＴ出版。

石橋悠人［二〇一〇］『経度の発見と大英帝国』三重大学出版会。

石橋悠人［二〇一四］「一九世紀イギリスにおける標準時の普及とその社会的影響――グリニッジ時報サービスを事例に」『社会経済史学』七九－四。

石橋悠人［二〇一五］「一九世紀後半の日本近海測量をめぐる日英関係――対日技術支援の展開を中心に」『日本史研究』六三四。

井野瀬久美惠［二〇〇七］『大英帝国という経験』講談社。

川北稔［一九九八］「生活文化の「イギリス化」と「大英帝国」の成立」、木畑洋一編著『大英帝国と帝国意識――支配の深層を探る』ミネルヴァ書房。

川本真浩［二〇〇一］「植民地・インド博覧会（一八八六年）とイギリス帝国」『人文科学研究』八。

木畑洋一編著［一九九八］『大英帝国と帝国意識――支配の深層を探る』ミネルヴァ書房。

木村和男、P・バックナー、N・ヒルマー［一九九七］『カナダの歴史――大英帝国の忠誠な長女 一七一三－一九八二』刀水書房。

E・ゼルバベル（木田橋美和子訳）［一九八四］『かくれたリズム――時間の社会学』サイマル出版会。

D・ハーヴェイ（吉原直樹監訳）［一九九九］『ポストモダニティの条件』青土社。

福士純［二〇〇七］「一八八六年「植民地・インド博覧会」とカナダ」『社会経済史学』七二－五。

D・ヘッドリク（横井勝彦・渡辺昭一監訳）［二〇一三］『インヴィジブル・ウェポン――電信と情報の世界史　一八五一－一九四五』日本経済評論社。

水野祥子［二〇〇四］「イギリス帝国と環境史」、秋田茂編著『パクス・ブリタニカとイギリス帝国』ミネルヴァ書房。
安原義仁［二〇〇四］「イギリス帝国大学間ネットワークの形成――一九一一年第一回帝国大学会議」、秋田茂編著『パクス・ブリタニカとイギリス帝国』ミネルヴァ書房。
K・ラジ（水谷智、水井万里子、大澤広晃訳）［二〇一六］『近代科学のリロケーション――南アジアとヨーロッパにおける知の循環と構築』名古屋大学出版会。
Adas, M.［1989］*Machines as the Measure of Men: Science, Technology, and Ideologies of Western Dominance*, New York.
Airy, G. B.［1836-1881］*Report of the Astronomer Royal to the Board of Visitors*, London.
Airy, W.［1896］*Autobiography of Sir George Biddell Airy*, London.
Arbuthnot, A. J.［2004］“Denison, Sir William Thomas（1804–1871）”, revised by A. G. L. Shaw, *Oxford Dictionary of National Biography*, Oxford.
Bayly, C. A.［2004］*The Birth of the Modern World, 1780–1914: Global Connections and Comparisons*, Oxford.
Bell, D.［2005］“Dissolving Distance: Technology, Space, and Empire in British Political Thought, 1770-1900”, *Journal of Modern History,* 77.
Bickers, R.（ed.）［2010］*Settlers and Expatriates: Britons over the Seas*, Oxford.
Bickers, R.［2013］“Infrastructural Globalization: Lighting the China Coast, 1860s–1930s”, *The Historical Journal,* 56-2.
Bremner, G. A.（ed.）［2016］*Architecture and Urbanism in the British Empire*, Oxford.
Bridge, C. and K. Fedorowich（eds.）［2003］*The British World: Diaspora, Culture, and Identity*, London.
Bright R. K. and A. Dilley［2017］“After the British World”, *The Historical Journal*, 60-2.
Chapman, A.［1998］“Standard Time for All: The Electric Telegraph, Airy, and the Greenwich Time Service”, in F. A. J. L James（ed.）*Semaphores to Short Waves*, London.
Clarke, D. and R. Kinns［2012］“Some New Insights into the History of the Glasgow Time Ball and Time Guns”, *Journal of Astronomical History and Heritage,* 15-1.
Conrad, S. and J. Osterhammel［2018］*An Emerging Modern World: 1750–1870*, Cambridge, MA.
Crosbie, B. and M. Hampton（eds.）［2016］*The Cultural Construction of the British World*, Manchester.

Cunningham, H. [2014] *Time, Work and Leisure: Life Changes in England since 1700*, Manchester.

Davison, G. [1993] *The Unforgiving Minute: How Australians Learned to Tell the Time*, Melbourne.

Drayton, R. [2000] *Nature's Government: Science, Imperial Britain, and the 'Improvement' of the World*, New Haven, CT.

Edney, M. [1997] *Mapping an Empire: The Geographical Construction of British India, 1765–1843*, Chicago.

Ellis, W. [1865] "Lecture on the Greenwich System of Time Signals", *The Horological Journal*, 7.

Ellis, W. [1870] "Greenwich Time and its Telegraphic Distribution", *Popular Science Review,* 9.

Ellis, W. [1876] "The Greenwich Time Signal System", *Nature,* 12.

Gascoigne, J. [1998] *Science in the Service of Empire: Joseph Banks, the British State and the Uses of Science in the Age of Revolution*, Cambridge.

Gascoigne, J. and S. Maroske [2013] "Colonial Science and Technology", in A. Bashford and S. Macintyre (eds.) *The Cambridge History of Australia: vol.1 Indigenous and Colonial Australia*, Cambridge.

Gay, H. [2003] "Clock Synchrony, Time Distribution and Electrical Timekeeping in Britain, 1880–1925", *Past and Present,* 181.

Hodge J. M. and B. Bennett (eds.) [2011] *Science and Empire: Knowledge and Networks of Science in the British Empire, 1800–1970*, Basingstoke.

Hollis, H. P. [2004] "Todd, Sir Charles (1826–1910)", revised by K. T. Livingston, *Oxford Dictionary of National Biography*, Oxford.

Howse, D. [1997] *Greenwich Time and the Longitude*, London.

Ishibashi, Y. [2013] "'A Place for Managing Government Chronometers': Early Chronometer Service at the Royal Observatory Greenwich", *The Mariners Mirror,* 99–1.

Ishibashi, Y. [2014] "In Pursuit of Accurate Timekeeping: Liverpool and Victorian Electrical Horology", *Annals of Science,* 71–4.

Jarrell, R. [1988] *The Cold Light of Dawn: A History of Canadian Astronomy*, Toronto.

Karskens, D. G. [2013] "The Early Colonial Presence, 1788–1822", in A. Bashford and S. Macintyre (eds.) *The Cambridge History of Australia: vol.1 Indigenous and Colonial Australia*, Cambridge.

Kinns, R. [2011] "The Early History of the Edinburgh Time Ball and Time Gun", *International Journal for the History of Engineering and Technology,* 81–2.

Lambert, D. and A. Lester [2006] *Colonial Lives across the British Empire: Imperial Careering in the Long Nineteenth Century*, Cambridge.

Lester, A. [2006] "Imperial Circuits and Networks: Geographies of the British Empire", *History Compass,* 4–1.

Livingstone, D. N. and C. W. J. Withers (eds.) [2011] *Geographies of Nineteenth-Century Science*, Chicago.

MacKenzie, J. M. (ed.) [2001] *The Victorian Vision: Inventing New Britain*, London.

Magee, G. and A. Thompson [2010] *Empire and Globalisation: Networks of People, Goods and Capital in the British World, c. 1850–1914*, Cambridge.

Marsden, B. and C. Smith [2005] *Engineering Empires: A Cultural History of Technology in Nineteenth-Century Britain*, Basingstoke.

Mcaleer, J. [2011] "'Stargazers at the World's End': Telescopes, Observatories and 'Views' of Empire in the Nineteenth-Century British Empire", *The British Journal for the History of Science,* 46–3.

McConnell, A. [1992] *Instrument Makers to the World: A History of Cooke, Troughton and Simms*, York.

Mercer, V. [1977] *The Life and Letters of Edward John Dent, Chronometer Maker, and Some Account of His Successors*, London.

Mercer, V. [1981] *The Frodshams: The Story of a Family of Chronometer Makers*, Ticehurst.

Metcalf, T. R. [1984] "Architecture and the Representation of Empire: India, 1860–1910", *Representations*, 6.

Miller, D. P. and P. H. Reill [1996] *Visions of Empire: Voyages, Botany, and Representations of Nature*, Cambridge.

Mukhopadhyay, A. [2018] *Imperial Technology and 'Native' Agency: a Social History of Railways in Colonial India, 1850–1920*, Routledge.

Nanni, G. [2012] *The Colonisation of Time: Ritual, Routine and Resistance in the British Empire*, Manchester.

Ogle, V. [2015] *The Global Transformation of Time 1870–1950*, Cambridge, MA.

Orchiston, W. [1988] "From Research to Recreation: The Rise and Fall of Sydney Observatory", *Vistas in Astronomy,* 32–1.

Orchiston, W. [1998] "Mission Impossible: William Scott and the First Sydney Observatory Directorship", *Journal of Astronomical History and Heritage*, 1.

Osterhammel, J. [2015] *The Transformation of the World: A Global History of the Nineteenth Century*, translated by P. Camiller,

Princeton.

Pawson, E. [1992] "Local Times and Standard Time in New Zealand", *Journal of Historical Geography*, 18-3.

Pietsch, T. [2010] "'A British Sea': Making Sense of Global Space in the Late Nineteenth Century", *Journal of Global History*, 5-3.

Pietsch, T. [2013] *Empire of Scholars: Universities, Networks and the British Academic World 1850–1939*, Manchester.

Potter, S. [2015] *British Imperial History*, Basingstoke.

Prasad, R. [2013] "'Time-Sense': Railways and Temporality in Colonial India", *Modern Asian Studies,* 47-4.

Rooney, D. and J. Nye [2008] "'Greenwich Observatory Time for the Public Benefit': Standard Time and Victorian Networks of Regulation", *The British Journal for the History of Science,* 42-1.

Saunders, S. [2004] "Sir Thomas Brisbane's Legacy to Colonial Science: Colonial Astronomy at the Parramatta Observatory, 1822–1848", *Historical Records of Australian Science,* 15-2.

Savours, A. and A. McConnell [1982] "The History of the Rossbank Observatory, Tasmania", *Annals of Science,* 39-6.

Schaffer, S. [2010] "Keeping the Book at Paramatta", in D. Aubin, C. Bigg, and H. O. Sibum (eds.) *The Heavens on Earth: Observatories and Astronomy in Nineteenth-Century Science and Culture*, Durham.

Sen, J. [2014] *Astronomy in India, 1784–1876*, London.

Stafford, R. [1989] *Scientist of Empire: Sir Roderick Murchison, Scientific Exploration and Victorian Imperialism*, Cambridge.

Stephens, C. [1989] "'The Most Reliable Time': William Bond, the New England Railroads, and Time Awareness in 19th-Century America", *Technology and Culture,* 30-1.

Sweet, J. [2001] "The World of Art and Design: White Colonials", in J. M. MacKenzie (ed.) *The Victorian Vision: Inventing New Britain*, London.

The Admiralty [1880] *List of Time Signals*, London.

Thompson, E. P. [1967] "Time, Work-discipline, and Industrial Capitalism", *Past and Present,* 38.

Thomson, M. [1978] *The Beginning of the Long Dash: A History of Timekeeping in Canada*, Toronto.

Warner, B. [1995] *Royal Observatory, Cape of Good Hope, 1820–1831: The Founding of a Colonial Observatory*, Dordrecht.

Wood, H. [1976] "Smalley, George Robarts (1822–1870)", *Australian Dictionary of Biography*, accessed online 8 June 2018.

第4章 ジェントルマン資本主義論が言わずにすませ、見ずにすませていること

――ブリティッシュ・ワールド論との関連で――

アンドリュー・ディリー
（福士純、松永友有訳）

1 はじめに

P・J・ケインとA・G・ホプキンズが、二本の独創性に富んだ論文にてイギリス帝国の膨張を説明するのにジェントルマン資本主義の概念を最初に適用してから三一年が経とうとしている。(1) 約一〇年後、この二つの論文は、記念碑的とも言える二巻本である『ジェントルマン資本主義の帝国（*British Imperialism*）』へと発展を遂げた。同書は、約三〇〇年間に及ぶ期間を研究対象として、その当時存在した地域研究とイギリス史の間にある大きな隔たりを架橋しようとするものであった。(2) ケインとホプキンズの業績は、帝国を叙述する際の長きにわたる急進派の伝統の中に意識的に位置づけられていた。(3) 実際、ディーン・ケネディは、ジェントルマン資本主義論が帝国史に関して長い間支配的であったロビンソンとギャラハーのパラダイムを修正するために、ジョン・ホブスンとヨーゼフ・シュンペーターの主張を混ぜ直したものに過ぎないと一蹴している。(4) しかし、ケネディは拙速である。ケインとホプキンズは、サー

ヴィス業を基礎とするイギリス経済の開放的な志向性と、ロンドン・シティの金融的・商業的混合体制の支配的地位、および強力な新種の貴族的エリートとの間にあるコネクションを描いてきた。そして、これらの諸要素と帝国主義との関連を描き出すことによって、彼らは、長期間にわたる〔急進派の〕パラダイムの中にありながら、二一世紀的な問題関心にも応えるような説明を生み出しているのである。(5) 例えば第二版では、ジェントルマン資本主義とイギリス帝国主義は、グローバリゼーションの歴史的な序章とみなされている。(6) その後、第三版において、二〇〇八年の金融危機に続く近年のイギリス国内における苦難に対する取り組みが大胆にも付け加えられている。(7) 手短に言うならば、彼らの業績は、イギリスのグローバルな過去と現在の深い理解に関する、おそらくは最も徹底的な学術的業績である。

ジェントルマン資本主義論は、撤退の兆候をほとんど見せていないが、本章はその基本概念を綿密に検討する。三〇年間の広範な議論に依拠しつつ、本章が主張するのは、それがもつあらゆる実証的な強みにもかかわらず、ジェントルマン資本主義論が一連の省略（elisions）〔言わずにすませること〕と回避（elusions）〔見ずにすませること〕に頼っているということである。具体的に言うならば、言わずにすませるとは、ジェントルマン資本主義論が、分析面で別個にしておいた方がよい諸カテゴリーを一緒くたにしてしまっているからであり、見ずにすませるとは、そうした省略行為を通じてジェントルマン資本主義論が様々な他の分析領域の成果を摂取することを怠っているからである。とりわけ、政治的諸制度や政治文化の自律性や媒介性を不十分にしか認めていないからである。そこで本章は、ジェントルマン資本主義論と本書の主題であるブリティッシュ・ワールド論の関係について検討し、根本的には金融と商業（ジェントルマン資本主義論）に基づく「トップ・ダウン」の概念と、移民に基づく〔ブリティッシュ・ワールド論の〕「ボトム・アップ」のアプローチの対照性を強調する。しかし、以下にて論じられるのは、一方のアプローチを否定して他方のアプローチを取ることよりもむしろ、ジェントルマン資本主義論とブリティッシュ・ワールド研究各々によって描かれる様々な経済的、文化的構造がどのように相互作用するのか、そしてそれらが政治的な領域とどのように相互作用するのかを検討することの方が有益だということである（奇妙にも、政治的な領域は双方の研究において軽視されてきた）。このように、ジェントルマン資本主義論、次いでジェントルマン資本主義論とブリティッシュ・ワールド論との関係を検討することを通して、本章はより全体論的な今後の研究課題の可能性を明らかにする。

2　ジェントルマン資本主義論を問い直す

ジェントルマン資本主義論は、ケインとホプキンズがイギリス帝国主義のあり方を説明する際にイギリス本国経済を帝国主義分析の中心に戻そうとする重要な再解釈を行うための原則を体系化することから生み出されたのであり、またその原則を体系化するものとして役立ってきた。彼らの議論は、とくにジャック・ギャラハーとロナルド・ロビンソンによって提起された解釈の方針、つまり（公式の）帝国膨張の原因は、「周縁」の側に、そして現地に派遣されたホワイト・ホール〔イギリス官僚機構〕の「オフィシャル・マインド」が周縁の危機に対応する方法の中に見出されるべきである、という主張に挑戦しようとするものである[8]。そのような再解釈を行ううえで、ケインとホプキンズはヨーゼフ・シュンペーターやソースティン・ヴェブレン、そしてとくにエドワード期における急進的自由主義者であるジョン・ホブスンによる帝国主義に関する「古典的な」著述に明らかな恩恵を受けている[9]。いくつかの点において、ケインとホプキンズのアプローチは以下の二つの説明を連結しようとする取り組みとして特徴づけられるかもしれない。その一つは、ロビンソンとギャラハーによる帝国膨張のメカニズムについての説明であり（ケインとホプキンズは帝国膨張の年代記についてはロビンソン、ギャラハーを踏襲しないとはいえ）、ロビンソンとギャラハーによる帝国主義についてのより全体論的な定義である。もう一つは、三〇〇年間を包括するよう拡大された帝国主義の原因や政策決定についての古典的著述から引き出された説明である。

ジェントルマン資本主義の概念は、ケインとホプキンズの著作において三つの重要な主張を行うために用いられている。その第一は、過去三〇〇年以上の間、産業革命にもかかわらず農業、そしてその後はサーヴィス産業（とくに商業と金融業）がイギリス経済の支配的なセクターであり、グローバルな商業や金融はますますロンドンのシティに集中していったということである。(10) 第二に挙げられるのは、社会文化的な主張である。商業や金融業は、貴族やジェントリ、ないしは彼らの地位や価値観を獲得、模倣することができる人々によって支配されてきた。とくに金融業、それより数は少ないが商業において、これらの業種の指導的立場の人々は十分にジェントルマン的な生活様式を維持することができた。なぜなら、彼らは日々の退屈な生産業務や労使関係から解放されていたからである。一九世紀中葉、そして農業の衰退期から、貴族の資産は商業や金融に大きく依存するようになった。前述のように、（ロンドンを基盤とする）金融業や商業の上級職に従事する人々は、ケインとホプキンズが言うには、社会的地位を獲得し、それゆえにイギリスの統治階級（ロビンソンとギャラハーが言うところの「オフィシャル・マインド」）の一員となることができたのであり、それによって彼らは単一のジェントルマン資本家エリートという集団を創り出したのである。(11) ケインとホプキンズは、核心的な一節において以下のように述べている。

ジェントルマン的な倫理観は、サーヴィス資本主義に内在する資本主義的な要素と非資本主義的な要素の間の固い結びつきを形成した。その結果としてジェントルマン・エリートは、世界についての共通の見解、さらには世界がどのように統治されるかについての共通の見解を抱いていったのである。その結束、ないしは共通の見解の強さが説明するのは、ジェントルマン的秩序の頂点において、ビジネスと政府の間の障壁が動く万里の長城程度の〔越えるのが容易な〕ものに過ぎなくなったことの理由と経緯である。これは、もちろん〔ビジネスと政府との間の〕一致が満場一致であったと主張するものではない。政策についての優先順位や今後の展望についての見解の不一致は、シティとホワイト・ホールの間で、そして銀行と政府省庁の間で起こりうるだけでなく、一般的であった。しかしながら、ここで強調すべき点は、こうした論争は一族の内部にて起こっていたということである。(12)

この議論は、小規模な金融業者のグループがおぞましい悪影響をもたらしていたという陰謀論ではなく、長期にわたって主要な国家政策をグラムシが言うようなヘゲモニー・ブロックの連合体が形成していたという議論なのである。(13)このように、ケインとホプキンズはジェントルマン資本主義論において、イギリス経済の発展に関しての、権力の社会学に関しての、そして政府の行動の決定要素に関しての三種の主張を統合した。しかし、これらの諸要素は、どれほど首尾一貫した体系をなしていると言えるだろうか。最初に、イギリス経済についての彼らの主張を見てみよう。ケインとホプキンズの総括的な解釈の中心にあるのは、イギリス経済におけるサーヴィス・セクターの重要性を再強調することである。ただ、ここからある疑問が提起される。それは、サーヴィス産業とは何であるか、そしてサーヴィス産業は緊密な統一体として扱われることができるかということである。ケインとホプキンズは、サーヴィス・セクターが複合的で多面的であるということを認めている。(14)サーヴィス・セクターは、家内サーヴィスから巨大金融機関に至るあらゆる広範な活動から構成されているにもかかわらず、農業や工業、それどころか公共部門が定義されるのと同等に容易に区別されてしまっている。(15)イギリス経済の発展において、そのような様々な要素からなる（ゆえに巨大な）サーヴィス・セクターの重要性を改めて強調することは、工業化が歴史家や同時代の人々の想像力に大きな影響を与えてきたという状況においてのみ必要であったと言えるようなものである。(16)加えて、サーヴィス・セクターの重要性は、必ずしもイギリスと他の列強とを区別するものではなかった。一九一一年において、サーヴィス・セクターはイギリスの全労働人口のうち三五％を、製造業は三九％を雇用していた。他方、一九〇六〜一九〇七年、および一九一〇年のフランス、ドイツ、アメリカ合衆国における各々の比率は、それぞれ二八%:二五%、二二%:二九%、三五%:二九%であった。〔イギリスとこれら三国の間の〕農業従事者比率と工業労働者比率の差は、サーヴィス業と製造業のそれよりも大きく開いていた。[17] もちろん、ケインとホプキンズの実際の関心は、サーヴィス・セクター全般にあるというよりもむしろ、同セクター全体の中では非常に小さな部分である国外取引を志向する集団にあった。すなわち、彼らは輸出貿易や（海運業・保険業のような）見えざる輸出、金融業、そしてロンドンのシティが持つグローバルな商業・金融センターとしてのほとんど無敵と言ってもいいような地位に関心を集中させるのである。[18] 一九一四年より前の極めて重要な数十年間において、海外投資収入と同様に見えざる輸出から得られた収益は、貿易収支赤字を補ううえで決定的な役割を果たしたのである。[19]

ケインとホプキンズの分析において、経済セクターという概念は強力な役割を担っている。この文脈において、想起すべき価値があるのは、（農業、工業、サーヴィス業といった）経済「セクター」の概念は、経験的な現実を議論の余地なく叙述したものではなく、むしろ後の時代の合理主義的思考（rationalisation）の産物であるということである。〔経済「セクター」を分類するという〕合理主義的思考は、財政、そして最終的には国民所得会計についての国家の管理に大きな影響を受けて発展したものであるが、後世の経済史家が過去に既に使われていたかのように描きだすことによって、二〇世紀中葉以後に発展した〔経済史学という〕学問分野の一環と〔して使用されるように〕なったものである。それゆえ、このようにして〔経済〕セクターが分類されてしまったことの意義を経験的に検証することが妥当である。[20] サーヴィス・セクターを見るならば、サーヴィス・セクターは、製造業から完全に隔離されていたと理解されるべきではない。[21] 商業活動は、しばしば工業製品輸出に依存しており、実際ジョン・イニコリは産業革命はそれ自体輸入代替、つまりアフリカの奴隷貿易におけるベンガル地方からの綿製品輸入がランカシャーの織機で生産された綿製品に代替されたことによって部分的に推進されたと主張してきた。[22] 製造業者や貿易業者、そして様々な金融機関は全て特定の地域において共存しているのである。一例を挙げるならば、マージー川流域には製造業だけでなく、商業、マーケティング、保険業、その他のサーヴィス業の一群が発展していた。[23] 商業や金融業の中核であるロンドンは、主要な製造業の中心地でもあった。[24] ここで重要となるのは、これらの全てのセクターは共存していただけでなく、しばしば相互に依存していたということである。

この地域的な相互依存は、非常に早い時期に広範な地域に拡がったビジネスを行うために形成された集団の形態、つまり中世におけるギルドやカンパニー、そして一八世紀以降における商業会議所が、経済セクターではなく地域性（locality）に基づいていたためである。[25] 経済セクターではなく地域性は、一九世紀を通じてビジネスに関する集団形成の最も重要な基盤であり続けたのであり、それは全国レベルにおいて一八五〇年の連合王国商業会議所連合会（後のイギリス商業会議所連合会）が設立された時も同様であった。第一次世界大戦期になって初めて、経済に対する国家干渉の強化に対応すべく、イギリス産業連盟やイギリス製造業者連合のような（製造業を代表する）特定セクターの組織が、〔地域を基盤とする〕連合王国商業会議所連合会に対する競合組織として登場してきた。[26] エリートによる集団形成やビジネス活動は、経済セクターという抽象的概念の内部で生じたのではなく、何よりもまず地域に基づいた、細分化されているが、相互依存的であり、互いに重なり合う現実世界の中で生み出されたのである。もちろんこの点は、ケインとホプキンズが潜在的にビジネスや国政を担っている「ジェントルマン」・エリートの形成をもたらした地域としてロンドンのシティを重視したことが適切であったことの理由となる。[27] しかし、そうであったとしても、彼らによるシティの重視は、「全国レベルの」経済セクターの概念に基づいて構築された経済分析とは相容れないものであり、そうした経済分析の中へと容易に埋め込まれるべきではない。

経済セクターを事後の構築物以上の存在として理解することには慎重になるべきである。それゆえ、様々な経済セクター間の相互依存性をも認めるべきであるし、経済セクターの内部における多様性をも認めるべきである。とりわけ、おそらく最も多様な業種からなり、あいまいなカテゴリーであるサーヴィス・セクターの内部においては、必然的な結びつきは存在しなかった。グローバル志向のサーヴィス・セクターは、実際には非常に、そしてますます専門化し、それゆえに分断化されていたのである。この分断化や専門化は、サーヴィス・セクター内における対立や製造業者との協力関係を導いた。例えば、貿易業者や製造業者は、一八八〇年代から一九三〇年代を通じて商品が損傷した際に責任の割合を記載した船荷証券を巡って海運業者とほぼ絶え間なく争ってきた。[28] 実際のところ、ジェントルマン資本主義の巨大な中心地であるロンドンは、様々な利害の分断化を示す格好の事例となっている。ラナルド・ミッチーが示したように、ロンドンは製造業に関する主要な拠点を含む多面的な経済の中心地であり、同地では多様な機能や活動全てが重なり合い、またイギリスの他地域における様々な活動とも関係していた。[29] このように、金融業、製造業、保険業、商業、そして海運業の間の合同や対立は、シティを越えてのみならずその内部においても存在していたのである。一九二〇年代後半における金本位制への大蔵省とイングランド銀行の執拗な支持に対して、ロンドン商業会議所の書記であるリー（A.de V.Leigh）以上に声高な批判者は存在しなかったし、彼の非正統的な見解は一九二〇年代から一九五〇年代に至る通貨政策に関するロンドン会議所の姿勢を形づくったのである。[30]

それどころか、国際金融もまた、重なり合う部分を持ちつつも多様な機能を果たす様々な組織の集合であった。貨幣市場、信用市場、資本市場の間には密接なコネクションと同時に大きな差異が存在し、長期金融における発行市場と流通市場の間でさえ大きな差異が存在した。[31] ロンドン証券取引所は、それ単体で巨大であり、非常に細分化されていた。[32] ケインとホプキンズの説明において最重要視されるマーチャント・バンクは、事実一八七〇年から一九一四年の間に海外債務の約五分の二しか起債していなかった。マーチャント・バンカーは、市場における最大の集団であったが、多くの貸し付けは他の経路を通じて行われていたのである。[33] それどころか、マーチャント・バンカー達は彼ら自身の間でも争っていたのである。[34] 要約すると、サーヴィス・セクターや金融業界、そして究極的にはイングランド銀行やその重役会，いくつかのマーチャント・バンクといった巨大な金融機関の間にある差異を言わずにすますことによって，ケインとホプキンズはサーヴィス業全体の経済的重要性をロンドンの金融セクター，つまりサーヴィス・セクターの非常に狭い一部分の下に矮小化してしまっているのである。

3　ジェントルマン資本主義論を開梱してみる

グローバル志向の業種のことを言うにせよ，金融業単独のことを言うにせよ，たとえサーヴィス業に凝集性があったとしても，それだけで国家の側に〔サーヴィス業を優遇するという〕組織的なバイアスがあったということの十分な説明になるわけではない。凝集性があろうが，そうでなかろうが，一方における国外志向の経済，他方におけるグローバル帝国主義が結びつくメカニズムを描き出すことが必要なのである。ハイ・ファイナンスは政策決定者達とくに密接な地位を保ってきたというジェントルマン資本主義論の社会文化的主張は，このコンテクストにおいてそれだけいっそう重要である。相当以前にジェフリー・インガムが指摘したように，〔実のところ〕ケインとホプキンズの分析においては，資本主義ではなく，「ジェントルマン性（gentlemanliness）」こそが中核的な役割を担っている。[35]〔ケイン，ホプキンズによれば，〕ジェントルマン性がエリート集団の形成を説明し，シティ，もしくはハイ・ファイナンスとイギリス国家を結びつけ，そしておそらくは政策決定者と製造業を分断したのである。

ヨーゼフ・シュンペーターの見解をほんの少し顧みることによって，我々は少なくともジェントルマン性と帝国主義，そして資本主義の因果関係について深く考えさせられることになる。[36] ケインとホプキンズにとっては，ジェントルマン性は国家利害という観念，そして直接的には帝国主義の形成を助ける諸利害を正当化するものである。他方，シュンペーターにとって帝国主義は前資本主義的価値観への退行であり，資本主義を歪めたものであった。資本主義的な利己心ではなく、硬直的な貴族的倫理こそが、帝国主義を駆り立てたのである。[37] ここで重要であるのは、ケインとホプキンズが言うところのジェントルマン的価値観（これを彼らは明確に帝国の文化を包括するものとみなしている）は、サーヴィス資本主義の利害関心に先んじて、サーヴィス資本主義の利害関心とは別個に発展したということである。イギリスにおける帝国文化の拡がり、その性質、浸透具合に関して大きな議論がいまだ存在する一方、ほとんど疑いようのないのは、少なくともイギリスにおけるエリート的な政治文化に内在する帝国文化の存在、ないしはその重要性である。[38] 同様に、ビジネスもまた文化、とくに帝国文化の外部に置かれることはなかった。チャールズ・ジョーンズが主張するように、一九世紀における商人階級の人々は、ますます帝国主義的価値観、ないしは（周縁地域において）〔イギリス本国本位の〕ナショナリスト的価値観を甘んじて受け入れ、（そしてそれらへの貢献を示さなければならなかった。[39] 帝国は、上層階級の文化の一部、ないしは少なくともその一要素となったのであり、帝国に対する支持は、生まれや育ちに付随する社会的地位の指標よりも非常に容易に獲得、明示されたのである。ケインとホプキンズは、どれほどに帝国の政治文化がそれ自体の自律的なダイナミクスをもち、サーヴィス・セクターに従事する資本家の利害判断や日々の振る舞いさえも形成しうるのかという点を決して解明しない。[40] このようにケインとホプキンズの研究においては、ジェントルマン文化は政治エリートと経済エリートを一まとめに結びつけるものと考えられているが、ホブスンに従って、何よりもまず、そうして結びつけられた彼らの経済的な利害関心こそが意志決定へと至らせたと考えられている。[41] それゆえ、ケインとホプキンズの説明において、文化は本質的でありながらも、奇妙なことにその問題は回避されてしまっており、独自の自律性を認められていないのである。

実際には、ケインとホプキンズは、意志決定「過程」をより詳細かつ正確に説明することを逃れるための好都合な方便として、ジェントルマン的価値観を用いていた。つまりそれは、（なぜというよりも）いかにしてシティの経済利害（ないしはハイ・ファイナンス）が約三〇〇年間の経済運営やグローバルな政策を形成してきたのか、そしてなぜ産業資本家は低い影響力しか持ちえなかったのかを説明する手段であった。シティ、貴族、そして政治エリートとの間の堅い結びつきは、しばしば確かに存在したことであろう。容易に理解できるのは、金融業から政界に進出する人々、ないしは逆に国会議員や官僚からシティの企業の重役へと転身する人々といった、企業の取締役会における非常に多くの貴族的な「名ばかりの重役達（guinea pig）」の事例であり、彼らの中には立派な人物もいれば、評判の悪い者もいた。[42] ともあれ、産業資本家が帝国政策形成の重要な地位から排除されていたということは、必ずしも明らかでない。〔前身が産業資本家である〕ジョゼフ・チェンバレンを見てみると、彼はアイルランド自治法案をめぐる政策論争や南アフリカ戦争の開戦、エドワード期の関税改革キャンペーンの中心的人物であった。[43] 南アフリカにおける様々な出来事はコモンウェルスの政治文化を形成したし、チェンバレンによって引き起こされた特恵関税についての論争は、どのようにイギリス帝国やコモンウェルスが経済的に統治され、統合されるべきか、そしてそれらがドミニオンの自治と共存可能かという問いの中核をなすものであった。[44] もしチェンバレンが例外であるならば、帝国のガヴァナンスに対する彼の継続的な影響を考慮すると、彼は非常に重要な例外である。[45] だからと言って、チェンバレンのヴィジョンが産業資本家としての地位によって大いに突き動かされていたなどと主張したいわけではない。そうでなくむしろ、産業資本家という前身を有していたチェンバレンが二〇世紀の帝国統治において決定的な役割を担っていたということに注意を促したいのである。とはいえ、どれほどに産業資本家がジェントルマン的な地位や影響力を得ることから排除されていたのかという問題に関して、チェンバレンの存在は疑問を提起している。

ケインとホプキンズは、産業資本家がジェントルマン的な地位を獲得した可能性を認めさえもするとはいえ、自分たちにとって決定的に重要なのは、金融業と製造業（商業でさえ）の利害が対立する場においては、金融業が勝利する傾向があったことだと主張しがちである。この重要な例として、一九世紀後半において〔一部の産業資本家が主導した〕金銀複本位論が敗北したこと、ないしはドミニオンに対して（イギリスからの輸入工業製品を購入することよりむしろ、〕〔イギリス投資家への〕債務を返済する必要の方が優先させられたことなどが提示されている[46]。これらの事例がどれほど重要であるかは、もちろんそのような対立がどの程度存在していたかにかかっている。もしそのような対立が、政治の狭い範囲に限定された、ごく一時的な事柄に過ぎなかったならば、工業利害が排除されていたことを強調するような説明が実際どれほど有益であるのか、疑問が生じることであろう。金融の利害（ないしは他のあらゆるビジネス集団の利害）は、明瞭でも明確なものでもないし、しばしば他の集団の利害と重なり合っている。自己利益という観念は文化的な生成物なのであり、経済的地位から派生する機能であるわけではない。シティは単一の思考をもっていたわけではなく、むしろ「アジェンダ理論」としてS・G・チェックランドによって描かれたような、荒削りな経験則を通してその都度の課題に対応していたのである[47]。エドワード期のオーストラリアやカナダに投資を行うロンドンの金融業者の利害に関する筆者自身の研究は、財産権や防衛、均衡予算、移民、関税政策、そして（重要なことに）組織化され、政治化された労働者の影響力といった諸問題に関して、金融業者の間で共通する関心の枠組み（つまり、「ゲームのルール」）が認められるということを明らかにしている。〔他方で、こうした共通する関心の枠組みを超えて、〕これらのドミニオンに融資する多様な集団が共通の立場で連合するなどということは、非常に稀でしかなかった[48]。全体的な統一行動がそれほどに稀でしかなかったならば、地域や経済セクターを超えた複数の同盟形成が一般的であったと推測することが妥当であろう。ある状況において、金融利害が（特別な）優位を見出していたかもしれないというそれだけの理由で、政治全般が金融利害によって指図されていたということにはならないのである。さらに、金融業（ないしはより大まかに言うならばシティ）を優遇するような決定が生じたメカニズムを検討することが必要である。これに関して、ケインとホプキンズは、（〔国会が置かれる〕ウェストミンスターとシティにおいて）心性、文化、ジェントルマン階級社交界が共有されていたことに大きな力点を置いている。しかしながら、金融業が明確な影響力を行使したように見えるケースを説明する際に、これとは別のアプローチが存在する。それは、金融と国家の構造的、そして制度的なコネクションにもっと明確に注目するというものである。[49] 金融業は、たしかに結果として特権的な地位を保持しているかもしれない。しかし、その特権的な地位はより限定的な政治的局面を支配するものでしかなく、そしてこの特権的地位はジェントルマン資本主義論が提示する理由のために得られたものではない［とする別の解釈もありうるのである］。

4　政治の自律性

国家は富を必要とし、時として課税を通して得られるよりも多くの富を必要とする。この点において、目新しいこともなければイギリスに特有なこともない。近代的な財政に関する機関は、財政に関する国家の基本的必要性を解決する手段として一五世紀から発展した。[50] イングランド銀行やロンドン証券取引所、そして近代的な様式での国債の発行全てがイングランド、後にはイギリス国家の財政面での必要性を支援すべく一七世紀後半に創設された。そしてそれは、イギリスが財政軍事主義という一八世紀の試練に勝利するのを助けたのである。[51] 追加的な財源の必要性は、言うまでもなく戦時において最も深刻な問題であり、イギリスの場合、一八世紀や二〇世紀初頭の時期がそうであった。しかし、この財源の必要性は、別の点でも感じられた。国内における巨大な資本投資、ないしはケインズ主義的な手法で財政赤字の必要性が感じられる時、ないしは既存の債務が別の借り換えにて弁済される必要性が生じた時がそうである。[52] 金融が国家の政策と特別なコネクションを持っていた理由を説明するうえで、ジェントルマン資本主義論の社会文化的な手法を用いる必要性はない。国家が政策決定者達による地政学的な目標、そして国内政治の目標を達成するための能力は、信用の維持、つまり金融ゲームについての一定の「ルール」を守ることと不可分であった。信用維持や債務管理の必要性、そしてイングランド銀行と大蔵省との関係といった関連諸機関の協力関係は、より一般的な社会文化的説明という最後の手段に頼ることなく、金融上の問題がイギリス政府の政策に与えた影響に関して十分な説明を提供する。[53] 金融業者は、慣習や道徳的規範に関係なく、他のあらゆる経済利害に比して政府への決定的な影響力を必然的に有するだろう。しかし、彼らがそのような影響力を有するのは、関連する諸政策の中で国家の金融面での信用が最優先事項であり、国内の政治配置がそれを許容する限りにおいてのみなのである。

新世界へと議論の矛先を向けることによって、こうした〔ジェントルマン資本主義論に代わる制度論的な〕代替的説明の有効性が明確になるであろう。実際のところ、ケインとホプキンズ自身が同様な説明を採用しているのであり、筆者自身、より詳細に既に論じてきたことがある。オーストラリアやカナダ、ニュージーランドといった債務を負っているドミニオンや、「名誉ドミニオン」であるアルゼンチンに関して、ケインとホプキンズは本国とドミニオンの間の制度的なコネクションを政治的な衝動と関連づけて説明している。あらゆる事例において、彼らが議論するのは、イギリスから輸入された資本は、新世界における経済発展とネイション・ビルディングに不可欠であったため、信用や「ゲームのルール」を維持することは、シティによって行使される「構造的権力」を生み出したということである（シティそれ自体は、イギリス国家において直接的な役割を果たしているとは考えられないのだが）。ケインとホプキンズによれば、シティは、シティに対して債務を負うドミニオンが活動できるような機会の枠組み（framework of opportunity）を管理していたのである。[54] 個々の政治家がジェントルマンかどうか（ましてや政治家全般がジェントルマンかどうか）は、この分析において問題とはならない。ケインとホプキンズ自身が論じるところによれば、政治家一般は、ジェントルマン資本家の中枢に深く入り込んでいたというわけではなく（強調は筆者による）、ともかくも〔シティが課すような〕「ゲームのルール」を維持し、その結果を受け入れたのである。[55] 金融と政治の間の構造的関係は、ジェントルマン資本家の意思に関係なく存在したのであり、筆者が他所にて議論してきたように、イギリス国内における対抗的な政治勢力によってのみ弱められたのである。[56] もしジェントルマン資本主義（強調は筆者による）がドミニオンやアルゼンチンにおける金融面での影響力を説明するのに必ずしも必要とされないのならば、ロンドンの金融機能に対する〔国家の〕構造的依存関係によっても同様に〔ジェントルマン資本主義論を抜きにして〕イギリス国家とシティとの間にある関係も説明できるはずである。

このことは、ケインとホプキンズが政策形成の過程について十分な説明を与えないでいることを明るみに出す。すなわち、国家を分析の中心に連れ戻すことが必要なのである。[57] これは、より実証的な「動かぬ証拠（smoking guns）」を要求するということだけに留まらない。それだけでなく、政策形成過程を十分に説明するためには、経済的なコンテクストのみならず政治的なコンテクストの重要性も踏まえておくことを求めるのである。[58] 一例として、エドワード期の関税改革運動を取り上げよう。イーウェン・グリーンは、関税改革は、〔ジェントルマン資本家の力によって打ち負かされたのでなく、〕一九〇六年の総選挙において（そして再度一九一〇年と一九二三年の総選挙において）〔有権者の意思によって〕打ち負かされたのだと指摘している。[59] このグリーンの見解に対するケインとホプキンズの応答は、綿密な検討に値する。彼らは、「関税問題は大衆的な論争の的となった争点となったことに加えて（強調は筆者による）、シティを含む実業界のあらゆるセクションを分断した争点であった。これは、民主政治の騒々しいプロセスを通じてのみ扱われるべき問題だということは明らかである」と論じている。[60] このケインとホプキンズの応答が暗に示すのは、一九〇六年時に関税改革の問題に関してシティ内での統一があったのであれば、選挙の結果は異なるものであったかもしれないということである。このケインとホプキンズの主張が見逃してしまっていることは、〔関税改革の是非という〕イギリス政治経済のあり方をめぐる大問題が選挙政治において一大争点となった以上、選挙政治という枠組みによってのみこの問題は決したのだという事実である。関税改革支持であれ自由貿易支持であれ、たとえ（強調は筆者による）シティが一枚岩であったにしても、そのことそれ自体が選挙結果を変えただろうと考えるのは困難である。[61] とくに、（おそらく典型的なマーチャント・バンカーであり、ジェントルマン資本家である）ロスチャイルド卿（Lord Rothschild）とレヴルストーク卿（Lord Revelstoke）が声高に自由党政府の直接税政策を攻撃したこともあり、たしかに一九一〇年までに、この問題に関するシティの見解は関税改革、帝国特恵関税支持の方へと傾いていた。しかしながら、表面上は憲政的な原則を争点に（そしてそれだけでなく「人民予算」と関税改革を争点に）戦われた一九一〇年における二回の総選挙は、シティが望む結果をもたらさなかったのである。(62)

関税改革の事例を取り扱う際、ケインとホプキンズは、非常に一般的に言うならば金本位制や健全な通貨の方がシティにとってより重要な問題であった〔ので、関税改革論争に関してシティが勝利したとは言えないということは大した問題ではない、〕という異議を唱えている。(63) 金が金融業者、ひいては国家の信用を裏打ちしていたと言えるがゆえに、これは一見もっともに聞こえる。(64) 一八八〇年代における金銀複本位論者と金本位制支持者の間の論争が主たる政治論争とはならなかったことは確かである。金銀複本位制の是非をめぐる論争が少数の人しか知りえない、難解な金融上の議論であったという特質を考慮すると、シティに基盤を置く専門家や、とりわけイングランド銀行の見解が〔金本位制の勝利に〕大きく貢献したとケインとホプキンズが論じていることはおそらく正しい。しかし、彼らの勝利は、ジェントルマン性の優位（superior gentility）のためというよりも、むしろ高度な専門的知識や国家との制度的なコネクションのためと解するべきである。(65) 明らかに少数派であったとはいえ、シティは、ヘンリー・ハックス・ギブス（Henry Hucks Gibbs）などの代表的な複本位論者の一部を輩出していたのである。(66) 利害というものは、製造業やサーヴィス業といった業種を横断しているのである。加えて、通貨体制が民衆政治の争点とならなかったことに必然性があったわけではない。一八九六年に、ウィリアム・ジェニングス・ブライアン（William Jennings Bryan）は、「アメリカを金の十字架に磔にすべきではない」というスローガンを掲げて、〔金本位制か金銀複本位制かという〕通貨体制の問題をアメリカ大統領選挙の主要争点に据えていた。(67) ここで留意しておくべき点は、非常に広範な政治領域の中でどのように、ないしはどの程度特定の政治的争点が取り扱われるのかを規定するにあたって、金融業者、ないしはジェントルマン資本家ができることは何一つなかったということである。

手短に言うならば、〔ジェントルマン資本家の影響力に対して〕政治は自律的であるということである。この点について、不十分にしか認識できていないため、ケインとホプキンズは原因と結果を混同してしまっている。例として、金本位制、均衡予算、自由貿易という偉大なる「グラッドストン主義」の三原則を取り上げよう。[68]この問題の解決法は、ヴィクトリア朝期の自由党を構成していた集団である「自由主義的トーリー」（なかでも製造業者の息子であるロバート・ピール）、ホイッグ、そしてコブデン主義的な急進派によって首尾良く取り組まれた一八二〇年代から一八五〇年代に至る長期間の一連の改革に起源があった。[69]ケインとホプキンズは、この時期を〔旧来のジェントルマン資本主義から新しいジェントルマン資本主義へという〕ジェントルマン資本主義の二つの時代の間の移行期とみなし、一九世紀後半におけるシティの成功に関してこれらの政策がいかに重要だったかを強調している。[70]しかし、これら〔一連の改革の〕全ては、むしろ国家がシティからの独立性を強めるための手段と考えられていた。〔紙幣の柔軟な発行を認めるべきという〕イングランド銀行からの助言とは反対に、ピール派は金本位制を、紙幣の発行を制限し国家の支出を統制するための手段とみなしていた。[71]均衡予算や支出の削減は、広範な経済集団への国家の保護を減少させるための手段であった。つまり、それらの方策の目標は、経済成長ではなく、〔浪費に代わる節制という〕美徳を増進することだったのである。[72]自由貿易は、ピールによる穀物法の撤廃で象徴的に達成されたが、それは都市の労働者と資本家の同盟関係を明確に論じてきたコブデン派急進主義者と、福音派の自由主義的トーリー、およびホイッグが協力して努力した成果であった。[73]それは、農業保護主義に対する攻撃であり、旧来のジェントルマン資本主義的な貴族的権力と好戦的性格を覆すべく意図されていたものであった。この一八二〇年代から一八五〇年代にかけての時期は、ケインとホプキンズによる議論の要点をなす時期であり、〔農業を主として商業・金融を従としていた旧来のジェントルマン資本主義から〕商業・金融を主とする新たなジェントルマン資本主義へと道が譲られていった時期であった。しかし、このジェントルマン資本主義の移行を進めた力というものをジェントルマン資本主義的なパラダイムを通して説明することは難しいし、ケインとホプキンズは、これについて簡単な（そして控めな）分析を提供するのみである。[74] 一九世紀後半におけるシティ（ないしはジェントルマン資本主義）の勝利は、ある部分において一九世紀前半の政治の意図せざる結果であった。

同様に、ケインとホプキンズが効果的に示すのは、いかにして金融業が時々に帝国主義のオペレーションと密接に関連することができたのか（ほとんどあらゆる国家のオペレーションと金融が密接に関連している以上、これは必然的なことだとも言えるが）、そしていかにしてイギリスの政策がシティの利害に貢献したものと解しうるのかということである。しかし、このことは帝国の拡大がジェントルマン資本主義によって推し進められたと説明するのと同義ではない。例えば、一九世紀後半のインドがイギリスで発展したのと共通する経済学のモデルを国内政策に適用したこと、そしてインドの債務をイギリスにおいて役立てることが政策の優先事項であったと知ることは驚くべきことではない。[75] しかし、このような目的のために一八世紀後半から一九世紀前半にかけて東インド会社の拡大が行われたと論じることは困難だし、ケインとホプキンズもそのようなことは主張していない。[76] 同様に、アメリカ大陸やオセアニアにおける定住植民地は、一九世紀後半においてイギリスの主たる貿易相手や投資先であった。これらの定住植民地は、イギリス政府がとくに重要な役割を担うことなく、主に金融面での「構造的権力」の行使を通じた非公式帝国主義の舞台としてケインとホプキンズの説明において非常に重要な意味合いを持っている。[77] たしかに、資本の流入と経済発展の繋がりによって、帝国主義、ないしはより緩やかなかたちの構造的権力の証拠とみなされうるような関連性や影響力の形態が創出された。しかし、このことは定住植民地を形成した植民地化の過程をジェントルマン資本主義が主導したということを意味するわけではない。ボタニー湾の植民地化やニュージーランドの併合、カナダにおけるヨーロッパ人の西方への拡大に関して、明らかなのは、これらのどれもジェントルマン資本主義の利害に供するように考え出されたものではなかったことである。[78] シティや金融利害が投資先である定住植民地から利益を得、やがて定住植民地に影響を与えたと主張することは、ジェントルマン資本主義の利害が定住植民地の形成を促したと主張することと同義ではないのである。

対外政策において、シティの利害とホワイト・ホール〔イギリス官僚機構〕の利害はしばしば対立してきた。事実この点について、一九一五年に著名な金融ジャーナリストであるハートレイ・ウィザース（Hartley Withers）は、「シティにおいて、我が国の外務省が金融関係の有力者によって動かされていると指摘するならば、いぶかしみとあざけりを受けることだろう」と述べている。[79] またイアン・フィミスターによれば、南アフリカ戦争が発生する前の段階において、イギリスの政策決定者は、当該地域において〔オランダ系移民である〕アフリカーナーの支配が永続することを恐れていたわけではなかった。彼らはむしろ、シティが主導する非公式帝国の枠組みには十分におさまるような、あらゆる資本家に開かれた南アフリカ合衆国（United States of South Africa）が登場することによって、〔南アフリカをイギリス帝国に公式に併合するという〕チェンバレンやミルナーの野望がくじかれてしまうことを恐れていたのである。[80] 一九世紀後半のオスマン帝国、ペルシア、そして中国においては、借款や金融機関の競合をめぐってヨーロッパ列強間で争いが起こった。[81] ケインとホプキンズは、ペルシア地域においてイギリスの投資家が大規模な投資に消極的だったことは、当該地域におけるイギリス政府の影響力を制限し、外務省の目的を挫折させたと主張している。[82] しかし、もしシティとホワイト・ホールを隔てる壁が〔ケインとホプキンズが論じるように〕「万里の長城」のごとくたやすく越えられるものであるならば、どうして南アフリカとペルシアに対する行動が大きく異なってしまうのだろうか。おそらくペルシアは周縁的な事例であったとは言えるが、南アフリカ戦争は帝国を拡大すべく戦われた一九世紀における全ての戦争の中で最も戦費が嵩んだ戦争であった。このような相違を「家族内での口論」と呼ぶことによって、我々は何を学ぶことができるだろうか。[83] 説明を要するのは国家の側が設定した自律的なアジェンダであるということが、以上のことから明らかである。つまり、〔国家の〕制度は独自の論理、文化、そして目標を持っているのである。言い換えるならば、それ自体が概念化と分析を必要とするような独自の経路を進んでいるのである。ジェントルマン資本主義論は、国家とシティとの関係を概念的に捨象することによって、〔国家の自律性という〕この問題を回避してきたのである。

5　ジェントルマン資本主義論とブリティッシュ・ワールド論

ここで提示したような概念面での論究がいまだ必要とされる理由の一つは、ジェントルマン資本主義論に関する議論が終結したというよりもむしろ縮小してしまったからである。二一世紀の初頭において、ジェントルマン資本主義論に関してある程度の論文や文献の刊行があったにもかかわらず、研究上の関心は変化していった。[84] 文化史の興隆やポスト・コロニアル的転回によって、帝国史研究における関心の中心は、植民地支配者と被支配者間の関係についての文化やアイデンティティの問題へと決定的に移行した。[85] こういった文脈の中で、本書の主題であるブリティッシュ・ワールドに関する研究が出現してきた。その初期の支持者達は、二種類の問題関心を持っていた。第一に、かつての白人植民地の歴史叙述の中に帝国とブリティッシュネスという要素を復権させることであった（それ以前の白人植民地に関する研究史は、移民定住者と先住民の関係といった、植民地主義内部の問題に偏向するという、自閉的傾向を示していたのである）。そして第二に、定住植民地、「ドミニオン」を帝国史に復権させることであった。[86]

この第二の目標は、ケインとホプキンズが貿易や投資を基準にすることによってドミニオンの重要性を再発見したことと親和性があったとは言えるが、ブリティッシュ・ワールド学派の創設期の研究は、『ジェントルマン資本主義の帝国』において提起されたような概念的手段や学問的関心を速やかに否定してしまい、やがて無視するに至った。

金融やその他の物質的利害を基礎とする〔シティとドミニオンの定住植民者との間の〕コラボレーション関係よりもむしろ，文化の共有，アイデンティティ，そしてネットワークがブリティッシュ・ワールド論の中心に据えられたのである。こうした研究は，ケインとホプキンズの研究からだけに留まらず，時には「帝国」研究一般からさえも差別化を図ることに熱心であった。ブリティッシュ・ワールド論に関する中核的な論文にて，カール・ブリッジやケント・フェドロウィッチが提起するように，「〔イギリス本国の経済利害と定住植民者との間の〕コラボレーションは『我々』と『彼ら』についての問題であるが，ブリティッシュ・ワールドは徹底的に『我々』についての問題」なのであった。[87]彼らは，ケインとホプキンズを「視野が狭いエリート主義者，そして経済決定論者」として言下に拒絶し，ジェントルマン資本主義論は「帝国の決定的な人間的側面」を軽視していると付け加えた。[88]対照的に，ブリティッシュ・ワールド論は文化，ディアスポラ，アイデンティティ，言い換えるならば「下からのグローバリゼーション」についての研究だと彼らは主張するのである。[89]後に多様な研究に発展していったにもかかわらず，ブリティッシュ・ワールド概念を用いる研究史はそうした意図に依然として忠実である。ギャリー・マギーとアンドリュー・トンプソンがブリティッシュ・ワールドについての著書を世に提起したとき，その中心的なテーマはどのように移民のネットワーク，情報の流れ，そして文化の共有が経済的統合を推進したかということであった。それは，トップ・ダウンの「政治経済」ではなく，ボトム・アップの「文化経済（cultural economy）」の研究なのであった。[90]その著書の中で，不平等な権力関係や経済の政治学と称されるようなものは，ほとんど扱われることはなかったのである。

ブリティッシュ・ワールド研究とケイン，ホプキンズの主張の違いの多くは，いわゆるブリティッシュ・ワールドの中核にあたる，定住資本主義者（settler capitalists）のドミニオンを形成した二大原動力のどちらを重視するかという点に起因するものである。すなわち，ヨーロッパ，なかでもイギリスから流れ込んだ労働力と資本という二大要素のうち，どちらに力点を置くかということである。[91]それらのドミニオンの劇的な成長は，長い一九世紀においてヨーロッパから流れ込んだ大量の労働力と資本に依存していたのである。当然のことながら、ヨーロッパからの移民は主に新たに設立された「定住者」社会に再配置されたが、資本に関しても同様であり、そのような「定住者」社会はイギリスからのきわめて大量の投資を受け入れていた。ある概算によると、アメリカを含むこれらの「定住者」社会は、一八六五年から一九一四年の間にイギリスの投資の六〇％以上を受け入れていたのである。[92] また移民に関して、とくにイギリスからの移民は、英領北アメリカや、オーストラリア、ニュージーランド、アフリカ南部における定住者社会の形成にとって不可欠であった。同時に、定住者社会は資本輸入にも大きく依存していた。第一に、好況期の資本需要をまかなうという必要のうえで資本輸入に依存していた。第二に、輸出を通じて債務を返済するため、（とくに鉄道や港湾施設といった）〔輸出のための〕インフラストラクチャーを建設するという必要のうえで資本輸入に依存していたのである。[93] ケインとホプキンズが〔イギリスと定住者社会間の〕金融的関係がおよぼす影響に焦点をあてていることに対する批判は、ディアスポラ的ネットワークやイングランド系住民中心の定住者社会の形成に資本輸出が果たした役割をしばしば無視しているような研究に多く見られる。[94] そうだとしても、移民に付随して生じる文化やアイデンティティの自律的な役割は、ケインとホプキンズの研究の中ではほとんど言及されていないというのもまた事実である。このように、ジェントルマン資本主義論とブリティッシュ・ワールド論は、互いにそれぞれの盲点を批判してきたと言えるのである。[95]

この二つの議論を統合することは有益であろう。この議論の開始点として、資本輸出、移民、そして（現時点にて無視されている第三の要素である）貿易の「全て」が、いわゆるブリティッシュ・ワールド、より正確に言うのであればイギリス・ドミニオン関係（この語はおそらく地理的、憲政的な正確性のために好んで用いられる語である）の重要な基盤だったと認めることが必要なのである。これら三つの要素全ては、重要かつ複雑な方法で相互に作用してきた。もしブリティッシュ・ワールドが移民の産物であるならば、ブリティッシュ・ワールドは、同様に資本輸出の産物でもあった。そしてもし移民や投資が血縁に基づくネットワークの産物であり、移民定住社会にとって差し迫って必要なもの、言い換えるならば債務返済のために不可欠なものであるならば、貿易はしばしば移民や投資の過程によって形成された道筋や必要条件に従って発展したのである。これら三つの要素がいずれも重要であることを、同時代の人々はよく認識していた。なかでも、オーストラリアの首相であったS・M・ブルース（S. M. Bruce）は、一九二三年の帝国会議において「ヒト、カネ、市場（men, money, and markets)」へのアクセス強化を訴えたことで知られている。[96] ブルースが認識していたように、これら三つの要素のどれも個別に切り離して扱われるべきではなかった。定住者資本主義の経済学や政治学において、これら三つの要素は不可分に結びついていたのである。

しかしながら、移民と資本輸出が行われた構造は全く異なっていたし、この点にこそケイン、ホプキンズとブリティッシュ・ワールド研究者による強調点の違いがある。移民は、多様な手段を通じて、例えば移民仲介業者を介した個人的イニシアチヴや、任意団体による支援、時には政府の援助を通して行われた。移民する人々は、イギリスの人口の広範な層（とくに農村地域）から引き寄せられていた。移動する大衆、彼らの欲求とニーズ、移民にかける熱意、これら全てのものが移民というものを形作っていったのである。同様に移民を受け入れる社会においても、流入する移民は、移民に関する複雑な政治力学を顕在化させることとなった。一方では、それは時として特定の援助（農業移民への土地の無償供与や交通費の補助）を通して、もしくはより一般的にイギリス本国の改善版（a better Britain）を希求する努力の一環として、移民を誘致しようとする諸政策をともなっていた。[97] 他方においては、移民の流入は、（とくにアジアからの）望ましくないと認識された移民の抑制を伴っていた。時には、（とくに経済の停滞期には）移民に対する敵意は、一般的に左派や労働者の運動の一つの特徴となったのである。[98]

これとは逆に、金融に関しては、イギリス社会の中で移民の場合とは全く異なる層、とくにロンドンのシティに軸足を置くエリートの金融、投資階級と定住者社会との間でコネクションが築かれていた。[99] 移民と金融の中間において、商業は、定住者社会の経済における一部と、イギリスの各地における商品取引や工業生産、および移民と金融の双方に複雑な形で関係するシティの活動などを結びつける役割を果たしていた。[100] ヒト、カネ、市場に基づく諸関係が多様な構造をもっていることを意識するならば、資本輸出の影響に注目した〔ジェントルマン資本主義論のような〕解釈を視野の面であまりに国家中心主義的、エリート主義的であると批判することは行き過ぎであるように思われる。資本輸出がエリートによって支配されていたことは事実である〔〔定住植民地による〕借り入れが国家に偏って行われていたことも事実である〕。一九〇六年にオーストラリアのある急進派の刊行物が批判したところによれば、もしオーストラリア内の州が資本の借り入れを必要としたならば、それらの州が「ニヴィソンさん、お願いします」と言って、エドワード期にシティにおける植民地政府債の起債に実質的に関与していた引受業者ロバート・ニヴィソン（Robert Nivison）に依頼することによってのみ可能となったのである。[101]

ケインとホプキンズが強調するような金融的諸関係がイギリス・ドミニオン関係の「総体」を包括するほどのものかどうかという点について、疑問が提起されるのは妥当であると言えるだろう。事実、金融関係は、イギリス・ドミニオン関係の「総体」を包括するものではなかった。例えば、ケインとホプキンズがアルゼンチンを「名誉ドミニオン」とみなして、イギリス・オーストラリア関係とイギリス・アルゼンチン関係を同一視したことには明らかに問題があった。[102] とはいえ、金融は重要であるし、同一の枠組みの中で分析される必要がある。ここでの問題の解決法は、多くのブリティッシュ・ワールド研究がそうしてきたように金融的依存の現実を無視するということではない。ブリティッシュ・ワールド研究は、ケイン、ホプキンズの研究とその後のジェントルマン資本主義に関する議論から引き出される洞察を考慮に入れることが賢明だといえるだろう。ケインとホプキンズは、どれほどまでに債務やファイナンスがイギリス・ドミニオン関係における中心的な要素であったかを強調しているし、それに続く研究、筆者の研究などは、どれほどまでにそうした債務やファイナンス関係が破壊的な要素にもなりえたのか、ということを示してきた[103]。実際、国際金融構造がドミニオンに様々な要求を強いてきたことを示すことができるが、（深刻な金融危機の際に限らず）ドミニオンに対する要求がイギリスへの忠誠と衝突するような場合には、ブリティッシュ・ワールド研究が描き出すようなイギリスへのお気楽な忠誠心（easy loyalty）が危機に陥ることもあったのである。このような状況においては、〔多くのユダヤ系業者が活躍する〕ロンドンの金融界がイギリス的ではない（un-British）という批判――これは、一九世紀と二〇世紀の長い時期を通じて、金融権力を批判する際に常套的に用いられてきた反ユダヤ主義を転用した批判であるが――は、右派と左派の両方において割と頻繁に見られたものであった。加えて、定住植民地・ドミニオンが金融面での必要性を叫ぶ声は、イギリス国家が憲政面ではドミニオンに様々な要求を強いるようなことをほとんどしなくなったという背景の下で生じていった。こうしたハードな金融的パワーとソフトな〔イギリス本国への〕忠誠心との相互作用は、ドミニオンにおいて拡がっていた〔イギリス本国との〕アイデンティティの共有や、ますます〔イギリス本国からドミニオンへの権限の〕移譲が進む憲政上の合意の下でも、消えずに残り続けたのである[104]。ケインとホプキンズは、シティの「ハード・パワー」を公式の憲政的関係にとって代わるものとみなしているだろうが、上記の見解に基づくと、それは潜在的にはイギリスとドミニオンを分断する力ともなったのである。ブリティッシュ・ワールド研究は、こうした金融をめぐる本国とドミニオンの間の緊張関係を見過ごす傾向にあったのである。

ジェントルマン資本主義論とブリティッシュ・ワールド研究の双方は、さらなる盲点を共有している。それは、筆者が今まで議論してきたようにジェントルマン資本主義論が政治諸制度の意義や自律性を過小評価しているというならば、ブリティッシュ・ワールド研究もまた同様だということである。ジェントルマン資本主義論による経済中心的なトップ・ダウンの説明は、ブリティッシュ・ワールド論による文化のボトム・アップ的な側面を過度に強調する説明へと置き換えられつつある。しかし、ブリティッシュ・ワールド研究は、帝国内の本国・植民地間の政治的関係についてほとんど議論していない。とくにブリティッシュ・ワールド研究は、植民地会議や帝国会議のような帝国、後のコモンウェルスのガヴァナンスに関する公式的な諸制度の役割についてほとんど説明をしないし、ブリティッシュ・アイデンティティを示す移民の例として主要な植民地政治家が重要な役割を担うことは頻繁にあるものの、より一般的には憲政制度や政治の役割は軽視されているのである。[105] 汎帝国的なポリティックスの自律的な役割を無視していることは、ブリティッシュネスそれ自体がイングランドとスコットランドの、（そして後にはより問題を含むかたちで）イングランドとアイルランドの合同に由来する政治的カテゴリーであり政治的アイデンティティであることを考慮すると、なおいっそう不可解である。ブリティッシュ・ワールドの終焉は、政治文化、政治的アイデンティティ、そして政治的想像力が消滅していくというストーリーにしかなりえないのだし、実際にブリティッシュ・ワールド研究では一般にそのように描かれている。それでいながら、ブリティッシュ・ワールド論は政治的なカテゴリーの現象を不十分にしか認識できていないし、そうであるがゆえに、政治現象それ自体を説明するような独自の概念を考案することもできていないのである。[106] ジェントルマン資本主義論とブリティッシュ・ワールド研究の双方は、イギリス・ドミニオン関係において、政治諸制度や政治文化が不可欠で自律的な媒介役を果たしていたことを改めて考慮に入れる必要がある。[107]

では、我々はどのように進んでいけばよいのだろうか。その際、ケインとホプキンズによる近年の「構造的権力」に関する著述を再検討することが役立つかもしれない。我々が今まで見てきたように、ドミニオンにおけるイギリスの金融的支配についてケインとホプキンズが自らのモデルを説明しようとする際、彼らは、ロンドン・シティが自らの目的に沿って「金融上のゲームのルール」を形づくることができたこと、つまり金融の構造的権力について論じてきた。[108] 構造的権力とは、特定の「関係的な」交渉（'relational' bargains）が行われる枠組みを設定できる力である。この構造的権力に関するモデルは、元々スーザン・ストレンジの研究に由来していた。その研究において、彼女は、金融と同様に、安全保障の管理、生産の管理、そして知識の管理もまた構造的支配を創出することができると主張している[109]。ゆえに、ストレンジのモデルは、多様な競合しあう構造の内部でイギリスとドミニオンが関係しあっていたことを説明するための道を開いている。権力（とくに同一集団によって意識的に行使される権力）と構造を同一視してしまうようなことは、ストレンジとケイン、ホプキンズの双方の研究にとって拙速であろう。例えば、イギリスからの移民に依存していたことは、ドミニオンを形成し、さらにはドミニオンとイギリスとの関係を形成する巨大な力であったとは言えるだろう。しかし、イギリスからの移民を求めるドミニオンの（通常時の）要請は、必ずしもイギリスにおける特定の集団に権力を集中させたわけではないし、（一九二四年の帝国定住法のような例があるとはいえ）いかなる者も、非常に限定的な方法でしか、移民に関するゲームのルールを意識的に書き換えることなどできなかったのである[110]。しかし、深層にある歴史的プロセスによって、〔イギリス本国とドミニオンの間に〕強力ではあるが、潜在的には限界含みの関係が生じた、と考えることは有益であるかもしれない。イギリス・ドミニオン関係という観点からすれば、防衛、移民、金融、貿易、通信やネットワーク、文化やアイデンティティ、そして政治制度のそれぞれが、イギリスとドミニオンの間、そしてそれより弱くはあるがドミニオン同士の間で、互いに重複しあう構造的関係を形成していたのである。こうした互いに重複する構造的関係の歴史を描くという難問（その対象は、ブリティッシュ・ワールドの中核である「大ブリテン」でもありうるし、旧コモンウェルスさえも対象となりうるかもしれないが）は、こうした諸構造が発展し、相互に影響し、最終的には衰退していく歴史という形をもって答えられる、と考えてもよいだろう[111]。

6　おわりに

本章は、ジェントルマン資本主義論における三つの別個の要素（経済、社会・文化、政治）に注目し、これらの要素がどれほど一貫性をもって論じられているのか、という点について疑問を提示した。本章は、サーヴィス・セクターの重要性を否定するものでもなければ、金融が政治的、経済的活動において卓越した役割を担っていたことも、イギリスの社会資本の形成において発揮されたジェントルマン的思想の力（もしくは、帝国が〔ジェントルマン資本家への〕リスペクタビリティ生成の役割を担ったかもしれないという思想の力）をも否定するものではない。ないしは、これらの諸要素がイギリスの国内、または対外政策に対して全く影響を与えなかったと主張するものでもない。ただ、本章は、ジェントルマン資本主義論がこれらの諸要素を首尾一貫した形で説明することは、一連の省略〔言わずにすませること〕と回避〔見ずにすませること〕によって初めて可能となったのだと論じているのである。すなわち、ケインとホプキンズは、産業間の横断的な繋がりを見過ごす一方で、サーヴィス・セクターとシティが一枚岩であるという誤った印象を与えた。彼らは、「ジェントルマン性」の形成過程を考える際、帝国文化が自律的な機能を果たすことを軽視していたし、金融と国家との間にある狭義の構造的コネクションを捨象することによって、単一のジェントルマン資本家的心性が形成されたということを強調してしまった。さらには、政治的諸制度の影響を無視し、シティと国家の内部がそれぞれ分裂していることも無視してしまった。そして、政策が形成され正当化される場である政治のプロセス（とりわけ選挙政治）も無視されてしまったのである。

ジェントルマン資本主義に関する議論は、研究史の潮流が二一世紀に入って変化するにつれて下火となってきている。この状況の中で、ブリティッシュ・ワールド研究は、イギリスとドミニオンの間の、そしてその他の地域との間の社会的ネットワークや文化的コネクションを強調するという形で登場してきた。本章が指摘してきたように、ブリティッシュ・ワールド研究は、ケインとホプキンズの議論における中心的な問題である権力の問題を無視してきた。ジェントルマン資本主義論とブリティッシュ・ワールド研究の双方は、広い意味での政治制度の役割を見落としてきた。ケイン、ホプキンズとブリティッシュ・ワールド論のアプローチを比較してみた場合、次のような提言をすることが可能であろう。すなわち、ケインとホプキンズが重視し、スーザン・ストレンジから着想が得られた構造〔的権力〕という着想は、イギリス・ドミニオン関係のより広範な特徴を包摂し、さらにはジェントルマン資本主義論とブリティッシュ・ワールド研究双方の概念的限界を超えるために活用されうるだろう、と。

最後に、ケインとホプキンズの業績の強みは、その研究の各部分にあるのであって、全体にあるのではない。ケインとホプキンズの豊かなフレームワークが省略し、回避してきたものを解きほぐすことは、経済、社会、文化、そして国家の間の複雑な相互作用を際立たせることになる。こうした分析がたとえジェントルマン資本主義論の狭い枠組みに還元されてしまうものではないとしても、ケイン、ホプキンズが行ってきた大変な労力に報いるものではあるだろう。とりわけブリティッシュ・ワールド研究がある種の停滞状況に陥ってしまうような際には、ケインとホプキンズの研究を再検討することによって、将来の研究指針の基礎が得られるかもしれない。

注

（1） Cain and Hopkins［1986］; Cain and Hopkins［1987］.

（2） Fieldhouse［1984］.

（3） Cain［1992］; Cain［2002］; Cain［2007］. 帝国に関する急進的な研究の伝統について、以下を参照。Semmel［1993］; Claeys［2010］.

（4） Kennedy［1996］p. 345. ロビンソンとギャラハーについては、Louis (ed.)［1976］を参照。

（5） Cain and Hopkins［2001］pp. 2-3. 現在的な問題にジェントルマン資本主義論（やその他多くのものを）適用する試みに関して、以下を参照。Drayton［2012］p. 161 and passim.

（6） Cain and Hopkins［2016］pp. 717-725; Akita（ed.）［2002］. 以下も参照。Hopkins［1999］; Hopkins（ed.）［2002］; Hopkins（ed.）［2006］.

（7） Cain and Hopkins［1993a］; Cain and Hopkins［1993b］; Cain and Hopkins［2001］; Cain and Hopkins［2016］.

（8） Gallagher and Robinson［1953］; Robinson, Gallagher, and Denny［1961］; Robinson［1972］; Louis（ed.）［1976］. ケインとホプキンズの研究は、ギャラハーとロビンソンに対する批判であり、非公式帝国の年代記やオフィシャル・マインドの理解に関して異なった考えを示したものと提示されることが多いものの、従来の研究の否定というよりむしろ修正と理解した方がよいだろう。Darwin［1997］pp. 615-616.

（9） Cain and Hopkins［2001］pp. 33-36.「古典的な」理論に関して、以下を参照。Etherington［1984］; Cain［2002］.

（10） Cain and Hopkins［2001］pp. 37-41.

（11） Cain and Hopkins［2001］pp. 41-43.

（12） Cain and Hopkins［2001］p. 43.

（13） ケインによって導き出された有益な論点に関して、Cain［2002］pp. 279-282.

（14） Cain and Hopkins［2001］pp. 36-38.

（15） Lee［1994］pp. 117-118.

（16） Cannadine［1984］.

（17） Floud［1994］p. 18, Table 1.6.

（18） Cain and Hopkins［2001］pp. 112-124. 以下も参照。Cassis［2006］.

（19） Cain and Hopkins［2001］pp. 151-166.

（20）〔現在の観念を〕過去に既に存在した現実であるかのように描き出すことに関しては、例えばファインステインの精巧な方法論的議論において論じられている。Feinstein［1976］. また経済史に「文化論的転回」の視点を与える必要性に関して、以下を参照。Daunton and Trentmann［2004］; Daunton［2011］.

（21） Daunton［1989］pp. 133-142.

(22) Inikori [2002]. また以下も参照。Ward [1994].
(23) Tate [2015].
(24) Michie [1992] p. 17. また以下も参照。Musgrave [1914] pp. 8–9.
(25) Bennett [2011] pp. 4, 14–18, 47–67, 172–216 and passim.
(26) Turner [1984].
(27) Cain [1999] も参照。
(28) Porter [1984] pp. 55–59. 積荷証券に関して、例えば以下を参照。'Congress of Chambers of Commerce', *Chambers of Commerce Journal*, Aug. 1886, pp. 42–49.
(29) Michie [1992].
(30) Archives Canada, MG 26-J1 (Mackenzie King Papers) Vol. 192, 163558, A. De V. Leigh to McGreer, 10 Dec. 1932; 163560, A. De V. Leigh to Mr. White, 22 Nov. 1932; London Metropolitan Archives, CLC/B/082/MS18287, *Congress Proceedings,* 1948, pp. 46–47.
(31) Dilley [2012b] pp. 42–49. 古典的な説明に関して、以下を参照。Bagehot [1873].
(32) Duguid [1904]; Michie [1999].
(33) Balogh [1947] p. 233.「非ジェントルマン (ungentlemanly)」資本主義の一事例に関して、Phimister [2000].
(34) Chapman [1984].
(35) Ingham [1995] pp. 341–348.
(36) Hobson [1902, 1905].
(37) Schumpeter [1919, 1951].
(38) 帝国とエリート文化に関して、以下を参照。Colley [1992]; Thompson [2000]. 帝国とエリート文化に関して、バーナード・ポーターでさえ、帝国文化が存在したこと、そして上層の人々の間で帝国文化が普及していたことを否定していない。Porter [2004].
(39) Jones [1987]. アルゼンチンにおける一部の投資家への自由主義的理想主義の影響に関して、Jones [1980].
(40) Dilley [2012b] pp. 97–103; Smith [2013].
(41) Hobson [1902, 1905] pp. 59, 80–83, 202.

(42) Hess [1901, 1902].
(43) Marsh [1994]; Darwin [1999].
(44) Dubow [2017]; McKenzie [2002].
(45) Cain and Hopkins [2002] pp. 220-221.
(46) Cain and Hopkins [1999] pp. 199-202; Cain and Hopkins [2001] p. 493.
(47) Checkland [1957] pp. 270-271.
(48) Dilley [2010].
(49) Williamson [2004] pp. 17-20; Peden [2004].
(50) Dilley [2016].
(51) Brewer [1989].
(52) Ferguson [2001] p. 148.
(53) Green [1992].
(54) Cain and Hopkins [2001] pp. 209-216; Cain and Hopkins [1999] pp. 204-210; Hopkins [1994]; Hopkins [2003]. 債務国の側の「能動性」(agency) を強調する別の見解として、Davis [1999]; Kubicek [1999]; Redish [1999]; McAloon [2002].
(55) 近日中に刊行予定のバーナード・アトランドによる一九二〇年代のクイーンズランドの融資を巡る情勢に関する研究は、この点を完璧に例示している。また以下も参照。Cochrane [1989].
(56) Dilley [2012b]. 以下も参照。Attard [2007]; Attard [2013].
(57) Williamson [2004] pp. 21-26.
(58) Porter [1990].(ケインやホプキンズによって引用されている) ポーターの論点をいくらか外している批評に関して、Trapido and Marks [1992].
(59) Green [1999].
(60) Cain and Hopkins [1999] pp. 201-202.
(61) Trentmann [2008].
(62) Blewett [1972]. この時期のシティに関して、Cassis [1994] pp. 297-301; Howe [2004].

（63） Cain and Hopkins［1999］p. 202.
（64） Bordo and Rockoff［1996］.
（65） Cain and Hopkins［1999］p. 202.
（66） *Chamber of Commerce Journal*, 5 Aug. 1886, p. 33.
（67） Brogan［2003］pp. 431–434.
（68） Cain and Hopkins［2001］pp. 135–150.
（69） Hilton［2006］; Hilton［1977］. 自由党に関して、以下を参照。Vincent［1976］.
（70） Cain and Hopkins［2001］.
（71） Hilton［1979］.
（72） Hilton［1988］.
（73） Howe［1997］.
（74） Cain and Hopkins［2001］pp. 135–144.
（75） Sunderland［2013］.
（76） Cain and Hopkins［2001］pp. 275–302. イギリスの「ジェントルマン資本家」によるものであろうが、他の何者によるものであろうが、いかなる「グランド・プラン」に対しても懐疑的であったというイギリスのインド統治解釈としては、Wilson［2017］.
（77） Cain and Hopkins［2001］pp. 205–274; Hopkins［1994］.
（78） これについての包括的な説明に関して、Belich［2009］.
（79） Withers［1916］pp. 105–106.
（80） Phimister［2002］pp. 75–77. 以下も参照。Cain and Hopkins［2002］pp. 220–221.
（81） Feis［1930］.
（82） Cain and Hopkins［2001］pp. 351–356.
（83） Cain and Hopkins［2001］p. 43.
（84） これに関する決定的に重要な編著について、Akita（ed.）［2002］. さらなる重要な意見交換に関して、McAloon［2003］; Hopkins［2003］; McAloon［2002］. また以下も参照。Attard［2007］; Attard and Dilley（eds.）［2013］; Dilley［2012b］. この議論の要

旨に関して、Hyam［2010］pp. 133–152; Dilley［2008］.

（85） この点についての初期の研究動向を示すものとして、Kennedy［1996］. この潮流を規定する重要な研究として、以下のものがある。Hall［2000］; Wilson［2004］; Cooper and Stoler［1997］. この問題に関する主要論文を選んだ有益なリストは、ハウの以下の編著にて見られる。Howe（ed.）［2010］.

（86） ブリティッシュ・ワールド研究の進展に関する概観について、Bright and Dilley［2017］. ブリティッシュ・ワールド研究に関する中心的な論者による初期の研究の整理について、Buckner and Bridge［2003］.

（87） Bridge and Fedorowich［2003］p. 7.

（88） Bridge and Fedorowich［2003］p. 2.

（89） Bridge and Fedorowich［2003］p. 6.

（90） Magee and Thompson［2010］pp. 14, 25–26. 以下も参照。Dilley［2012a］.

（91） Denoon［1983］. 移民定住者と先住民の関係を重視する近年の研究に関して、以下も参照。Veracini［2013］.

（92） Stone［1999］p. 28.

（93） Denoon［1983］; Belich［2009］.

（94） Attard and Dilley［2013］.

（95） Attard and Dilley［2013］.

（96） Hancock［1942］p. 135.

（97） Harper［1999］; Harper and Constantine［2010］; Belich［2005］pp. 466–467.

（98） Bright［2013］.

（99） Michie［1979］; Dilley［2012b］chap. 3.

（100） McAloon［2002］pp. 216–219.

（101） Davenport-Hines［1988］p. 208.

（102） Cain and Hopkins［2001］p. 274.

（103） Dilley［2014］; Dilley［2013］.

（104） Lang［1934］.

(105)　いかにブリッジやフェドロウィッチの概念記述がコモンウェルスに関する専門用語を駆使していたとしても，やはりそう言える。要は，政治的カテゴリーがブリティッシュ・ワールドの概念的フレームワークの中に統合されていないということである。Bridge and Fedorowich［2003］; Bright and Dilley［2017］. サイモン・ポッターの研究は，こうした傾向の例外であった。Potter［2003］; Potter［2004］; Potter［2007］.

(106)　例えば，ベリッチの冗長な議論に関して，Belich［2009］pp. 472-473.

(107)　フランシーヌ・マッケンジーの研究は，これらの領域において示唆的である。McKenzie［2002］pp. 1-15; McKenzie［2006］.

(108)　Hopkins［1994］p. 478; Cain and Hopkins［1999］p. 202.

(109)　Strange［1988］pp. 23-41.

(110)　Drummond［1974］; Constantine［1999］; Fedorowich［2008］.

(111)　専門用語についての議論に関して，McIntyre［2009］pp. 66-100. オーストラリアにおける「イギリスによる包摂」の終焉を描くことを通じて，ここで提言したアプローチを具体化したと言えるような業績として，Ward［2001］.

文献リスト

Akita, S. (ed.)［2002］*Gentlemanly Capitalism, Imperialism and Global History*, Basingstoke.

Attard, B.［2007］"From Free-trade Imperialism to Structural Power: New Zealand and the Capital Market, 1856-68", *Journal of Imperial and Commonwealth History*, 35-4.

Attard, B.［2013］"Bridgeheads, 'Colonial Places' and the Queensland Financial Crisis of 1866", *Journal of Imperial and Commonwealth History*, 41-1.

Attard, B. and A. Dilley［2013］"Introduction: Finance, Empire and the British World", *Journal of Imperial and Commonwealth History* (*Special Edition on Finance, Empire and the British World, ed. A. R. Dilley and B. P. Attard*), 41-1.

Attard, B. and A. R. Dilley (eds.)［2013］"Finance, Empire and the British World: A Special Issue of the Journal of Imperial and Commonwealth History", *Journal of Imperial and Commonwealth History,* 41-1.

Bagehot, W.［1873］*Lombard Street: A Description of the Money Market*, London.

Balogh, T.［1947］*Studies in Financial Organization*, Cambridge.

Belich, J. [2005] "The Rise of the Angloworld: Settlement in North America and Australasia, 1784–1918", in P. A. Buckner and R. D. Francis (eds.) *Rediscovering the British World*, Calgary.

Belich, J. [2009] *Replenishing the Earth: The Settler Revolution and the Rise of the Anglo-world, 1783–1939*, Oxford.

Bennett, R. J. [2011] *The Local Voice: The History of Chambers of Commerce in Britain, Ireland, and Revolutionary America, 1760–2011*, Oxford.

Blewett, N. [1972] *The Peers, the Parties and the People: The General Elections of 1910*, London.

Bordo, M. D. and H. Rockoff [1996] "The Gold Standard as a 'Good Housekeeping Seal of Approval'", *The Journal of Economic History*, 56–2.

Brewer, J. [1989] *The Sinews of Power: War, Money and the English State, 1688–1783*, London.

Bridge, C. and K. Fedorowich [2003] "Mapping the British World", in C. Bridge and K. Fedorowich (eds.) *The British World: Diaspora, Culture, and Identity*, London.

Bright, R. [2013] "Asian Migration and the British World, 1850–1914", in K. Fedorowich and A. Thompson (eds.) *Empire, Identity and Migration in the British World*, Manchester.

Bright, R. K. and A. R. Dilley [2017] "After the British World", *The Historical Journal*, 60–2.

Brogan, H. [2003] *The Penguin History of the United States of America*, London, 3rd edn.

Buckner, P. and C. Bridge [2003] "Re-inventing the British World", *The Round Table*, 92–368.

Cain, P. J. [1992] "Hobson Lives? Finance and British Imperialism 1870–1914", in S. Groenveld and M. J. Wintle (eds.) *State and Trade: Government and the Economy in Britain and the Netherlands since the Middle Ages*, Zutphen.

Cain, P. J. [1999] "The City of London, 1880–1914: Innovation and Tradition", in J.-P. Dormois and M. Dintenfass (eds.) *The British Industrial Decline*, London.

Cain, P. J. [2002] *Hobson and Imperialism: Radicalism, New Liberalism, and Finance 1887–1938*, Oxford.

Cain, P. J. [2007] "Capitalism, Aristocracy and Empire: Some 'Classical' Theories of Imperialism Revisited", *Journal of Imperial and Commonwealth History*, 35–1.

Cain, P. J. and A. G. Hopkins [1986] "Gentlemanly Capitalism and British Expansion Overseas I: The Old Colonial System, 1688–

1850”, *Economic History Review*, 39-4.
Cain, P. J. and A. G. Hopkins [1987] “Gentlemanly Capitalism and British Expansion Overseas II: New Imperialism, 1850–1945”, *Economic History Review*, 40-1.
Cain, P. J. and A. G. Hopkins [1993a] *British Imperialism: Innovation and Expansion, 1688–1914*, London.
Cain, P. J. and A. G. Hopkins [1993b] *British Imperialism: Crisis and Deconstruction, 1914–1990*, London.
Cain, P. J. and A. G. Hopkins [1999] “Afterword: The Theory and Practice of British Imperialism”, in R. E. Dumett (ed.) *Gentlemanly Capitalism and British Imperialism: The New Debate on Empire*, London.
Cain, P. J. and A. G. Hopkins [2001] *British Imperialism, 1688–2000*, Harlow, 2nd edn.
Cain, P. J. and A. G. Hopkins [2002] “The Peculiarities of British Capitalism: Imperialism and World Development”, in S. Akita (ed.) *Gentlemanly Capitalism, Imperialism and Global History*, Basingstoke.
Cain, P. J. and A. G. Hopkins [2016] *British Imperialism, 1688–2015*, London, 3rd edn.
Cannadine, D. [1984] “The Present and the Past in the English Industrial Revolution, 1880–1980”, *Past & Present*, 103-1.
Cassis, Y. [1994] *City Bankers, 1890–1914*, Cambridge.
Cassis, Y. [2006] *Capitals of Capital: A History of International Financial Centres, 1780–2005*, Cambridge.
Chapman, S. D. [1984] *The Rise of Merchant Banking*, London.
Checkland, S. G. [1957] “The Mind of the City, 1870–1914”, *Oxford Economic Papers*, 9-3.
Claeys, G. [2010] *Imperial Sceptics: British Critics of Empire, 1850–1920*, Cambridge.
Cochrane, T. [1989] *Blockade: The Queensland Loans Affair, 1920 to 1924*, St. Lucia, Qld., Australia.
Colley, L. [1992] *Britons: Forging the Nation, 1707–1837*, London.
Constantine, S. [1999] “Migrants and Settlers”, in J. M. Brown and W. R. Louis (eds.) *Oxford History of the British Empire, Vol. 4: The Twentieth Century*, Oxford.
Cooper, F. and A. L. Stoler [1997] *Tensions of Empire: Colonial Cultures in a Bourgeois World*, Berkeley, Calif. and London.
Darwin, J. [1997] “Imperialism and the Victorians: The Dynamics of Territorial Expansion”, *English Historical Review*, 112-447.
Darwin, J. [1999] “A Third British Empire? The Dominion Idea in Imperial Politics”, in J. M. Brown and W. R. Louis (eds.) *Ox-*

ford History of the British Empire, Vol. 4: The Twentieth Century, Oxford.

Daunton, M. [2011] "The Future Direction of British History: Thinking about Economic Cultures", *History Workshop Journal*, 72-1.

Daunton, M. J. [1989] "'Gentlemanly Capitalism' and British Industry, 1820–1914", *Past and Present*, 122-1.

Daunton, M. J. and F. Trentmann [2004] "Worlds of Political Economy: Knowledge, Practices and Contestation", in M. J. Daunton and F. Trentmann (eds.) *Worlds of Political Economy: Knowledge and Power in the Nineteenth and Twentieth Centuries*, Basingstoke and New York.

Davenport-Hines, R. P. T. [1988] "Lord Glendyne", in R. T. Appleyard and C. B. Schedvin (eds.) *Australian Financiers: Bibliographical Essays*, Melbourne.

Davis, L. E. [1999] "The Late Nineteenth-century British Imperialist: Specification, Quantification and Controlled Conjectures", in R. E. Dumett (ed.) *Gentlemanly Capitalism and British Imperialism: The New Debate on Empire*, London.

Denoon, D. [1983] *Settler Capitalism: The Dynamics of Dependent Development in the Southern Hemisphere*, Oxford.

Dilley, A. [2012a] "Empire, Globalisation, and the Cultural Economy of the British World", *Journal for Maritime Research*, 14-1.

Dilley, A. [2012b] *Finance, Politics, and Imperialism: Australia, Canada, and the City of London, c.1896–1914*, Basingstoke.

Dilley, A. [2016] "Financial Institutions", in J. M. MacKenzie and N. Dalziel (eds.) *Encyclopedia of Empire*, London.

Dilley, A. R. [2008] "The Economics of Empire", in S. E. Stockwell (ed.) *The British Empire: Themes and Perspectives*, Oxford.

Dilley, A. R. [2010] "'The Rules of the Game': London Finance, Australia and Canada, c.1900–1914", *Economic History Review*, 63-4.

Dilley, A. R. [2013] "Labor, Capital and Land: The Transnational Dimensions of the 1910 Federal Land Tax", *Labour History*, 105.

Dilley, A. R. [2014] "Politics, Power and the First Age of Globalization: Ontario's Hydro-Electric Policy, Canada and the City of London, 1905–1910", in A. Smith and D. Anastakis (eds.) *Smat Globalization: the Canadian Business and Economic History Experience*, Toronto.

Drayton, R. [2012] "Imperial History and the Human Future", *History Workshop Journal*, 74-1.

Drummond, I. M. [1974] *Imperial Economic Policy, 1917–1939,* London.

Dubow, S. [2017] "The Commonwealth and South Africa: From Smuts to Mandela", *Journal of Imperial and Commonwealth History*, 45-2.

Duguid, C. [1904] *The Stock Exchange*, [S. l.].

Etherington, N. [1984] *Theories of Imperialism: War, Conquest and Capital*, London.

Fedorowich, K. [2008] "The British Empire on the Move, 1760-1914", in S. E. Stockwell (ed.) *The British Empire: Themes and Perspectives*, Oxford.

Feinstein, C. H. [1976] *Statistical Tables of National Income, Expenditure and Output of the UK, 1855-1965*, Cambridge.

Feis, H. [1930] *Europe the World's Banker, 1870-1914*, New Haven.

Ferguson, N. [2001] *The Cash Nexus: Money and Power in the Modern World, 1700-2000*, London.

Fieldhouse, D. K. [1984] "Can Humpty-Dumpty be put together again? Imperial History in the 1980s", *Journal of Imperial and Commonwealth History*, 12-2.

Floud, R. [1994] "Britain 1860-1914: A Survey", in R. Floud and D. N. McCloskey (eds.) *The Economic History of Britain since 1700*, Cambridge, 2nd edn.

Gallagher, J. and R. Robinson [1953] "The Imperialism of Free Trade", *Economic History Review*, 6-1.

Green, E. H. H. [1992] "The Influence of the City over British Economic Policy, 1880-1914", in Y. Cassis (ed.) *Finance and Financiers in European History, 1880-1960*, Cambridge.

Green, E. H. H. [1999] "Gentlemanly Capitalism and British Economic Policy, 1880-1914: The Debate over Bimetallism and Protectionism", in R. E. Dumett (ed.) *Gentlemanly Capitalism and British Imperialism: The New Debate on Empire*, London.

Hall, C. [2000] *Cultures of Empire: A Reader: Colonisers in Britain and the Empire in Nineteenth and Twentieth Centuries*, Manchester, UK and New York.

Hancock, W. K. [1942] *Survey of British Commonwealth Affairs: Volume Two: Problems of Economic Policy, 1918-1939,* 2 vols, London.

Harper, M. [1999] "British Migration and the Peopling of the Empire", in A. N. Porter (ed.) *Oxford History of the British Empire, Vol. 3: The Nineteenth Century*, Oxford.

Harper, M. and S. Constantine [2010] *Migration and Empire*, Oxford.

Hess, H. [1901, 1902] *The Critic's Black Book: A Record of Facts and Figures Connected with the Promotion, Direction, and Management of Joint Stock Companies in Great Britain*, London.

Hilton, B. [1977] *Corn, Cash, Commerce: The Economic Policies of the Tory Governments, 1815–1830*, Oxford.

Hilton, B. [1979] "Peel: A Reappraisal", *The Historical Journal*, 22–3.

Hilton, B. [1988] *The Age of Atonement: The Influence of Evangelicalism on Social and Economic Thought, 1795–1865*, Oxford.

Hilton, B. [2006] *A Mad, Bad and Dangerous People? England 1783–1846*, *New Oxford History of England*, Oxford.

Hobson, J. A. [1902, 1905] *Imperialism: A Study,* London.

Hopkins, A. G. [1994] "Informal Empire in Argentina: An Alternative View", *Journal of Latin American Studies*, 26–2.

Hopkins, A. G. [1999] "Back to the Future: From National History to Imperial History", *Past and Present*, 164–1.

Hopkins, A. G. [2003] "Gentlemanly Capitalism in New Zealand", *Australian Economic History Review*, 43–3.

Hopkins, A. G. (ed.) [2002] *Globalization in World History*, London.

Hopkins, A. G. (ed.) [2006] *Global History: Interactions between the Universal and the Local*, Basingstoke.

Howe, A. [1997] *Free Trade and Liberal England, 1846–1946*, Oxford.

Howe, A. [2004] "The Liberals and the City", in R. C. Michie and P. Williamson (eds.) *The British Government and the City of London in the Twentieth Century*, Cambridge.

Howe, S. (ed.) [2010] *New Imperial Histories Reader*, London.

Hyam, R. [2010] *Understanding the British Empire*, Cambridge.

Ingham, G. [1995] "British Capitalism: Empire, Merchants and Decline", *Social History*, 20–3.

Inikori, J. E. [2002] *Africans and the Industrial Revolution in England: A Study in International Trade and Economic Development*, Cambridge.

Jones, C. A. [1980] "Great Capitalists and the Direction of British Overseas Investment in the Late Nineteenth Century: The Case of Argentina", *Business History*, 22–2.

Jones, C. A. [1987] *International Business in the Nineteenth Century: The Rise and Fall of a Cosmopolitan Bourgeoisie*, New York.

Kennedy, D. ［1996］ “Imperial History and Post-colonial Theory”, *Journal of Imperial and Commonwealth History*, 24-3.

Kubicek, R. V. ［1999］ “Economic Power at the Periphery: Canada, Australia, and South Africa, 1850-1914”, in R. E. Dumett (ed.) *Gentlemanly Capitalism and British Imperialism: The New Debate on Empire*, London.

Lang, J. T. ［1934］ *Why I fight!*, Sydney.

Lee, C. ［1994］ “The Service Industries”, in R. Floud and D. N. McCloskey (eds.) *The Economic History of Britain since 1700*, Cambridge, 2nd edn.

Louis, W. R. (ed.) ［1976］ *Imperialism: The Robinson and Gallagher Controversy*, New York.

Magee, G. and A. Thompson ［2010］ *Empire and Globalisation: Networks of People, Goods and Capital in the British World, c.1850-1914*, Cambridge.

Marsh, P. T. ［1994］ *Joseph Chamberlain: Entrepreneur in Politics*, London.

McAloon, J. ［2002］ “Gentlemanly Capitalism and Settler Capitalists: Imperialism, Dependent Development and Colonial Wealth in the South Island of New Zealand”, *Australian Economic History Review*, 42-2.

McAloon, J. ［2003］ “Gentlemen, Capitalists and Settlers: A Brief Response”, *Australian Economic History Review*, 43-3.

McIntyre, W. D. ［2009］ *The Britannic Vision: Historians and the Making of the British Commonwealth of Nations, 1907-48*, Basingstoke.

McKenzie, F. ［2002］ *Redefining the Bonds of Commonwealth, 1939-1948: The Politics of Preference*, Basingstoke.

McKenzie, F. ［2006］ “In the National Interest: Dominions’ Support for Britain and the Commonwealth after the Second World War”, *Jounal of Imperial and Commonwealth History*, 34-4.

Michie, R. C. ［1979］ “The Social Web of Investment in the Nineteenth Century”, *Revue Internationale d’Histoire de la Banque*, 18-19.

Michie, R. C. ［1992］ *The City of London: Continuity and Change, 1850-1990*, London.

Michie, R. C. ［1999］ *The London Stock Exchange: A History*, Oxford.

Musgrave, C. E. ［1914］ *The London Chamber of Commerce from 1881 to 1914: A Retrospective Appreciation*, London.

Peden, G. C. ［2004］ “The Treasury and the City”, in R. C. Michie and P. Williamson (eds.) *The British Government and the City of London in the Twentieth Century*, Cambridge.

Phimister, I. [2000] "Corners and Company-Mongering: Nigerian Tin and the City of London, 1909–12", *Journal of Imperial and Commonwealth History*, 28–2.

Phimister, I. [2002] "Empire, Imperialism, and the Partition of Africa", in S. Akita (ed.) *Gentlemanly Capitalism, Imperialism and Global History*, Basingstoke.

Porter, A. [1990] "The South African War (1899–1902): Context and Motive Reconsidered", *Journal of African History*, 31–1.

Porter, A. N. [1984] "Which City, What Empire? Shipping, Government, and the Limits of Co-operation, 1870–1914", in R. V. Turrell and J. J. Van Helten (eds.) *The City and Empire*, London.

Porter, B. [2004] *The Absent-minded Imperialists: Empire, Society, and Culture in Britain*, Oxford.

Potter, S. J. [2003] *News and the British World: The Emergence of an Imperial Press System, 1876–1922*, Oxford.

Potter, S. J. [2004] "The Imperial Significance of the Canadian-American Reciprocity Proposals of 1911", *Historical Journal*, 47–1.

Potter, S. J. [2007] "Richard Jebb, John S. Ewart and the Round Table, 1898–1926", *English Historical Review*, 122–495.

Redish, A. [1999] "British Financial Imperialism after the First World War", in R. E. Dumett (ed.) *Gentlemanly Capitalism and British Imperialism: The New Debate on Empire*, London.

Robinson, R. [1972] "The Non-European Foundations for European Imperialism: Sketch for a Theory of Collaboration", in R. Owen and B. Sutcliffe (eds.) *Studies in the Theory of Imperialism*, London.

Robinson, R., J. Gallagher and A. Denny [1961] *Africa and the Victorians: The Official Mind of Imperialism*, London, 1st edn.

Schumpeter, J. A. [1919, 1951] *Imperialism and Social Classes,* New York.

Semmel, B. [1993] *The Liberal Ideal and the Demons of Empire: Theories of Imperialism from Adam Smith to Lenin*, Baltimore.

Smith, A. [2013] "Patriotism, Self-Interest and the 'Empire Effect': Britishness and British Decisions to Invest in Canada, 1867–1914", *Journal of Imperial and Commonwealth History*, 41–1.

Stone, I. [1999] *The Global Export of Capital from Great Britain, 1865–1914: A Statistical Survey*, Basingstoke.

Strange, S. [1988] *States and Markets*, London.

Sunderland, D. [2013] *Financing the Raj: The City of London and Colonial India, 1858–1940*, Woodbridge.

Tate, J. [2015] "Industry, Technology, and the Political Economy of Empire: Lancastrian Industrialists and the Cotton Supply Question, c.1850–1910", unpublished Ph. D. thesis, University of Aberdeen.

Thompson, A. [2000] *Imperial Britain: The Empire in British Politics, c.1880–1932*, London.

Trapido, S. and S. Marks [1992] "Lord Milner and the South African State Reconsidered", in M. Twaddle (ed.) *Imperialism, the State and the Third World*, London.

Trentmann, F. [2008] *Free Trade Nation: Commerce, Consumption, and Civil Society in Modern Britain*, Oxford.

Turner, J. H. [1984] "The Politics of Business", in J. H. Turner (ed.) *Businessmen and Politics*, London.

Veracini, L. [2013] "'Settler Colonialism': Career of a Concept", *Journal of Imperial and Commonwealth History*, 41–2.

Vincent, J. [1976] *The Formation of the British Liberal Party, 1857–1868*, Hassocks, 2nd edn.

Ward, J. R. [1994] "The Industrial Revolution and British Imperialism, 1750–1850", *Economic History Review*, 47–1.

Ward, S. [2001] *Australia and the British Embrace: The Demise of the Imperial Ideal*, Carlton South, Vic.

Williamson, P. [2004] "The City of London and Government in Modern Britain: Debates and Politics", in R. C. Michie and P. Williamson (eds.) *The British Government and the City of London in the Twentieth Century*, Cambridge.

Wilson, J. E. [2017] *India Conquered: Britain's Raj and the Chaos of Empire*, London.

Wilson, K. [2004] *A New Imperial History: Culture, Identity, and Modernity in Britain and the Empire, 1660–1840*, Cambridge.

Withers, H. [1916] *International Finance*, London.

第5章　帝国特恵関税同盟構想の理想と現実
――ジョゼフ・チェンバレンのヴィジョンの挫折――

松永友有

1　はじめに

近年のブリティッシュ・ワールド論は、イギリス本国と旧自治植民地との感情的紐帯が二〇世紀後半にかけて根強く残存した様相を実証してきた。少なくとも、イギリス系住民が多数派を構成するカナダ、オーストラリア、ニュージーランドという自治領においては、イギリス帝国・コモンウェルス体制からの離脱を目指す機運が一貫して乏しかったということは、説得力をもって明らかにされてきたと言ってもよいだろう。しかしながら、これをもって、本国からの自治領の独立もしくは自立に至るプロセスを重視してきた伝統的な植民地ナショナリズム史観が完全に否定されたとみなすことも早計である。ブリティッシュとしての感情的紐帯の持続性を強調するブリティッシュ・ワールド論といえども、自治領の側がイギリス本国との対等なパートナーとなることを一貫して志向していたことは否定しきれていないからである。実際に第二次大戦後にそうなったように、自治領と本国がほぼ完全に対等なパートナーとなるならば、実質的には、それは自治領が本国から独立したというのとほぼ同義であるともみなしうる。つまり、カナダ、オーストラリアらの自治領は、あくまで帝国・コモンウェルス体制の枠組みの中に留まったうえで、イギリス本国との完全な対等化という意味での自立・独立を目指していたとするならば、帝国・コモンウェルス体制の枠組みに留まるという前者の側面を強調するのがブリティッシュ・ワールド論であり、本国との完全な対等化を目指すという後者の側面を強調するのが伝統的な植民地ナショナリズム論ということになろう。このように考えるならば、両者の見方を両立させることは決して不可能ではない。実際、細川道久は、近年の著作において、カナダの「イギリス帝国離れ」は、必ずしも「イギリス性」の否定をともなうものではなく、「カナダにとってイギリス帝国は自立のステップであった」と論じている(1)。

いずれにせよ、ブリティッシュとしての感情的紐帯の強固な残存は、イギリス本国と自治領の実利が互いに衝突することを止める力はもたなかった。自治領住民がブリティッシュとしてのアイデンティティを本国と共有しつつも、本国との対等化を志向していた限り、それは避けられなかった。本章では、一九世紀末期から提唱され、一九三二年のオタワ協定をもって実現に至る帝国特恵関税同盟の構想と現実を素材として、感情的な紐帯と実利面での経済的紐帯が別物であったことを立証していく。ジョゼフ・チェンバレンやレオポルド・エイマリ(Leopold Amery)のようなイギリス本国の帝国主義者は、帝国特恵(帝国外諸国からの輸入品に差別的な関税を課すことにより帝国内諸国からの輸入品を優遇する政策)による通商同盟の実現が本国と自治領との経済的紐帯を強化し、ひいては感情的紐帯をもいっそう強化して、帝国の統合、および本国の求心力の復活に至る効果を期待した。しかしながら、本国と自治領の互いの実利が正面からぶつかる通商同盟構想においては、むしろ下手に感情的な紐帯があるがゆえに、相手側の譲歩を期待し当然視する空気が生み出され、関係が余計にこじれてしまう面もあったのである。その点では、帝国特恵関税同盟の構想と現実の展開は、チェンバレンら帝国主義者の夢が幻想に過ぎなかったことを明るみに出すプロセスであった。このように、本章は、イギリス本国と自治領とのハッピーな紐帯の側面をやや一面的に重視しているかにも見えるブリティッシュ・ワールド論を相対化する一つの試みである。

2　一八八〇年代における帝国特恵構想の誕生

西洋諸国において一八七三〜九六年は、「大不況」と呼ばれる慢性的な不況基調の時期であった。こうした不況を背景として、一八七九年、イギリス帝国最大の自治植民地カナダは、ジョン・マクドナルド首相の下で、いわゆるナショナル・ポリシー関税を導入し、その保護効果の下で製造業は順調な成長を開始した。保守党政権を率いるマクドナルドは、一八九一年総選挙の際には、アメリカとの互恵通商条約を目指すライバル政党の自由党をイギリス本国に対する不忠のかどで厳しく批判し、自由党を破ることに成功したが、実際にはそのマクドナルド政権の下でイギリス本国からの工業製品輸入は減少の一途をたどった。カナダの貿易に占めるイギリス本国の比重は一八八〇年から一八八五年にかけて五一・三％から四三・四％に急落し、三八・五％から五三・三％に急増したアメリカが最大の貿易相手国となるに至った(2)。

イギリス本国は、一八六〇年代にかけて実施した関税改革を通じて、茶、コーヒー、ココア、砂糖、ワインといった、本国ではほとんど産出していない少品目の嗜好品に課せられた純粋に収入目的の関税のみを残して、いっさいの保護関税を撤廃していた。こうして徹底的な自由貿易国となったイギリス本国において、帝国特恵を手段として自治領との経済的紐帯を強化するという計画は、一八八一年に発足した国民公正貿易連盟（National Fair-Trade League）によって先鞭がつけられた。ブラッドフォードの毛織物製造業者エイクロイド（William Farrer Ecroyd）とバーミンガム商業会議所の創設者ロイド（Sampson Samuel Lloyd）が連盟のオピニオン・リーダーを務めた。公正貿易連盟は、本国製造業者の利害を代弁する運動であることを公然と表明しており、公正取引の名の下に製造品に適度な輸入関税を課すこと、外国からの全食糧輸入に対してごく軽微な関税を課すこと、イギリス製品の公正取引に応じる帝国諸国からの全食糧輸入に対する関税を免除すること、以上を主要な綱領とした(3)。

以上のような公正貿易運動の綱領は、外形的には、その後連綿と継承されていく帝国特恵構想の原型をなすものであった。ただし、公正貿易運動に関する唯一の本格的な研究書を著したブラウンや桑原莞爾も指摘するように、運動の主眼はあくまでも本国製造業のための保護関税であり、本来的には、自治領との貿易を優遇するための帝国特恵(外国産食糧への関税)は副次的・付随的要素に過ぎなかった(4)。のみならず、公正貿易連盟の綱領は、「英国製品の公正取引に応じる」限りで、「帝国諸国からの全食糧輸入に対する関税は免除される」と述べている。つまり、イギリス本国工業製品の輸入優遇を植民地の側が認めないつもりならば、本国の側も植民地産食糧の輸入優遇を認めるつもりはない、と意思表示しているのである。

実際、おそらくは一八七九年以来のカナダのナショナル・ポリシー関税を念頭に置きつつ、一八八二年に著した政策パンフレットの中でロイドは次のように述べている。「公正な交渉を経てもなお、植民地、もしくは属領が頑迷な態度を示したり、〔本国との〕互恵貿易に付随する利点に無関心を示したり、互恵貿易が自国の利害に反するとさえみなすような際には、そういった諸国を通商関係から事実上切り離してしまうべきか、また、そういった諸国に英帝国の一部としての特権をどこまで共有させ続けたものか、政治家は判断を迫られることとなろう(5)」。

当時、インドをはじめとする従属植民地は、ごく軽微な収入関税が許されるのみで、自由貿易を強いられていた。したがってロイドは、事実上の関税自主権を有している自治領、とくに保護主義政策を進めつつあるカナダに対して、本国の食糧特恵を見返りとして、本国工業製品への特恵的な関税引き下げを求めているのである。そして、もし自治領の側がそれに応じないならば、なんらかの強権的な制裁措置の発動をためらうべきではない、と呼びかけている。

ここに見られるのは、イギリス本国のみが工業製品供給国であり、自治領を含む植民地は全て一次産品供給国としての地位に甘んじるべきであるという、本国製造業利害本位の高圧的な姿勢である。

一八九〇年代に入ると公正貿易運動は下火となるが、代わってカナダの自由党政権が帝国特恵の推進役となる。すなわち、一八九六年に政権の座に就いたローリエ自由党内閣は、翌一八九七年、財務相フィールディングの下で新たに二段階関税制度を導入した。二段階関税制度は、一般関税、およびカナダ商品を優遇する国に適用される互恵関税（初年は一二・五％、翌年からは二五％一般関税より低率）から成り、当初はイギリス本国のみが互恵関税の適用対象であった。つまり二段階関税制度によってカナダは、実質的な対英特恵関税を一方的に導入したということになる。しかし、木村和男と福士純の両者が指摘するように、ローリエ内閣がこうしたフィールディング関税を導入した意図は、必ずしも本国との紐帯強化を狙ったものではなかった。元々カナダの自由党は対米関係を重視する傾向があったが、対米互恵通商条約を目指すという公約がイギリス本国への不忠であるとして保守党から攻撃され、アメリカ製造業の競争圧力を恐れるカナダ製造業者からも嫌われて一八九一年総選挙で敗北を喫するという苦い経験を経ていた。ローリエ内閣は一方的な対英特恵措置を導入することによって、自由党政権は保守党以上に対英重視であるとアピールするとともに、交渉次第ではアメリカも互恵関税の適用対象となりうる制度を構築した。つまり対英特恵という偽装をまといつつも、将来的な対米互恵通商条約に至るステップを準備することがローリエ内閣の狙いであった。しかし無制限最恵国待遇条項がネックとなり、大量の国々への互恵関税適用を回避するため、結局ローリエ内閣は、互恵関税を帝国諸国に限定した帝国特恵関税に代えざるをえないはめに陥った(6)。

このように、ローリエ内閣による帝国特恵関税の導入は誤算の産物であったし、これをもって本国からの工業製品輸入を促進する意図もカナダの側にはなかった。実際、一九〇〇年にかけて一般関税と特恵関税との差は三三・三％にまで拡大したにもかかわらず、カナダの輸入に占める本国の比率は、一八九六年から一九一二年にかけて三一・二％

から二二・四％に低下し、逆にアメリカの比率は五〇・八％から六三・四％へ上昇した。[7]しかしながら、曲がりなりにもカナダが本国へ無償の特恵付与をおこなったことは、本国への貸しをつくり、本国に対する交渉力を高める効果をもった。次節で見るように、カナダのこの「貸し」が一九〇三年に始まる関税改革運動の直接的な原因をなすこととなる。

3　ジョゼフ・チェンバレンの関税改革運動

一八九五年以来、保守党内閣（正確には保守党・自由統一党連立内閣）の植民地担当大臣を務めていたジョゼフ・チェンバレンは、一九〇三年五月一五日、自らの政治拠点バーミンガムでおこなった演説でカナダへの特恵付与を訴え、全国的な関税改革運動を始動させた。関税改革運動の性質に関しては、現在に至るまで三通りの説が提示されている。第一の説は、鉄鋼業都市バーミンガムの製造業者というチェンバレンの出自に着目して、チェンバレンの主な意図は本国製造業を再生させるための保護主義政策の導入であったとみなす。[8]これは長く通説的な見解であり、これによれば関税改革運動は一義的には本国製造業利害のための保護主義運動であったということになる。第二の説は、大きな反響を呼んだグリーンの著書によって代表される見方であり、保守党を近代化して支持基盤を立て直すためのラディカルな選挙戦略・政治戦略として関税改革運動を把握する。[9]第三の説は、ブリティッシュ・ワールド論の代表的な論客の一人であるトンプソンによって代表される見解であり、関税改革運動は一義的には自治領、とくにカナダとの紐帯を強化するための帝国主義運動であったとみなされる。[10]

言うまでもなく、既に桑原莞爾や関内隆が指摘してきたように、関税改革運動は以上の三種の要素が混合した多面的な運動であった。[11]しかし、運動の指導者チェンバレン、および彼をとりまくコア・グループにとって最大の関心事は何であったのか、という疑問は残る。これに関して、近年にチェンバレンの評伝を著したクロスビーは、チェンバレンが何故そうした論争的な運動をひきおこしたのかという点について、「歴史家の間ではほとんど合意はない」と述べている。[12] チェンバレンの個人文書を大量に収録したガーヴィンとジュリアン・エイマリの長大なチェンバレン伝やバーミンガム大学所蔵のチェンバレン文書を見る限りでは、チェンバレンは書簡などを通じて自分の最大の意図が帝国の統合にあるということをくりかえし強調しているので、第三の説が妥当であるように思われる。実際、運動の第一声を発したバーミンガム演説では、チェンバレンはもっぱらカナダへの特恵付与を訴えており、本国製造業のための保護関税という公約は事後的に付け加えられたに過ぎなかったのである。しかしながら、他方で、チェンバレンが保護主義者が要望するよりも強力な保護主義政策を綱領に入れることに固執したり、植民地産穀物にも関税を賦課しようとしていたことも史料によって明らかにされているので、議論は未だに続いているのである。

この問題について、筆者は既に別稿で論じたことがあるが、[13] そこでは参照していなかったチェンバレン文書やヒュインズ文書といった新たな一次史料を利用することにより、チェンバレンの一見矛盾しているように見える言行を整合的に理解可能であることを示し、トンプソンなどの第三の説の妥当性を実証する。しかしトンプソンは、チェンバレンがあくまで彼自身のイギリス本国にとっての経済的合理性の判断に基づいて、帝国特恵による帝国統合を追求したものとみなしている。[14] しかし、実際はそれどころでなく、チェンバレンはカナダ政府の言うがままに、イギリス本国にとっての経済的合理性を度外視した計画を推進したのである。つまりチェンバレンの計画は、もしその真相が知られたならば、本国で支持を広げることは決してできないような代物であった。本節では、従来の研究が見落としてきた、そうしたチェンバレン計画の特異性を解明していく。

南アフリカ戦争が終結する前月の一九〇二年四月、膨張する歳出を支弁すべく保守党内閣は一年限りの時限的措置として穀物輸入にクウォーター当たり一シリングの関税を課す穀物登録税を新設した。同年六月には本国と自治領諸国の代表が集う第二回植民地会議が開催されたが、その場でカナダ財務相フィールディングはオーストラリア代表の賛同も得たうえで、植民地産品への互恵的特恵措置を本国に要請する自治領側決議を可決した[15]。当時イギリス本国が自治領から輸入していた商品の大半は食糧・工業原料といった一次産品であったから、本国がこの要請に応えるためには、外国、つまり帝国外部の諸国からの一次産品輸入に対して何らかの差別的な関税をかけなければならない、ということになる。同年一〇月にオーストラリアの国防相フォレストに宛てた書簡で、「私は、植民地自身が望む方向を越えては、一インチたりとも彼らに強いるつもりはない[16]」と言明していたように、本国植民地大臣チェンバレンは、自治領の側の積極的な同意が得られる方法でしか帝国統合を進められないものと認識していた。この時点で、自治領側の同意が見込める帝国統合方法としては、帝国特恵による通商同盟という選択肢しか残されていなかったのである。

同年七月、カナダ首相ローリエはチェンバレンに送付した書簡において、カナダが新たな対英特恵措置を導入する見返りとして、穀物登録税を恒久化し、植民地産穀物を課税の免除対象とするよう迫った[17]。他方で、翌八月には、パリ訪問中のローリエが本国に対するのと同様な特恵措置をフランスに認めるという噂があることを、長男オースティンからチェンバレンは伝えられている。返信において、チェンバレンは噂の信憑性を疑いつつも、次のように記している。「君がご存知の通り、私はローリエを全面的に信頼しているわけではない。とくにフランスが関わることについては、そうだ。彼の理想は独立カナダ（independent Canada）であるし、確かに彼は、我々と同じ意味での帝国主義者というわけではない[18]」。

このようにチェンバレンは、フランス系カナダ人であり元々は対米関係重視論者であったローリエに対して、内心は不信感を有していた。それにもかかわらず、チェンバレンは一〇月の閣議において、穀物登録税の延長と植民地産品の課税免除を訴え、翌一一月に閣議はこれを基本的に了承するに至った。同月、チェンバレンはカナダ財務相フィールディングへの書簡において、「あなたには隠さず申し上げるが、外国人より植民地人（colonists）を可能な限りいつでも優遇するという原則を確立するためであれば、この〔閣内対立をひきおこす〕リスクを冒す価値はある」と決意を表明し、「この書簡は我々の間での完全な秘密」としておくよう求めた。[19]

以上のように、チェンバレンとカナダ政府との間には、帝国特恵をめぐって一種の密約が成立していた。しかし、チェンバレンが南アフリカを訪問する長期ツアーに出ている間に蔵相リッチーは内閣を翻意させることに成功し、予定通り一九〇三年三月をもって穀物登録税の廃止が決定した。閣議が穀物登録税の廃止を決定する直前、フィールディングはチェンバレンに長大な書簡を送り、対英特恵措置全般のとりやめを示唆した。「〔カナダへの特恵を認めないという本国側の決定の結果として、〕対英特恵を廃止しようとする圧力が抗しがたいものになったとしても、本国(Mother Country) 国民は我が国の決定に不平を言える立場にはない」[20]と。疑いなく、このフィールディングの書簡が、五月のバーミンガム演説を促した直接のきっかけであった。実際チェンバレンは、バーミンガム演説の中でフィールディング書簡を引用し、カナダが帝国から離反する可能性について聴衆に強く警告したのである。すなわち、「〔カナダの財務相によれば、〕イギリス (Great Britain)、つまり本国がカナダに何らの互恵措置も与えないままであれば、カナダが既に〔本国に〕与えた特恵を取り下げることを検討せざるをえない、ということであります」[21]。とはいえフィールディングは、無断で自らの書簡の内容を紹介するチェンバレンに対して、後に抗議している。[22]

一九〇三年九月にはチェンバレンは植民地大臣を辞職し、自由な立場から全国遊説を開始する。こうして、カナダ政府との密約を背景として、関税改革運動が始まった。チェンバレンは、保守党内自由貿易派のリーダー格であるデヴォンシャー公爵に宛てた書簡において、自身の意図を率直に吐露している。「私自身に関して言えば、私は帝国の統合という大問題にしか関心はない。その他の全ては副次的であるか、付随的なことだ」[23]。とはいえ、前身が製造業者であり、鉄鋼業の中心都市バーミンガムを本拠とするチェンバレンが自由貿易への本格的な攻撃を開始したことは、保護主義的な製造業者を俄然勇気づけたことは確かである。バーミンガム演説と同月に工業保護主義者は保護主義政策の宣伝団体として保護主義連盟（Protection League）を設立していたが、関税改革運動に便乗すべく直ちに帝国関税連盟（Imperial Tariff League）に改称した。ところが、チェンバレンは徹底して関税改革運動の中枢から工業保護主義者を遠ざけた。運動のための政治組織として関税改革連盟（Tariff Reform League）が設立された際も、帝国主義運動としてのスタンスに保護主義者が水を差さないよう、帝国関税連盟のメンバーは表舞台に出ないことを要請された[24]。実際に、関税改革連盟の執行委員会に帝国関税連盟は一人のメンバーも送り込むことができなかったのである。

チェンバレンがこのように工業保護主義者に冷淡であったことには訳がある。公正貿易運動以来、工業保護主義者は工業保護関税の導入を第一目標としており、帝国特恵（外国産食糧への関税）は副次的・付随的目標に過ぎなかった。大衆の不人気は食糧関税に集中していたから、工業保護主義者を運動の中枢に迎えた場合、運動の主要目的が帝国特恵から工業保護関税へとそらされてしまうリスクが当然考えられたのである。

チェンバレンが本国製造業利害を非常に軽視していたことは、次のことからも示される。バーミンガム演説の直後、彼は保護主義的な歴史学派経済学者アシュリ（William Ashley）に一一項目の調査を依頼したが、その中には「羊毛への関税を課した場合、ブラッドフォードその他の〔毛織物〕製造業におよぼす影響はいかなるものか？」という項目が含まれていた[25]。運動初期にチェンバレンは、外国工業原料に対する関税も意図しているのではないかというネガティヴ・キャンペーンを自由貿易派から受けたが、それを否定することなく沈黙を守り[26]、ようやく一〇月のグラスゴー演説に至って、原料関税の意図がないことを明言した。カナダに次ぐ自治領オーストラリアからの主要輸入品は工業原料である羊毛であったから、本国がオーストラリアに有効な特恵を付与するには外国産羊毛への関税が必要であった。最終的に断念せざるをえなかったとはいえ、チェンバレンは、明らかに本国毛織物工業の利害に反する政策を真剣に検討していたのである。

他方で、チェンバレンは工業保護主義者の主流が望んでもいないようなラディカルな保護主義政策を綱領に入れることに固執した。一九〇四年初頭に関税改革の現実的な計画を立案するための組織として関税委員会（Tariff Commission）が創設されたが、同年六月の総会において、チェンバレンはその綱領に三段階関税制度の計画を強引に盛りこませた。[27] 三段階関税とは、工業製品の輸入に関して、植民地産品に課せられる最も低率の特恵関税、イギリス製品の輸入を優遇する帝国外諸国に課せられる互恵的一般関税、それ以外の帝国外諸国に課せられる最高一般関税、という三段階から成る関税である。五九名から成る関税委員会メンバーの大多数は関税改革を支持する製造業者たちであったが、こうした三段階関税計画には懐疑的な意見が相次いだ。たとえイギリス製品に関税を一切かけない国であっても、外国であるというだけで二段目の互恵的一般関税がかけられてしまうというこの計画は、過度に保護主義的であり、外国との通商交渉を難航させることは必至であった。

それでは、何故チェンバレンは一面では製造業利害を露骨に軽視しながら、こうしたラディカルな保護主義政策を綱領に入れさせたのか。後に関税委員会の覚書が指摘していたように、一九〇四年の予算演説でカナダのフィールディング財務相は同様な三段階関税制度導入の意思を表明していた。[28] カナダとしては、三段階関税を通じて、本国への特恵関税とアメリカとの互恵通商交渉を両立させるという狙いがあったのであろう。結局、一九〇七年になってカナダは三段階関税制度を導入することとなる。チェンバレンとカナダ政府とのコンタクトは一九〇六年一月総選挙直前まで継続していたが、一九〇五年七月にチェンバレンとその側近ヒュインズ（W. A. S. Hewins）と密会したカナダの郵政長官マロック（William Mulock）は、「[三段階関税という]次なるカナダの関税改訂はチェンバレン氏の運動を前進させる助けとなる」であろうと語ってチェンバレンを鼓舞した。[29] つまりチェンバレンは、カナダが計画を進めていた三段階関税と同様な制度を本国でも導入することによって、カナダとの結束を強化しようとしたのである。自治領産工業製品の輸入が本国にとっては無視しうる程度に過ぎなかった以上、三段階関税はイギリス本国にとってはシンボリックな意義しかもたなかったであろうが、本国製造業利害よりもカナダとのシンボリックな紐帯の方がチェンバレンにとっては重要であったということである。

こうした異様なまでのカナダへの迎合的姿勢は、チェンバレンの農業政策においても際立っていた。右記の秘密会談においてマロックは、カナダの閣僚との協議を経る以前にチェンバレン・サイドが帝国特恵、もしくは食糧関税に関する具体的な公約を記した文書を刊行しないよう要請し、チェンバレンは同意した[30]。一九〇五年にかけて関税委員会は、繊維産業、鉄鋼業という二大産業に関しては、関税改革運動の実質的な綱領となる報告書を刊行し、これには三段階関税計画も含まれていた。しかしチェンバレンはマロックとの約束を守り、側近のヒュインズが一九〇五年秋にカナダに渡ってローリエ内閣との秘密会談をおこなうまで、関税委員会は農業に関する報告書作成に着手しなかった。

ヒュインズとローリエ内閣との秘密会談の内容は、かなり驚くべきものである。ローリエはヒュインズに対して、本国がカナダの酪農品、チーズ、およびベーコンに特恵を与えることは小麦への特恵より重要であると述べた[31]。フィールディングは、本国で最も物議を呼んでいる、外国産小麦へのクウォーター当たり二シリングの関税というチェンバレンの公約について、小麦関税は「政治的に必要」(politically necessary) であると指摘した。同時にフィールディングは、カナダ産小麦を無税とせずに外国産小麦よりも低率の特恵関税を賦課してもカナダとしては支障がない、とも付け加えたのである[32]。

よく知られるように、チェンバレンの関税改革運動において最大のアキレス腱となったのは、植民地産小麦を優遇するために外国産小麦に二シリングの関税を課すという公約の圧倒的な不評であった。それはパンの値上がりを予期させたからである。しかし実のところ、カナダ政府は本国側の二シリングという軽微な関税によって小麦輸出がとくに増えるとは全く期待していなかった。むしろ、主食である小麦に関して本国が植民地産品に特恵を付与することの、政治的な象徴効果が重視されていたのである。カナダの現実的な利害としては、酪農品、チーズ、ベーコンの本国への輸出を伸ばすことの方が重要であった。

カナダ政府との秘密会談を済ませたヒュインズが帰国した直後の一九〇五年一二月、バルフォア保守党内閣は突如総辞職し、翌一九〇六年一月には総選挙に突入する。結局、関税委員会は総選挙前に農業報告書を刊行することはできなかった。総選挙では自由貿易維持を掲げる自由党が圧勝し、保守党は惨敗を喫したものの、保守党内部ではチェンバレン率いる関税改革派が圧倒的なシェアを占めるに至った。

一九〇六年五月、総選挙後最初の関税委員会総会に出席したチェンバレンは、翌一九〇七年に予定されている本国・自治領間の植民地会議に向けて、農業報告書作成にとりかかるよう要請した。[33] チェンバレンは一九〇六年七月に卒中で倒れ、自宅で寝たきり状態となる。しかしヒュインズら関税委員会執行部は、病床のチェンバレンの意向を盾にとって、委員会内部で非常な異論が出されていた農業報告書を強引に刊行した。[34]

元々チェンバレンは、一九〇三年一〇月にグラスゴーでおこなった事実上の選挙公約演説においては、植民地産小麦は無税で外国産小麦には二シリングの関税、その他外国産食糧には軽微な関税を課すが、貧者の食糧であるベーコンとトウモロコシは無税とする、との腹案を公表していた。[35] ところが、関税委員会の農業報告書は、植民地産小麦には一シリング、外国産小麦には二シリングの関税、酪農品やチーズを含む外国産食糧に低率の関税を課すほか、外国産ベーコンとトウモロコシも課税対象とする、という新たな提言を盛りこんだ。[36] ちなみに、カナダなど自治領はトウモロコシの大産地でもあった。

ヒュインズは農業報告書をフィールディングに直ちに送付し、同封の書簡で次のように述べた。「あなたがこの書簡を受けとる前の来週金曜日にこれは刊行されることになっていますが、可能な限り早い機会にあなたに見てもらいたいので、今送ります」。書簡の中でヒュインズは、ベーコンとトウモロコシが特恵対象に付加されたことを強調し、植民地産小麦への一シリング関税に関しては、将来刊行される予定の最終的な関税委員会一般報告書において修正可能であると述べた。[37]

選挙対策の観点からすれば、植民地産小麦への新たな関税、および貧者の食糧であるベーコンとトウモロコシへの関税を提唱する関税委員会の農業綱領は、食糧関税の不評をさらに激化させることが必至な自殺的政策であった。植民地産小麦への一シリング関税は一見不可解な政策だが、それには次のような背景があった。実のところ、関税委員会の農業利害関係者は、外国産小麦への二シリング関税は大して保護効果を見込めないとみなしており、関税を取り下げる代わりに小麦生産への補助金を綱領に入れるよう要請していた。しかしチェンバレンは、「補助金の提案は農家の間できわめて好評な政策となることは全く確かだろう」と認めつつも、年々の農地面積の変動が歳出見通しを不安定化させるという一見些末な技術的理由を挙げて補助金計画を却下した。[38] 彼はその代償として、植民地産小麦への一シリング関税を認めたのであろう。植民地産小麦への特恵関税はカナダ政府が既に容認するところであったし、本国農業利害は食糧関税を不可欠とするチェンバレンの構想にとって貴重な支持基盤であったからである。

関税改革が保守党の近代化を意図していたというグリーンのテーゼとは全く裏腹に、運動の中でチェンバレンは工業保護主義者を冷遇した一方で、伝統的な大地主利害および農業保護主義者を非常に優遇していた。関税改革連盟の総裁にはチェンバレン自身の意向によりサザーランド公爵が据えられ、[39] 連盟執行委員会にはウエストミンスター公爵が加わったほか、[40] 連盟総会の開会の挨拶はアーガイル公爵によっておこなわれた。[41] 代表的な農業保護主義者チャップリン（Henry Chaplin）は、運動においてチェンバレンが最も信頼するパートナーとなった。他方で、もし補助金計画を認めてしまえば、農業利害の関心は帝国特恵から補助金にそらされてしまう恐れがあったであろう。したがって、チェンバレンは補助金計画をあくまで拒絶したのである。

以上のように、一連の経緯からは、徹頭徹尾チェンバレンがカナダの要請に沿って帝国特恵を実現することしか考えていなかったことが明らかである。彼にとっては、イギリス本国の工業利害、および農業利害の実際の内容は二の次であったのである。そうは言っても、彼が本国をカナダもしくは自治領に従属させることを意図していたとまでは考えられない。彼の意図としては、ひたすら自治領の要請を受け入れて帝国特恵関税同盟を何とか実現さえしたならば、本国と自治領との経済的紐帯の強化を通じて本国の求心力が回復する、という見通しであったのであろう。しかし、そうした彼の構想は、選挙戦略としても経済戦略としても、あまりに合理性を欠いたものであった。

一九〇二年の時点で、イギリス本国の輸出市場の中で帝国外部が占める比率は六五・九％、帝国内部のインドなど従属植民地の比率は一七・七％、自治領の比率は一六・四％であった[42]。仮にチェンバレンが意図したような構想が実現した場合、従属植民地は既に市場開放を強制されていたから、本国の輸出拡大が見込めるのは自治領市場だけであった。ところが、カナダのローリエ自由党政権にせよ、カナダの最大野党の保守党党首で一九一一年以降に首相となるボーデンにせよ、自国製造業を本国工業製品との競争圧力からしっかり守ることを公言していた[43]。一九〇三年以降オーストラリア連邦首相を務めたディーキンも、同様な姿勢を固持していた[44]。もとよりチェンバレンは自治領側の譲歩を強圧的に迫る姿勢ではなかったから、チェンバレン計画の下では本国輸出産業は確実に打撃をこうむったであろうし、その損害は長期におよんだであろう。

他方で、一連の経緯からは、カナダのローリエ政権が非常に冷徹にチェンバレンの運動を利用していたことがわかる。チェンバレンは、本国の関税改革運動を支持するという声明を出すよう、ローリエとフィールディングに懇願したが、ローリエ政権が応じることはなかった。それどころか、一九〇三年八月、ローリエは議会演説でむしろチェンバレンを突き放すような発言をしている。すなわち、「〔本国の特恵を得たいという〕我々の見解を本国の兄弟たちに押しつけようとは思わない。もし彼らがかかる協定に不満なら、私としては別にそれを欲してはいない[45]」と。

一九〇六年総選挙直後、ヒュインズは、勝利した自由党政権が安定政権を築きえないとの見通しを述べた書簡をローリエに送付したが、返信においてローリエは、自由党政権は容易に安定政権になりうるだろうと反論した。さらにローリエは、「〔カナダとイギリスとの〕相互互恵の問題に関しては、イギリス（Great Britain）の人々が決めればよいことだ」と述べ、イギリスの選挙結果如何にかかわらず、カナダの側は対英特恵を取り下げる意思はない、とも付け加えた。[46] 対英特恵取り下げの可能性をちらつかせながら、チェンバレンに強硬な圧力をかけてきたことからすれば、大きな変わり身であった。一九〇七年植民地会議においては、もはやローリエは本国の自由貿易主義的な自由党政権に対して帝国特恵を要求することはなかった。[47] 結局、一九一一年、ローリエ政権は念願の米加互恵通商協定を締結し、本国の関税改革派を激怒させたが、同年の総選挙で保守党に敗れて下野した。

結局カナダにとって、本国との感情的紐帯と実利的な経済問題は全く別物であったということである。その後の経緯が示すように、帝国特恵による経済的紐帯の強化がゆくゆくは本国の求心力を高めるであろうというチェンバレンの期待は裏切られることとなる。

4　オタワ協定による帝国特恵関税同盟の実現

一九〇六年選挙後の保守党は関税改革派によって統一されるに至ったものの、一九一〇年の二度の総選挙における敗北を経て、一九一三年に帝国特恵（食糧関税）は保守党の公約から外され、工業製品への関税のみが綱領に残された。大戦戦時中一九一七年のマッケナ関税と戦後一九二一年の保護関税法（Safeguarding of Industries Act）により、一部産業への工業保護関税は実現を見る。大恐慌以前に既に一九二〇年代を通じて慢性不況に陥ったイギリスでは、工業保護関税の本格的導入を目指す動きは強まったが、帝国特恵を目指す動きは沈滞した。その中にあって、ジョゼフ・チェンバレンの帝国統合の理念を継承すべく孤軍奮闘したのがレオポルド・エイマリである。一九一四年にジョゼフが死去するまでは父に忠実な関税改革派の指導者であったオースティン・チェンバレンは、一九二四年に外務大臣に就任して以降は対ヨーロッパ関係を重視する政治家に変貌した。[48]

関税改革連盟の中心メンバーの一人であったエイマリは、一九二四～二九年ボールドウィン保守党内閣の植民地大臣として、自治領との関係強化に邁進した。大戦間期イギリス農業政策の本格的な研究書を著したクーパーによれば、エイマリは、一九二三年総選挙で保守党を裏切った国内農家に報復すべきとまで述べ、カナダのベーコンやオーストラリアのフルーツに至るあらゆる帝国産品の輸入を拡大するよう政権内で主張した[49]。一九三一年八月に発足した保守党中心の挙国内閣にエイマリは入閣できなかったが、翌年のオタワ帝国会議に際しては現地に滞在し、特恵付与を求めて本国に圧力をかける自治領の強硬姿勢をむしろ扇動する役割を果たした[50]。オタワ会議の南アフリカ代表ヘイヴンガ（Nicholaas Havenga）は、本国政治家のエイマリから肉類・砂糖の関税に関して本国へ強硬な要求をするように要請する書簡を受けとったことについて、本国代表に対して内々に「多大な驚き」（great surprise）を表明している[51]。

結局、ジョゼフの次男で挙国内閣の蔵相を務めるネヴィル・チェンバレンの下で、一九三二年二月輸入関税法（Import Duties Act）、同年八月オタワ協定が成立し、ついにジョゼフの念願であった帝国特恵関税同盟（オタワ体制）が実現を見る。しかしオタワ協定に至る経緯とその結果は、ジョゼフやエイマリの理想とはかけ離れたものであった。そもそも、ネヴィルの評伝を著したセルフによれば、「ネヴィル・チェンバレンは、彼の兄やエイマリのセンチメンタルな帝国のヴィジョンを決して共有してはいなかった[52]」。

一九二九年六月～一九三一年八月、労働党政権の下で野党の地位にあった保守党は、ネヴィル・チェンバレンを長とする保守党政策調査局に政権復帰後の関税政策を策定させた。政策調査局はもっぱら国内製造業を保護するための関税政策を詳細に立案した大部の報告書をまとめたが、同報告書は帝国特恵（食糧関税）については将来的な課題として先送りした[53]。

一般関税を導入した輸入関税法制定と同年の一九三二年にオタワで本国・自治領間の帝国会議（一九一一年に植民地会議から名称変更）が開催予定であったことは偶然の一致に過ぎなかったが、挙国内閣は、オタワでの関税交渉まで自治領への関税賦課をペンディングし、関税交渉が不調に終わった際には、自治領に対しても外国と同率の一般関税を適用することを決定した(54)。このように、元々挙国内閣は、従来自治領が一方的に本国へ付与してきた特恵は、それだけでは本国の側の互恵的な特恵付与には値しないものとみなしており、帝国会議では自治領の側のさらなる対英特恵の拡大を意図していたのである。

こうして一九三二年七月、関税交渉を主な議題とする帝国会議が始まった。伝統的通説では、オタワ会議において本国代表団はもっぱら本国商品の自治領への輸出拡大を意図していたとみなされてきた。これに対し、金融利害の支配的影響力を強調するジェントルマン資本主義論の提唱者ケインとホプキンズは異論を提起し、むしろ本国サイドは、自治領からの輸入を積極的に増やして自治領への金融投資を安全に回収することを意図していたと主張している(55)。しかしながら、内閣文書中のオタワ会議史料を見る限り、伝統的通説の側の妥当性が明らかである。つまり本国サイドは、もっぱら自治領への輸出拡大に向けて尽力したのである。

イギリス本国がオタワ会議に送りこんだ代表団は、挙国内閣の実質的な最高実力者である保守党党首（枢密院議長ボールドウィンを首席代表として、蔵相ネヴィル・チェンバレン、商務大臣ランシマン、自治領担当大臣トマス、植民地担当大臣カンリフ・リスター、陸軍大臣ヘイルシャム、農水大臣ギルモアというきわめて強力なメンバーから成っていた。代表団には、産業顧問として、ワイア卿（Lord Weir)、アンダーソン（Alan Anderson)、ヴァイル（Gilbert Vyle）などの産業企業経営者が随行した。七月一四日の第一回代表団会議において、産業顧問団は公式アドヴァイザーとして処遇されるべきことが決定された(56)。自治領の反対により、産業顧問団は本国・自治領間の会議に出席することは許されなかったが、イギリス代表団会議には毎回参加し、帝国会議の状況について情報提供されるとともに意見陳述が認められた(57)。

七月二三日の第一三回代表団会議においてワイアは、「自治領の産業は、英国産業と公平な立場で競争しうるために妥当な程度の保護のみを得られるものとする」という原則を提示すべきと論じた[58]。イギリス代表団はこの提案を採択し、帝国会議において、「自治領の十分効率的な産業に公平な〔競争の〕機会を与えるに足るだけの関税率より高率にはならない」程度まで自治領がイギリス製品への関税を引き下げるという原則を提示した[59]。帝国会議の焦点はイギリス本国とカナダ、オーストラリア二大自治領との交渉であったが、その交渉に際しては、イギリス本国代表団と産業顧問団は結束して、このいわゆる「国内競争者」（domestic competitor）原則、つまり自治領は国内産業と対等な土俵での競争をイギリス産業に認めなければならない、という原則を執拗に主張し続けた。それによれば、自治領は国内に政府から独立した関税委員会（Tariff Board）を設置し、政治的に中立な関税委員会が「国内競争者」原則に基づいて関税率を決定することとなる。関税委員会の審議へは、イギリス本国からの参加者の傍聴が許される。ネヴィル・チェンバレンの読みでは、関税引き下げを求める自治領消費者の世論を踏まえれば、自治領自身が設置した関税委員会といえども、「国内競争者」原則から大きく乖離した関税率を決定することは困難であろう。ワイアら産業顧問団もこの期待を共有した[60]。

帝国会議は、多国間協議という形をとらず、本国と自治領との二国間協議を同時並行しておこなう、という形で進められた。カナダ代表ベネット首相との英加二国間交渉、およびオーストラリア代表で元首相ブルースとの英豪二国間交渉では、自治領サイドは、既に本国へ一方的な特恵を付与してきたことを強調して本国の譲歩を迫った。しかし、自治領に対して大幅な入超のイギリス本国側も退かず、「国内競争者」原則の採用を迫った。ネヴィル・チェンバレンがベネット自身に語ったところによれば、「イギリス代表団は、オタワでの成果が近い将来に直ちに発揮されると期待しているわけではなく、むしろイギリスと帝国諸国との間にいずれ多大な利点を生み出すような新航路へと帝国間貿易を導くことを期待している[61]」のであった。つまり、イギリス代表団の目的は、二大自治領に「国内競争者」原則を受容させることにより、イギリス産業の輸出を長期的に拡大させることであった。

二大自治領との二国間協議はいずれも難航したが、オーストラリアとの協議が決裂寸前に至って辛うじて妥結した事情については井上巽の論説に詳しい(62)。ここでは、とくにカナダとの交渉をとりあげる。ヒルマーによれば、ベネットはイギリス帝国がコモンウェルス体制へと分権化に向かうことを遺憾に感じていた親英ロイヤリストであった。しかしながら彼は、「自国権益がからむ問題では独善的で尊大なナショナリストとなった。〔オタワ〕会議が終了したときにイギリスは、二〇年代を通じて彼らを苦しめ抜いたマッケンジー・キングよりも、ベネットに対してずっと不信感を強め」たのである(63)。かつてのローリエ内閣と同様に、ベネットは政治的意義の観点から、外国産小麦へのクウォーター当たり二シリング関税を本国に要請した(64)。それを含めてベネットは、小麦、豚肉・ベーコン、畜牛、農産品、木材などの一次産品に関する特恵を要請し、それが応えられるならば、「国内競争者」原則を基本的に受け入れる意思を示した。それのみならず、ベネットによれば、カナダ政府は法外なまでの特恵拡大を準備しており、アメリカその他の外国諸国の対カナダ輸出の少なくとも半分、つまり少なくとも五五〇〇万ドルがイギリスの対カナダ輸出に振り向けられることとなろう(65)。

しかし結局のところ、カナダとの交渉は、オーストラリアとの交渉以上に難航した。イギリス側の専門家の見積もりによれば、カナダが申し出ている特恵拡大によって振り向けられるイギリスの対加輸出額は五五〇〇万ドルどころか一〇〇〇万ドル程度に過ぎなかった(66)。カナダ政府は、いったん合意に達していた関税委員会設置の約束を反故にするような修正をイギリス側に無断でおこなおうとし、これに関して八月一七日付けでベネット宛の公式な抗議文が送付された(67)。八月一六日の代表団会議においてヘイルシャムは、カナダ政府は決裂をむしろ望んでいるのではないか、少なくともカナダ政府の一部は明らかに決裂を望んでいると指摘した(68)。翌一七日の代表団会議ではワイアが、「私は、カナダ人が〔国内競争者〕原則を実施するつもりがないとの結論に達した」と述べ、カナダとの交渉決裂を訴えた。アンダーソンも、「〔交渉が〕決裂するならば、世界の世論はイギリスの側に立つだろう」と同調した。

ちょうど同じ頃、決裂寸前に至っていたオーストラリアとの交渉はオーストラリア側の譲歩によって決裂回避に至ったのだが[69]、カナダとの交渉に関しては、結局ボールドウィンの決断によって決裂回避が決定した。ボールドウィンは、産業顧問団を次のように説得した。「カナダとの協定に一切至らなければ、合衆国が〔カナダに〕関与してくる多大な危険が発生するであろうし、それからどのような結果が帰結するのか予測不能である。〔……〕政治的な考慮を一切捨てることができるならば、カナダとの決裂はそれほど深刻な問題ではないだろう。しかし、そうした決裂は、〔イギリス〕帝国に敵対的な世界中の各国が心より歓迎することであろう」。「ベネット氏の政権が続かないことは確実だろうし、彼の政権後は、我が国にはるかに近い政権が生まれる可能性は高いであろう[70]」。

このように、ボールドウィンは、カナダとの決裂がカナダの対米接近と帝国からの離反を促すことを恐れて、カナダとの協定妥結を決断したのである。ベネットは、伝統的に自由党より親英的な保守党の首相であったから、政権交代がより親英的な政権を生み出すというボールドウィンの予測は楽観的に過ぎるが、これはおそらく産業顧問団を説得するための方便だろう。こうして、決裂寸前に至ったものの、八月一九日までにそれぞれの二国間協定は何とか妥結し、翌二〇日にオタワ通商協定が調印されてオタワ帝国会議は閉幕した。交渉のイギリス側中心であったネヴィル・チェンバレンは、「ハリウッド俳優のように気まぐれで、シカゴの警官のように粗暴な」ベネットにとりわけ愛想を尽かし、「二度とカナダになぞ来たくない」と日記に記したという[71]。

イギリスは、代表団と産業顧問団が一致して追求した「国内競争者」原則をカナダ、オーストラリアに受容させることには成功した。しかしながら、結局のところ、両国の関税委員会は、「国内競争者」原則を厳密に適用してイギリス製品への関税を大幅に引き下げるようなことはなかった[72]。これに対して、イギリス本国は自治領産品の自由輸入継続、外国産バター、チーズ、果物などへの関税引き上げ、外国産食肉の輸入割当制、外国産小麦への二シリング関税など、より具体的な自治領産品輸入優遇措置を認めた。結果として、オタワ協定の収支はイギリス本国より自治領サイドに圧倒的に有利なものとなり、ドラモンドの推計によれば、イギリスの帝国向け輸出が一九三三年に一三〇〇万ポンド、一九三七年には二八〇〇万ポンドの増加に対して、帝国諸国のイギリス向け輸出は多く見て一九三三年に四六〇〇万ポンド、一九三七年に九八〇〇万ポンドの増加に達したのである(73)。

世界貿易の好況期であった第一次大戦前とは異なり、世界貿易が劇的に縮小しつつある大恐慌期においては、挙国内閣が帝国特恵を通じて帝国市場だけでも確保しようとしたことには合理性があったとは言える。しかし、結局イギリス本国は、自治領に対する入超構造に由来する交渉力の優位性を発揮できず、自治領にとって一方的に有利な結果を甘受することとなった。帝国特恵に関する挙国内閣の姿勢は、自治領からの輸入拡大よりも自治領への輸出拡大を意図する点で、ジョゼフ・チェンバレンよりもはるかに一八八〇年代の公正貿易連盟に近かったと言えるが、思うような輸出拡大効果を得られなかったのは何故だろうか。イギリス側の交渉失敗の理由は、次の点に求められるだろう。第一に、本国に先駆けて一方的な特恵措置を導入していた自治領は、それを「貸し」にすることができた。これは、戦前と同様な局面のくりかえしである。第二に、輸出構造がイギリスに不利に作用した。すなわち、特定の一次産品輸出に偏っていた自治領サイドは、それらの一次産品に関する具体的な特恵措置を要求し、成果をあげることができた。対するに、イギリスは多様な工業製品の輸出国であり、特定の製品輸出に絞った具体的な要求をおこなうことが困難であった。ワイアら産業顧問団も、あくまで産業界全般の利害を代弁する立場であったから、特定の産業利害を重視するような姿勢を終始回避した。第三に、交渉にあたって、長期的な輸出促進を意図して「国内競争者」原則を最優先したことは、イギリス側の大きな戦略ミスであった。自治領の国内に設けられる関税委員会が、自治領産業利害よりも本国産業利害に沿った判断をおこなうことを期待するというのは、あまりにも楽観的に過ぎたと言わなければならないだろう。

5　おわりに

オタワ協定によって曲がりなりにも実現を見た帝国特恵関税同盟、もしくはコモンウェルス特恵関税同盟は、経済的紐帯の強化を通じて帝国体制における本国の求心力強化を果たすというジョゼフ・チェンバレンの夢を結局実現するには至らなかった。挙国内閣は、特恵関税同盟をむしろ帝国外諸国との通商交渉を有利に進めるためのテコに利用し、エイマリの激怒を買いつつも、一九三三年には食肉・小麦に関する特恵を見返りとしてアルゼンチンと通商協定を妥結した(74)。カナダは、獲得した輸出拡大効果の点でオタワ協定最大の受益者だったが、イギリス側の再三の働きかけにもかかわらず、結局スターリング通貨圏に加入しようとはせず、一九三五年には保守党ベネット政権に代わる自由党マッケンジー・キング政権の下で、アメリカと互恵的な関税引き下げを約する米加通商協定を妥結する。これに対しイギリスは、一九三七年に首相に昇格したネヴィル・チェンバレンの下で、カナダへの小麦、木材、果物などの特恵を犠牲にすることにより、一九三八年に英米通商協定を妥結した(75)。帝国コモンウェルス特恵関税同盟の枠組み自体は存続したにもかかわらず、以上をもってカナダは最終的にアメリカの経済圏に組み込まれたと言える(76)。

とはいえ、第二次大戦期に自治領諸国がイギリスのために自発的に参戦したことは、未だ帝国内部の感情的紐帯が強固であったことの証左ではあるだろう。結局のところ、イギリス本国と自治領の双方にとって、感情的紐帯と経済的な実利は別問題であり、感情的な紐帯のゆえに経済的な実利が捨てられるなどということは決してなかったのである。親英ロイヤリストであったベネットは、それを典型的な形で表わしている。他方で、経済的な関係がこじれたとしても、それによって直ちに感情的な紐帯が弱まるというわけでもなかった。ジョゼフ・チェンバレン、およびその後継者エイマリは、通商同盟による経済的紐帯の強化が無ければ、帝国の感情的紐帯は必然的に弱体化していくという強迫観念を抱いていたが、その点を見誤っていたと言わなければならないだろう。

注

（1）細川［二〇一四］二一一–二一二頁。
（2）木村［二〇〇〇］一二三頁。
（3）*The Times*, 3 Aug. 1881, p. 12.
（4）Brown［1943］pp. 89-90; 桑原［一九九九］四五–五二頁。
（5）National Fair-Trade League［1882］pp. 11-13.
（6）以上、木村［一九九一］; 福士［二〇一四］一八六–一九二頁。
（7）木村［一九九一］一二四頁。
（8）代表的な研究として、Gamble［1981］; Friedberg［1988］; Newton and Porter［1988］; Pollard［1989］; Cain and Hopkins［1993］; Marrison［1996］.
（9）代表的な研究として、Green［1995］; Thackeray［2013］.
（10）代表的な研究として、Quinault［1988］; Coetzee［1990］; Thompson［1997］; Thompson［2000］.
（11）関内［一九八四］; 桑原［一九九九］。
（12）Crosby［2011］p. 163.
（13）松永［二〇〇六］。
（14）Thompson［1997］p. 1035.
（15）木村他［一九九七］一四四–一四五頁。
（16）University of Birmingham Library（以下、UBL）, Joseph Chamberlain Papers, JC 17/2/8, Chamberlain to Sir John Forrest, 12 Oct. 1902.
（17）UBL, JC 17/3/11, Laurier to Chamberlain, 16 Jul. 1902.
（18）UBL, JC 17/3/15, Joseph to Austen, 25 Aug. 1902.
（19）UBL, JC 17/3/22, Chamberlain to Fielding, 28 Nov. 1902.

(20)　Fielding to Chamberlain, 11 Mar. 1903, in Amery［1969］p. 164.
(21)　Speech at Birmingham, 15 May 1903, in Boyd（ed.）［1914］p. 137.
(22)　UBL, JC 19/2/2, Fielding to Chamberlain, 2 Jul. 1904.
(23)　Cited in Green［1995］p. 186.
(24)　Porter［1978］pp. 3–7.
(25)　UBL, JC 18/18/7, Chamberlain to William Ashley, 19 May 1903.
(26)　Marrison［1977］pp. 216–218.
(27)　British Library of Political and Economic Science（以下、BLPES）, Tariff Commission Collection, TC 2/1/9, Minutes of Proceedings.
(28)　University of Sheffield Library（以下、USL）, W. A. S. Hewins Papers, Hewins 34/54, Tariff Commission, 'The Tariff Systems of Europe and America', 22 Jul. 1905, p. 3.
(29)　USL, Hewins 20/186, Note of Interview, 21 Jul. 1905.
(30)　USL, Hewins 20/177, Note of Interview, 21 Jul. 1905.
(31)　USL, Hewins 20/89, 24 Oct. 1905.
(32)　USL, Hewins 20/101, 4 Nov. 1905.
(33)　BLPES, TC 2/1/11, Minutes of Proceedings.
(34)　BLPES, TC 2/1/14, Minutes of Proceedings, pp. 2–4.
(35)　Speech at Glasgow, 6 Oct. 1903, in Boyd（ed.）［1914］pp. 158–159.
(36)　Tariff Commission［1906］para. 393.
(37)　USL, Hewins 50/21~23, 20 Nov. 1906.
(38)　BLPES, TC 2/2/7, Minutes of Proceedings, pp. 13–17.
(39)　Amery［1969］p. 306.
(40)　*The Times*, 22 Jul. 1903, p. 7.
(41)　Tariff Reform League［1905］.

（42） The National Archives（以下、TNA), CO 885/8/3, No. 144 (Confidential), Minutes of Proceedings and Papers laid before the Colonial Conference, Appendix X, p. 282.
（43） Green［1999］p. 364; Potter［2004］.
（44） Sullivan［2001］.
（45） 木村他［一九九七］一四八頁。
（46） USL, Hewins 49/17~19, Laurier to Hewins, 7 Feb. 1906.
（47） 桑原［一九九九］三九四－三九六頁。
（48） 松永［二〇一七］一二七－一三二頁を参照。
（49） Cooper［1989］p. 85.
（50） Drummond［1974］p. 262.
（51） TNA, CAB 32/101, Minutes of the 60th meeting, 17 Aug. 1932, p. 184.
（52） Self［1986］p. 718.
（53） Cambridge University, Churchill College, Leopold Amery Papers, AMEL 1/5/64, Report of the Tariff Committee of the Conservative Research Department.
（54） Drummond［1974］p. 182.
（55） ケイン、ホプキンズ［一九九七］六四－六八頁。
（56） TNA, CAB 32/101, Minutes of the 1st meeting, 14 Jul. 1932, p. 7.
（57） TNA, CAB 32/101, Minutes of the 11th meeting, 21 Jul. 1932, pp. 58-59.
（58） TNA, CAB 32/101, Minutes of the 13th meeting, 23 Jul. 1932, p. 69.
（59） TNA, CAB 32/101, Draft Supplementary Statement, 26 Jul. 1932, p. 106.
（60） TNA, CAB 32/101, Minutes of the 28th meeting, 3 Aug. 1932, pp. 194-196.
（61） TNA, CAB 32/101, Minutes of the 30th meeting, 4 Aug. 1932, p. 214.
（62） 井上［二〇一〇］二一－二四頁。
（63） 木村他［一九九七］一八五－一八七頁。

(64) TNA, CAB 32/101, Minutes of the 32nd meeting, 4 Aug. 1932, p. 244.
(65) TNA, CAB 32/101, Minutes of the 30th meeting, 4 Aug. 1932, pp. 207–210.
(66) TNA, CAB 32/101, Minutes of the 36th meeting, 5 Aug. 1932, p. 290.
(67) TNA, CAB 32/101, Minutes of the 61st meeting, 17 Aug. 1932, pp. 190–192.
(68) TNA, CAB 32/101, Minutes of the 59th meeting, 16 Aug. 1932, p. 173.
(69) TNA, CAB 32/101, Minutes of the 61st meeting, 17 Aug. 1932, p. 189.
(70) TNA, CAB 32/101, Minutes of the 60th meeting, 17 Aug. 1932, pp. 183–184.
(71) 木村他［一九九七］一八七頁。
(72) Drummond［1974］pp. 389–418.
(73) Drummond［1972］pp. 102–103.
(74) 服部［一九九九］二二七－二二八頁。
(75) 山本［一九九九］七七－八二頁。
(76) 福士［二〇一四］二六三頁。

文献リスト

井上巽［二〇一〇］「一九三二年のイギリス輸入関税法とオタワ特恵協定の成立」『歴史と経済』二〇九。

木村和男［一九九一］「一九世紀末のイギリス帝国における特恵関税論争の一局面」『社会経済史学』五七－三。

木村和男、フィリップ・バックナー、ノーマン・ヒルマー［一九九七］『カナダの歴史』刀水書房。

木村和男［二〇〇〇］『イギリス帝国連邦運動と自治植民地』創文社。

桑原莞爾［一九九九］『イギリス関税改革運動の史的分析』九州大学出版会。

P・J・ケイン、A・G・ホプキンズ（木畑洋一・旦祐介訳）［一九九七］『ジェントルマン資本主義の帝国Ⅱ』名古屋大学出版会。

関内隆［一九八四］「チェンバレン・キャンペーンにおける「特恵」と「保護」」『岩手大学文化論叢』一。

服部正治［一九九九］『自由と保護――イギリス通商政策論史』ナカニシヤ出版。

福士純［二〇一四］『カナダの商工業者とイギリス帝国経済』刀水書房。

細川道久［二〇一四］『カナダの自立と北大西洋世界』刀水書房。
松永友有［二〇〇六］「イギリス関税改革論争再考」『歴史学研究』八一七。
松永友有［二〇一七］「ジュネーヴ軍縮会議に至るイギリス国際軍縮政策とフランス安全保障問題」、榎本珠良編『国際政治史における軍縮と軍備管理』日本経済評論社。
山本和人［一九九九］『戦後世界貿易秩序の形成』ミネルヴァ書房。
Amery, J. [1969] *Life of Joseph Chamberlain*, vol. 5, London.
Boyd, C. W. (ed.) [1914] *Mr. Chamberlain's Speeches*, London.
Brown, B. H. [1943] *The Tariff Reform Movement in Great Britain 1881–1895*, New York.
Cain, P. J. and A. G. Hopkins [1993] *British Imperialism 1688–1914*, London.
Coetzee, F. [1990] *For Party or Country*, Oxford.
Cooper, A. F. [1989] *British Agricultural Policy, 1912–36*, Manchester.
Crosby, T. [2011] *Joseph Chamberlain: A Most Radical Imperialist*, New York.
Drummond, I. M. [1972] *British Economic Policy and the Empire 1919–1939*, London.
Drummond, I. M. [1974] *Imperial Economic Policy 1917–1939*, London.
Friedberg, A. [1988] *The Weary Titan*, Princeton.
Gamble, A. [1981] *Britain in Decline*, London.
Green, E. H. H. [1995] *The Crisis of Conservatism*, London.
Green, E. H. H. [1999] "Political Economy of Empire", in Andrew Porter (ed.) *The Oxford History of the British Empire*, III, Oxford.
Marrison, A. [1977] "The Development of a Tariff Reform Policy during Joseph Chamberlain's First Campaign May 1903-February 1904", in W. H. Chaloner and B. M. Ratcliffe (eds.) *Trade and Transport*, Manchester.
Marrison, A. [1996] *British Business and Protection 1903–1932*, Oxford.
National Fair-Trade League [1882] *The Fair Trade Policy: A Reply to the Charge of "Taxing the Poor Man's Loaf"*, London.
Newton, S. and D. Porter [1988] *Modernization Frustrated*, London.

Pollard, S. [1989] *Britain's Prime and Britain's Decline*, London.
Porter, D. [1978] "Joseph Chamberlain and the Origins of the Tariff Reform Movement", *Moriae*, 3.
Potter, S. [2004] "The Imperial Significance of the Canadian-American Reciprocity Proposals of 1911", *Historical Journal,* 47.
Quinault, Q. [1988] "Joseph Chamberlain: A Reassessment", in T. R. Gourvish and A. O'Day (eds.) *Later Victorian Britain 1867–1900*, London.
Self, R. [1986] *Tories and Tariffs*, London.
Sullivan, E. [2001] "Revealing a Preference: Imperial Tariffs and the Australian Tariffs, 1901–14", *Journal of Imperial and Commonwealth History,* 29-1.
Tariff Commission [1906] *Report of the Agricultural Committee*, London.
Tariff Reform League [1905] *Report of the Second Annual Conference of the Tariff Reform League*, London.
Thackeray, D. [2013] *Conservatism for the Democratic Age*, Manchester.
Thompson, A. [1997] "Tariff Reform: An Imperial Strategy, 1903–1913", *Historical Journal*, 40-4.
Thompson, A. [2000] *Imperial Britain*, London.

第6章　カナダ自由党と自由主義的帝国主義論

福士　純

1　はじめに

一八九六年七月、それまで一八年間政権を担っていた保守党に替わって、新たに自由党ウィルフリッド・ローリエ(W. Laurier)政権が成立した。一八八七年に自由党党首に抜擢された際には、カトリックを信仰するフランス系カナダ人のローリエが党を率いてケベック州以外で支持を得られるかという懸念から、彼の党首就任は適任者を選ぶまでの一時しのぎとも考えられていた(1)。しかし、そのような懸念は杞憂に過ぎず、ローリエはこの後自由党党首として三二年、そして一八九六年から一九一一年までは首相として優れた閣僚に支えられながら一五年もの間カナダ政界に君臨したのである。

このローリエが政権を担った世紀転換期のカナダにおいて、政策を規定するうえで極めて重要だったのがイギリス帝国に関する問題である。彼は、常に対帝国政策、とりわけイギリス本国とどのような関係を築くか、そしてイギリス帝国構造の中にいかにカナダを位置づけるかを考え続けなければならなかった。さらにローリエが首相に就任する前年の一八九五年に、イギリス本国の植民地相に就任したジョゼフ・チェンバレン（J. Chamberlain）が本国・植民地間の政治・経済・軍事面での統合強化を訴えたことで、ローリエ政権はますますカナダと帝国に関する問題への関与を深めていったのであり、ローリエ政権による帝国への関与は、経済面ではイギリスからの輸入品に関税優遇を認める一八九七年の新関税（フィールディング関税法）に、そして軍事面では一九一〇年のカナダ海軍法（Naval Service Act）による独自海軍の創設と帝国防衛への貢献に結実したのである。

このカナダとイギリス帝国の関係を従来の研究はどのように捉えてきたか。一九六〇年代以降の研究は、カナダの自立的なナショナリズム形成とイギリス帝国主義を対立するものとみなしてきた。その際、カナダのネイションとしての発展は、イギリスからの分離、独立の過程に位置づけて検討されるのであり、カナダの発展にとって帝国は阻害要因でしかなかったとこれらの研究は理解するのである。[2] 本章で対象としている世紀転換期における自由党の帝国政策に関しても、多くの研究がこのような理解に基づいている。それゆえ、これらの研究はそれ以前に政権を担っていた保守党を「親英的」とみなす一方、フランス系カナダ人のローリエが率いていた対米互恵関税の導入を推進する自由党をイギリス帝国に対して敵対的に描いてきたのである。[3]

これに対して、近年のイギリス帝国史研究、とくに本書の中心課題であるブリティッシュ・ワールド研究は、カナダとイギリス帝国との関係性について新たな視点を提供している。なかでもバックナーは、「カナダ史はカナダが数世紀の間、世界中に拡がっていた大ブリテンの一部であったという事実を認識することなしに理解されるべきではない」と述べ、ブリティッシュ・ワールドの観点からカナダ史を再検討する必要性を述べている。[4] これらの研究は、イギリス系カナダ人は言うまでもなく、フランス系カナダ人であっても言語や文化、信仰が擁護される限りにおいて、イギリス本国や他の自治植民地の人々とブリティッシュネスの意識を共有し、感情面で密接に結びついていたと主張している。[5] これを踏まえてバックナーは、カナダの人々が目指すのは、感情的紐帯に基づいて統合された脱中心的な帝国構造内において本国と対等な地位を占めることであり、本国と共に「中核」として帝国を支えるというカナダの特殊な発展を志向するナショナリズムを「自由主義的帝国主義（liberal imperialism）」と評したのである。[6] それゆえ、カナダ・ナショナリズムはイギリス帝国主義と対立するものではないし、帝国内における水平的、分権的な統合を志向する多くのカナダの人々は、垂直的、中央集権的な統合を目指す帝国連邦論を否定したとバックナーは指摘するのである。[7]

このようなバックナーの著作をはじめとするブリティッシュ・ワールド研究の成果は、カナダのナショナリズムやイギリス帝国構造に占めるカナダの位置づけについて考えるうえで重要な視座を提供している。そしてこれらの研究成果に基づくならば、ローリエ政権期のカナダ自由党の帝国政策もまた、カナダが帝国の一部として本国や他の自治植民地と感情的紐帯によって密接に結びついているということによって影響を受けていたと考えられるのではないか。やや結論を先取りして言うならば、カナダ自由党はカナダの発展の方向性として帝国内にて自治を強化し、本国や他の植民地と共に分権的な帝国への移行を目指す自由主義的帝国主義論を追求し、感情的に結びついた帝国の紐帯を経済的紐帯や軍事的紐帯の強化を図ることによってより密接なものとしようとしていたのではないか。[8] 本章では、このような点について検討すべく、ローリエ政権期に自由党が推し進めた経済政策、そして防衛政策を事例に当該期の自由党のイギリス帝国に対する認識、さらには自由党がどのようなカナダ発展の方向性を模索していたのかを再検討する。[9]

2　カナダ自由党の通商政策志向

（1）米加無制限互恵論と自由主義的帝国主義論

ローリエの党首就任時、自由党は苦境に立たされていた。首相マクドナルド（J. A. Macdonald）の下、ナショナル・ポリシーを掲げて保護主義に基づくネイション・ビルディングを推し進める保守党に対し、自由党はナショナル・ポリシーに対抗しうる通商政策を見出せず、一八七八年以降、一八八二年、一八八七年と総選挙にて三連敗を喫していた。このようななか、新たに党首となったローリエにとって、何よりもまず検討しなければならなかったのは保守党のナショナル・ポリシーに匹敵する自由党の柱となる通商政策であった。この一八八〇年代における自由党の通商政策策定にあたって、中心的な人物であったのがカートライト（R. Cartwright）である。彼は、熱烈な自由貿易論者として知られ、党随一の経済通として経済問題を苦手とするローリエに替わって当該期の自由党の経済政策を支えたのである[10]。

その際、カートライトが注目したのが米加無制限互恵論（unrestricted reciprocity）である。一八八七年のローリエの自由党党首就任時、ナショナル・ポリシーによって阻外された安価な外国商品の輸入や農作物の販路拡大を望む農民の間では、アメリカとの通商関係強化を望む声が高まっていた。カートライトは、そのような農民の声に耳を傾け、米加間の全ての商品に関する関税を撤廃する無制限互恵論に活路を見出した[11]。カートライトは、この無制限互恵論をローリエに進言し[12]、この結果一八八八年二月二五日に開催された自由党党大会にて米加無制限互恵が自由党の目指す通商政策として党の綱領に加えられたのである[13]。

この米加無制限互恵論を自由党の綱領に据えるにあたって、カートライトは当該期のカナダ経済をどのように捉え、そのうえでどのようにカナダの発展の方向性を考えていたのか。当該期のカナダ経済が抱える問題点として、カートライトが挙げるのがカナダからの人口流出である。カナダは、国内の経済発展を支えるべく、イギリス本国から多くの移民を誘致していた。しかし、ナショナル・ポリシーによる物価上昇のために、生活に困窮した農民が土地を棄ててアメリカに渡る事例が多く見られ、その人口流出はカナダにとって大きな問題となっていたのである。(14)

このようなカナダ経済の状況を改めるべく米加無制限互恵論を唱えたカートライトではあるが、米加無制限互恵論には想定される批判点が二つあると、彼自身認めている。その一つは、互恵による米加経済関係の緊密化がアメリカによるカナダの併合を導くのではないかという主張である。カートライトは、この点について一八八八年三月一四日に下院にて米加無制限互恵支持決議を提出した際、以下のように語っている。カナダの人々は、アメリカ独立革命時にイギリス国王に忠誠を尽くすべくアメリカから北米の英領植民地へと移り住んだ「ロイヤリスト」と同様に、ブリティッシュとして本国の人々と国王に対する忠誠という感情面で共通の意識を持っているがゆえに、イギリスからの分離は望んでいない。むしろカナダは、帝国内にて自治権を持つ他の「植民地より格上」のドミニオンであり、北米大陸の北側を統治する責任を有している。それゆえ、米加無制限互恵論を採用したとしても、感情面でイギリスと密接に結びつくカナダはイギリス帝国から独立し、アメリカの一部となることはないと彼は訴えるのである。(15)これに加えて、米加無制限互恵による経済関係の強化は、北米大陸における両者の対立を回避することにも寄与するため、結果として英米関係を安定させることにもつながるとカートライトは語るのである。(16)

もう一つの批判点とカートライトが想定するのが、米加無制限互恵がアメリカ製品への関税を撤廃する一方、イギリス製品には関税を賦課し続けるため、イギリスに差別的であり、「不忠」とみなされる恐れがあるということである。これについても、カートライトは以下のように否定する。たしかにカートライトは、対米関税の維持が「一定程度」イギリスからの輸入に影響を与えることを率直に認めている。しかし、イギリス本国と感情面で密接に結びついたカナダに住む人々は、イギリスに住む人々と商品嗜好が共通しているため、外国製品よりもイギリス製品を好んで買う傾向があり、対英関税障壁が存続しても多くの商品は影響を受けないだろう。むしろ、米加無制限互恵によるカナダ経済の発展で、カナダの人々の購買力が上昇すればイギリスからの輸入もまた増加すると彼は語るのである。[17]

このカートライトによる米加無制限互恵論を掲げ、自由党はこの後一八九一年総選挙を戦うこととなった。その際、保守党が訴えたのはカートライトも想定していた米加無制限互恵論が「カナダ併合」を導く可能性がある、イギリスに対する「不忠」な政策であるという主張であった。この訴えは、イギリス本国に対して強い愛着を持つ多くのイギリス系カナダ人を中心に自由党に対する反発を引き起こした。

このような批判に対し、カートライトを中心とした自由党の人々は、無制限互恵論の意義を説き、それがカナダ併合や王冠に対する「不忠」を意味するものではないと訴えた。[18] しかし、その意図は有権者には十分に理解されず、一八九一年三月に行われた総選挙にてローリエ率いる自由党は保守党に敗北したのである。カートライトが党の綱領に掲げた無制限互恵論は、次節で述べるようにこの後に撤回され、自由党は新たな通商政策を採用することになった。しかし、カートライトがこの無制限互恵論にて企図していた、イギリス本国との感情的紐帯を基盤とした帝国内における自治強化と、アメリカとの経済関係強化による北米での経済発展の両立という構想は、以下で検討するようにこの後の自由党の通商政策の根幹をなすものとして受け継がれていくのである。

(2) フィールディング関税法の制定

一八九一年総選挙にてカートライトの掲げた無制限互恵論は、有権者の心には届かなかった。保守党によって自由党に着せられた「不忠」政党の汚名は、選挙後も自由党に重くのしかかっていた。これを払拭すべく、一八九三年六月二〇〜二一日にオタワで開催された自由党大会にて自由党は無制限互恵政策を排し、新たな通商政策を採用した。[19]

しかし、新たに可決された通商関係決議は、「無制限互恵」という文言を排しただけで、その本質は一八八八年の党大会にてカートライトが提起したものと大きな差はなかった。新たに可決された「関税改革」に関する決議にて訴えられたのは、自由党の採用する関税は「全世界、とりわけイギリスとアメリカとのより自由な貿易（freer trade）を促進するよう準備されるべき」というものであり[20]、「より自由な貿易」を追求することで、保守党のナショナル・ポリシーを批判すると同時に、アメリカはもちろんイギリスとも通商関係強化を図っていくことが目指された。

これに加えて、同会議にて可決された「互恵」に関する決議は、かつてのカートライトの主張がより明確に反映されている。同決議にて語られるのは、「米加間にて友好的な関係と広範かつリベラルな通商面での交流が存在すべきであり、「カナダと帝国の利害は、米加間の上記のような関係の樹立によって実質的に促進されるだろう」というものであった。さらにこの決議で想定される「互恵」とは、一次産品を中心にしながらも、一部の工業製品をも含むと明記されており、実質的に無制限互恵論と大差ないものとなっていた[21]。つまり、一八九三年党大会にて自由党が新たに打ち出した通商政策は、イギリスに愛着を抱く多くのカナダの人々に対して自由党が決して「不忠」政党ではないということを示す一方、感情的紐帯に基づく帝国内での自治と対米経済関係の強化の両立を図るという点で、一八八八年の綱領と連続していたのである。

さらに党首ローリエは、一八九六年六月の総選挙が近づくと、この一八九三年党大会で決議された通商政策の方針に従って、新たな政策を提起した。彼は、一八九六年六月三日にオンタリオ州ロンドンにて演説を行った際、自由党の通商政策を進めることで帝国特恵関税政策の導入が可能となると訴えた[22]。このローリエの演説によって示された自由党の「親英的」な姿勢は、自由党が「不忠」の汚名を完全に払拭するのに寄与したのであり、この演説の一九日後に行われた総選挙にて、冒頭でも触れたように自由党は一八年ぶりに政権に返り咲いたのである[23]。

新たに首相に就任したローリエは、野党時代に検討していた通商政策構想を具体化すべく新関税案の策定に着手した。その成果は、一八九七年四月二二日に大蔵大臣フィールディング（W. S. Fieldimg）によって上程されたフィールディング関税法に結実した。このフィールディング関税法は、カナダを関税面で優遇する全ての国に対して、一二・五％（一九〇〇年以降は三三・三％）の関税減免を認める互恵関税であり、この関税が施行された際に関税優遇の適用国となりえたのはイギリス本国のみであった。(24)イギリスに無償で一方的に関税優遇を認めるフィールディング関税法は、かつて自由党を「不忠」と非難していた保守党を驚愕させるのみならず、自由党による帝国への忠誠の証としてみなされ、カナダだけでなくイギリス本国の人々からも熱烈な歓迎を受けたのである。(25)

他方で、このフィールディング関税法には、もう一つの狙いがあった。それは、この関税を通して一八八八年以降自由党が一貫して主張してきた対米互恵交渉を進展させることである。(26)フィールディング関税法は、先にも述べたように「カナダを優遇する全ての国に対して」関税減免を認めるものであり、アメリカがカナダに関税優遇を認めてくれれば即座に対米互恵へと転換することが可能だったのである。そのため、ローリエは新関税導入以前から閣僚達をアメリカへと派遣し、一八九六年秋の大統領選挙に勝利したマッキンリー（W. McKinley）を中心とした共和党の政治家と会談を行うことで、共和党の対加互恵に対する認識を探ろうとした。(27)なかでも、一八九七年二月にローリエによってワシントンに派遣された海事・漁業相（Minister of Marine and Fisheries）のデイヴィズ（L. Davies）は、下院歳入委員長（Chairman of the U. S. House Committee on Ways and Means）のディングリー（N. Dingley）と会談し、彼から工業製品を含む米加互恵は実現可能であり、翌月に導入予定の新関税は対加互恵の可能性を排除するものではないという発言を得た。(28)このディングリーの発言は、デイヴィズをはじめ、カナダ自由党の人々に米加互恵に対する期待感を持たせるものであった。しかし、翌月の一八九七年三月一五日にディングリーが発表したアメリカの新関税法は、超高率の保護関税であり、対加互恵の余地は全く残されていなかった。この後も自由党政府は、対米互恵への関心を示し続けるが、この後一〇年以上それが実を結ぶことはなかったのである。(29)

さらにこの自由党によるフィールディング関税法を通じたイギリス、そしてアメリカとの通商関係強化を図ろうとする目論見には大きな問題が内在していた。それは、フィールディング関税法が、イギリス本国が他国と締結する通商条約に含まれる最恵国条項に抵触するということであった[30]。最恵国条項に従うと、フィールディング関税法によるイギリスへの関税優遇は、イギリスが条約を結ぶ第三国にも自動的に適用されることとなり、カナダは「カナダを関税面で優遇する全ての国」以外にも関税減免を認めなければならなかったのである。これを回避するために、ローリエは一八九八年二月に関税優遇の対象を「カナダを関税面で優遇する全ての国」から「イギリスとイギリス領のみ」へと制限することで、フィールディング関税法を「帝国特恵関税」へと変更せねばならなかった[31]。これによって、アメリカからの対加互恵の申し出に即座に対応可能であるというフィールディング関税法で意図された対米経済関係強化の意図は挫かれたのである。しかしながら、このフィールディング関税法は、一八九三年決議にて提起された「イギリスとアメリカとのより自由な貿易」という内容をまさに体現するものであり、どちらか一方ではなくアメリカに加えてイギリスとも通商関係強化を積極的に推し進めようとするものであった。たしかに、アメリカとの互恵交渉は頓挫したが、フィールディング関税法はカナダにおいて帝国に対する忠誠を喚起することで本国との感情的紐帯だけでなく、付随的に経済的紐帯をも強めたのである。

(3) イギリス帝国経済統合とカナダの「自治」

このフィールディング関税法によるイギリスへの関税優遇を熱烈に歓迎し、それを自らの帝国構想を推進すべく利用しようとしたのがチェンバレンであった。彼は、かねてより政治、経済、軍事等、帝国にかかるあらゆる権限を管轄する帝国議会を備えた中央集権的な「帝国連邦」の創設を目指すという構想を抱いていた[32]。この帝国連邦に至る第一歩として、彼は本国・植民地間相互特恵関税の導入による帝国経済統合を企図しており、カナダによるフィールディング関税法の導入は、彼の構想を具体化するために不可欠なものとみなされたのである。[33] このような帝国問題について討議すべく、彼はヴィクトリア女王即位五〇周年の祝典であるダイヤモンド・ジュビリーに参加するためにロンドンに集まった自治植民地首相を招集して、植民地会議を開催したのである。[34]

しかし、この一八九七年の植民地会議において、ローリエが果たした役割は限定的だった。前節までで見てきたように、ローリエ率いるカナダ自由党は、本国とのブリティッシュ・アイデンティティを共有することによる感情的紐帯を基盤とした自治の強化と、北米大陸における経済的発展を目指していた。そのように考えるローリエにとって、帝国内における経済的紐帯の強化は支持する一方、チェンバレンが語る中央集権的な連邦化を標榜する帝国再編はカナダの自治を脅かすものであり、承服できるものではなかった。それゆえ彼は、帝国の政治統合の重要性を評価しつつも、「現状に満足」と語ることで、カナダが保持する自治権に変更が生じることを回避しようとしたのである。[35]

この五年後の一九〇二年、チェンバレンは新国王エドワード七世の戴冠に併せて再度植民地会議を招集した。会議に際してのチェンバレンの狙いは、一八九七年の前回会議と変わらず帝国連邦の実現に向けた本国・植民地間相互特恵関税に基づく帝国経済統合の推進にあった。そのため、本会議における彼の一番の関心は通商問題に向けられており、この問題に関する討議において彼はイギリスによる対加輸出の拡大のためにカナダに特恵率の拡大を要求したのである。[36] このチェンバレンの要求に対して会議に参加したローリエ、そして通商関係についての討議のみ議論に参加したフィールディングや関税相のパターソン (W. Paterson) は、フィールディング関税が一八九七年の施行前の一〇年間続いていたイギリスの対加輸出の減少傾向を食い止め、増加に転じさせたという点で大きな効果があったと反論した。[37] またすでに関税引き下げの結果、イギリス製品に対して国内の製造業者が競争の激化に苦しんでいると述べることで特恵の拡大を拒否した。[38] その一方で対英特恵によって英加双方にて帝国主義感情を高揚させ、両者の感情的紐帯の強化を図ったローリエをはじめとする自由党の政治家達は、それを経済的紐帯で補完すべく、植民地会議にてチエンバレンに対して繰り返し対加特恵関税の導入を要求した。フィールディングは、イギリスからの輸入品に対してアメリカからの輸入品を差別的に扱うフィールディング関税法にアメリカ政府が怒りを向けているという事実を紹介したうえで、これらの批判を鎮めるためにはイギリスからの対加特恵付与が必要と訴えるのである。(39) このようなカナダによるイギリス本国への対加特恵の要求は、アメリカとの互恵交渉が進展しない中で、イギリスとの経済的紐帯強化を図ろうとする試みであり、ローリエの言葉を借りるのならば、「特恵は感情の問題であると同時に、感情以上の問題」なのであった。(40)

一九〇二年植民地会議における通商問題に関する討議は、フィールディングが提出したイギリスに対する植民地特恵要求決議が参加自治植民地代表によって全会一致で可決されたことで終了した。これらの植民地の動きは、イギリスのみが植民地からの関税譲歩を受け続けるのは公平ではないという思いをチェンバレンに抱かせ、イギリスによる植民地特恵の導入こそが帝国統合を推し進めると判断したチェンバレンは、一九〇三年五月一五日のバーミンガムでの演説を皮切りに関税改革運動を開始したのである。(41) この関税改革運動を展開するにあたり、チェンバレンは本国と植民地間の感情的紐帯について言及している。彼は、一九〇三年一二月一六日のリーズでの演説で、自治植民地を「本国とパートナーとして対等であり、自治権を有している点で対等であり、愛国心や忠誠心の点で対等であるイギリス帝国の中のステイト」と位置づけ、自治権を有する植民地と本国が対等であると同時に感情面で結びついていることを示している。(42) しかし、イギリス本国と植民地間の関係は、このような感情的紐帯のみで果たして十分か、より強い結びつき、すなわち特恵関税に基づく経済的紐帯も必要ではないかとチェンバレンは訴えるのである。(43)

このようなイギリス本国での関税改革運動に対して、それまで再三対加特恵を要求してきたカナダは極めて慎重な姿勢を見せた。イギリスでの関税改革運動の間、カナダ自由党の政治家達は、『自治』の擁護」という文言を頻繁に使用した。彼らは、イギリス関税改革運動が帝国連邦運動へと転化することによるカナダの自治侵害を恐れる一方、チェンバレンが展開する本国での政治論争に意見を表明することで、本国の自治を侵害することもまた回避しようとしたのである。本国政治に「干渉」することは、裏を返せば本国によるカナダ政治への「干渉」を容認することにも繋がるのであり、感情的紐帯を基盤に帝国内における自治権を保持することで本国と対等な地位を目指すカナダにとって、自治はなんとしても保持しなければならなかったのである。(44)

関税改革運動開始後のカナダによる慎重な姿勢にチェンバレンは不満を抱きつつも、運動を推進すべくカナダからの支援を期待した。チェンバレンは、カナダ議会において帝国特恵関税支持決議を可決するようフィールディングに依頼したが、これもまたフィールディングは、イギリス国内政治への介入を避けるという理由で拒否した。(45)このような対応は、フィールディングに限ったことではなく、ローリエもまた本国での関税改革運動に対して同様の対応を取った。ローリエは、一九〇四年一〇月一二日にオンタリオ州ゲルフで演説した際、英加相互特恵関税を望みはするが、イギリスに対して何ら要求はしないと述べる一方、カナダがこの問題について語るのはチェンバレンが選挙で勝利してカナダに特恵を与えられる地位についた後であると主張するのである。(46)

このカナダの帝国内における自治を重視する主張によって、チェンバレンの関税改革運動は梯子を外されたかたちとなった。これが一因となり、一九〇六年の総選挙においてチェンバレンの所属する統一党（保守党・自由統一党連合）は大敗北を喫したのであり、イギリス国内における関税改革運動は終焉を迎えることとなった。しかし、イギリス本国の関税改革運動に対して「消極的」な対応を示したカナダは、この運動の衰退以後も帝国経済統合の議論を止めることはなかった。むしろ、一九〇七年にフィールディング関税法を改正して、さらに本国との経済的紐帯の強化に向けて尽力した。(47)フィールディングが言うように、カナダはたとえイギリス本国から特恵が得られなくてもイギリスに対する忠誠は変わらないのであり、帝国内での自治植民地としてイギリス本国の動向に関係なく、カナダの側にて感情的紐帯を経済的紐帯で補完すべく動き続けたのである。(48)

3　カナダ自由党の帝国防衛論

（1）帝国防衛と海軍費の拠出

前節で見たように、自由党ローリエ政権期のカナダにおける帝国に関する議論の中心的な課題は、イギリス本国・植民地間の通商関係に関する問題である。しかし、それと同様にローリエら当該期の自由党の政治家達によって重視されていたのが、イギリス帝国防衛におけるカナダの役割をめぐる問題であった。なかでもローリエ政権期は、この防衛問題のうち、とくに海上防衛に関してカナダがどのように関わっていくのかが問題となった。

一九世紀後半に至るまで、植民地の防衛は全面的にイギリス本国が担っており、カナダに関してもアメリカによる侵略に備えて、本国から派遣された陸軍兵が駐屯していた。しかし、一八七一年にアメリカとの間でワシントン条約が締結され、英米間の緊張が緩和されると、イギリス本国は大西洋岸のハリファクス、太平洋岸のエスクヮイモルトを除いて兵力の撤退を図った[49]。ただ、アメリカによる侵略の脅威は去ったものの、カナダ沿岸におけるアメリカの漁船による密漁はカナダにとって大きな問題であり、これに対処すべく沿岸警備のための海上戦力の整備が進められた。とくに、一八八五年に設立された漁業警備隊（Fishery Protection Service）は、ローリエ政権期に整備が進められ、一八九一年から一九〇四年の間に新たに八隻の武装した巡視船が購入、配備されたのである[50]。

このような沿岸警備の拡大が進められる一方、両大洋によって守られることで「他国からの侵略が困難な地」であるカナダにおいて、ローリエの帝国全域の防衛に対する関心は必ずしも高くなかった[51]。しかし、世紀転換期に「二国標準主義（two-power standard）」を採用して急速な海軍の拡張を図るイギリス本国によって、ローリエは帝国防衛をめぐる問題への対応を迫られるようになっていった[52]。前節でも触れた一八九七年の植民地会議において、チェンバレンはイギリス海軍が植民地の海上貿易を保護していると指摘することで、その費用として植民地に対してイギリス海軍拡充のための海軍費の拠出を求めたのである。[53]

二〇世紀初頭まで、植民地による帝国防衛への貢献は、このようなイギリス海軍に対する海軍費の拠出が一般的な方法であった。一八八七年の植民地会議において、オーストラレシアの各植民地は、沿岸防衛を目的にイギリス海軍に対して年間一二万六〇〇〇ポンドを、またケープ植民地は一〇万ポンドを拠出していた。[54]一八九七年の植民地会議もこれと同様に、帝国防衛についての議論は海軍費の拠出をめぐって展開した。その際、チェンバレンや他の植民地代表達は、拠金を一切行っていないカナダに対して批判の矛先を向けた。ローリエは、海軍費の拠出について、今まで議会で議論をしたことがないと述べて拠出をかわす一方、カナダは戦略的な観点から大陸横断鉄道や港湾施設等の整備を図ることによって帝国防衛に貢献していると反論したのである。[55]

一九〇二年の植民地会議の際も、ローリエはインフラ建設による帝国防衛への貢献という主張を繰り返す一方、この植民地会議にてローリエの帝国防衛への対応は変化を見せた。[56]植民地会議に先駆けて海軍省で開催された帝国防衛に関する非公式の予備会議にて、オーストラリアにおける海軍基地の維持費用に関しての検討がなされた。この会議にて、オーストラリアとニュージーランドに人口比に応じた海軍費の拠出が求められ、カナダにも同様の割合の拠出を求めていくという方針が決定された。[57]この方針に従って、チェンバレンは植民地会議にて本国に比して人口一人あたりの防衛費で一五分の一しか支出していないカナダを批判し、防衛負担を求めたのである。[58]さらに、植民地に対してより強く海軍費の拠出を求めたのが海軍大臣のセルボーン卿（Lord Selborne）である。彼は、会議に提出された『海軍大臣による覚書（Memorandum by the First Lord of the Admiralty）』にて、「海は一つである。それゆえ、イギリス海軍も一つであるべきである」というドクトリンを掲げ、植民地が独自の海軍を持つことは、「海軍力の地域分散化（localization）」であると批判し、帝国防衛はイギリス海軍が一元的に行う一方、植民地は海軍費を拠出することでイギリス海軍による防衛の恩恵を享受できると語り、植民地に対して海軍費拠出を要請したのである。[59]

このセルボーン卿の主張を、カナダは激しく批判した。同じく会議に提出された『防衛に関するカナダ大臣の覚書(Memorandum by the Canadian Ministers concerning Defence)』によると、カナダによる批判の論点は海軍費の拠出による経済的負担に対するものではなく、拠出の要請が植民地自治の原則からの逸脱を伴うという点にあった。セルボーン卿が要求する海軍費の拠出は、半ば強制である一方、帝国内にて自治という「地域的な独立(local independence)」を認められたカナダは、植民地の自衛に必要な準備を進めるためのより「自由主義的な支出(liberal outlay)」、つまり独自海軍の創設を行うことで、有事には自発的に本国を支援すると会議に参加したローリエらカナダの大臣達は考えたのである。[60]この時期まで、帝国防衛問題についてローリエは消極的ではあったが、海軍費拠出への圧力、つまり自治の侵害に際して、自由主義的帝国主義という観点からカナダの発展とより整合的な帝国防衛の手法である独自海軍の創設に関心を寄せたのである。

しかし、このようなカナダによる独自海軍創設の主張は、一九〇二年の植民地会議の時点では実現が困難な状況にあった。当然ながら、それは「一つの海、一つの海軍」の旗印を掲げ、海軍戦力の分散化を拒絶するセルボーン卿の考えとは相容れないし、また一八六五年に制定された植民地海軍防衛法(Colonial Naval Defence Act)は、植民地の海軍力保有を認めていなかったのである。[61]しかし、そのような状況は、その後数年のうちに大きく変化していった。ドイツ海軍の台頭とイギリスによるドレッドノート(DREADNAUGHT)建造を端緒とする建艦競争は、海軍費を膨張させる一方、植民地海軍による帝国の共同防衛に対する関心を高めることとなったのである。このような状況において開催された一九〇七年植民地会議にて、海軍大臣トウィードマウス卿(Lord Tweedmouth)は、前任者であるセルボーン卿の帝国海軍の集中と一体的運用という方針を踏襲して会議に臨んだものの、植民地が望むならば沿岸警備に関してではあるが、艦船の建造や艦隊の編成を容認する姿勢を示したのである。[62]このトウィードマウス卿の見解は、これまでの海軍省による「海は一つである。それゆえ、イギリス海軍もまた一つである」というドクトリンが実質的に撤回されたということを示している。これを受けて、植民地による帝国防衛に対する貢献もまた変化を見せたのであり、海軍費の拠出はいまだ重要ではあったものの、独自海軍の創設による共同防衛が現実的なプランとして検討されるようになったのである。

(2) カナダ海軍の創設

先に見たように、一九〇二年に創設に着手することが公表されたカナダ海軍ではあったが、具体的に創設に向けて動き出す契機となったのが、一九〇九年のカナダ議会におけるフォスター決議である。一九〇九年三月二九日に、カナダ下院にて野党保守党のフォスター (G. E. Foster) は帝国防衛に関する決議を提出した。彼は、カナダ政府が帝国防衛と称して公共事業に終始し、他の自治植民地に比して帝国防衛に対する貢献が少ないことを批判した。そのうえで、彼は独自海軍創設だけでは不十分であり、イギリス海軍に対してドレッドノートかその建造費用の拠出を行うことで、「防衛に付随する責任や財政的負担」を引き受けるべきと訴えるのである。(63)

このフォスターの決議に修正を加えたのが、ローリエである。彼は、ドレッドノートやその建造費用の拠出に反対し、その対案として一九〇七年植民地会議でトゥィードマウス卿が「容認」した独自海軍の創設による帝国防衛への貢献、そして海軍創設費用の提供を議会に求める旨の修正動議を提出したのである。野党保守党党首ロバート・ボーデン (Robert Borden) をはじめとする保守党議員達も独自海軍創設には賛成であったため、最終的にローリエの修正動議が全会一致で可決され、カナダは独自海軍創設に向けて動き出した。(64)

このカナダ海軍創設決議に対して、イギリス本国政府も大きな関心を寄せた。一九〇九年四月に首相アスキス (H. H. Asquith) は、決議にて言及されるカナダ海軍創設の問題について十分な討議が必要と考え、七月に帝国防衛会議の開催を決定したのである。[65] ローリエは、この会議に民兵・防衛相（Minister of Militia and Defence）のフレデリック・ボーデン（Frederick Borden）と海事・漁業相のブロデュア（L. P. Brodeur）の二人を派遣して討議にあたらせたのである。

帝国防衛会議に参加したボーデンとブロデュアは、イギリス本国や他の植民地代表に対してカナダ海軍創設と帝国防衛の関係について、以下のように発言している。その発言の中で、彼らが揃って重視して使うのが「自治」という語である。ボーデンは、帝国内にてその一部を構成する植民地を自治に基づいて発展させ、他地域との統合を強化することが帝国の発展に寄与すると述べる。この考えを元に、帝国内の一部を自立した独自海軍で防衛し、他地域と防衛面で協力を深めていくことが帝国全体の防衛に繋がると主張するのである。[66] つまり、自治に基づく植民地の発展と帝国統合が両立するのと同様に、植民地防衛と帝国防衛は両立するのであり、対立するものでは決してないとボーデンは考えるのである。同じくこの会議に参加したブロデュアも、帝国防衛について語る際、「自治」を軸に議論を展開した。彼が言うに、「自治植民地は自衛のためのシステムに着手すべきであり、それによって帝国防衛のための新たな力が確立される」のであった。[67]

このような植民地防衛と帝国防衛の一体性を唱える一方、海軍省の要求に対してボーデンやブロデュアはカナダの利害を強く訴えた。この会議に際して、海軍省は海軍第一本部長であるフィッシャー（John Fisher）の案に従って、カナダの西海岸に戦力を集中させて巡洋戦艦一隻、軽巡洋艦三隻、駆逐艦六隻、潜水艦三隻からなる艦隊を編成し、オーストラリアと共に太平洋防衛に従事することを切望していた。[68]

この海軍省案は、ボーデンとブロデュアにとって全く受け入れられないものだった。太平洋岸だけでなく大西洋岸にも海岸線を有するカナダにとって、大西洋岸の防衛を実質的にイギリス海軍に委ね、戦力を太平洋岸に集中させることは、独自海軍で植民地の自衛を行うという先に触れたボーデンやブロデュアの植民地防衛に対する考えとは対立するものであった。さらに海軍省が要求する巡洋戦艦の配備は、カナダの防衛という観点からすれば過大であり、より小型の艦で十分であると考えられた。このようなカナダ側の主張に関して、トウィードマウス卿の後任として海軍大臣に就任していたマッケナ（R. McKenna）は全面的に受け入れ、その結果カナダは巡洋戦艦の導入、配備を見送り、エスクワイモルトだけでなく、ハリファクスにも装甲巡洋艦を中心とした艦隊を配備することが決定されたのである。(69)この決定に従って、カナダは領土の独力での防衛を進める一方、イギリス本国は海軍省の目論見通りにはいかなかったものの、太平洋防衛に関する一定の戦力増強を図ることができたのである。このように、植民地防衛と帝国防衛は両立可能ではあったが、ボーデンが言うように、カナダ海軍が目指すのは「第一に植民地防衛」であり、「第二に帝国海軍との協力」なのであった。(70)

このようなイギリス本国との調整を経て、一九一〇年一月にローリエが下院に上程したカナダ海軍法案（Naval Service Bill）は五月に可決され、カナダ海軍（Naval Service of Canada）の創設が正式に決定された。(71)この法案可決をうけて、カナダ海軍創設の具体的な準備が開始された。また海軍を管轄する省庁として海事・漁業省内に新たに海軍省（Department of Naval Service）が設立され、海事・漁業相であるブロデュアが兼任というかたちで初代海軍大臣に就任した。(72)

これに加えて、将来的にカナダ内にて海軍が使用する軍艦を建造するための企業の誘致が検討された。ローリエは、トウィードマウス卿が独自海軍の創設を容認した一九〇七年植民地会議に参加した時からイギリスの軍需企業数社と接触しており、なかでもヴィッカーズ社（Vickers, Sons and Maxim）は、植民地会議直後にカナダに子会社設立のための調査団を派遣していた。(73)このヴィッカーズ社誘致のために、ローリエはカナダ海軍法案と同時並行で乾ドック法（Dry Dock Bill）を議会に提出した。これは、カナダ内に造船所と船の補修設備を建設する企業に用地の斡旋や最大三〇〇万ドルの助成金を付与するものであり、これらの政府による支援の結果、一九一一年六月にヴィッカーズ社の子会社であるカナディアン・ヴィッカーズ社（Canadian Vickers Ltd.）がモントリオールに設立されたのである。[74]
このような経緯を経て設立されたカナダ海軍は、「安物海軍（tin pot navy）」と嘲笑されるように、設立時において巡洋艦ニオベ（NIOBE）とレインボー（RAINBOW）を中心とした巡洋艦五隻と駆逐艦六隻からなる極めて小規模なものでしかなかった。[75] しかし、このカナダ海軍は本国の海軍力から自立した独自の戦力であり、本国と共に帝国防衛を担うための戦力でもあったのである。

4　おわりに

以上見てきたように、世紀転換期においてカナダ政治を担ったローリエ率いる自由党は、イギリス帝国、そして隣国アメリカとの関係という大きなうねりの中で、その進むべき方向性を必死に見出そうとしていた。その際、自由党が考えたカナダ発展の方向性とは、カナダの多くの人々がイギリス本国や他の自治植民地の人々と共有するブリティッシュとしての意識に基づいて帝国の中にカナダを位置づけ、その中で自治を担うことによって帝国を支える一員として北米大陸にて責任と義務を果たしていくという自由主義的帝国主義に基づく発展であった。そのような帝国における責任や義務を果たすうえで、隣国アメリカとの経済関係強化によるカナダの発展もまた不可欠であり、自由党は対米互恵の機会を探り続けたのである。

このように考える際、米加関係の強化と英加関係の強化を二項対立的に捉え、カナダの発展とイギリス帝国の統合強化を矛盾したものと理解する見解には修正が必要と言えるだろう。しかしながら、このような自由党のネイション・ビルディングは、極めて野心的であると同時に極めて不安定なものであり、その政策が進展するにつれて綻びが見られるようになった。通商政策面では、一九一一年にアメリカとの互恵協定を締結するも、再び「不忠」であるとの批判を受け、また本章でも触れたカナダ海軍の創設は、ケベック州のフランス系ナショナリストから「帝国主義的」と批判され、この二つの要因が合わさって自由党は政権を失ったのである。カナダ自由党が掲げたカナダ発展の方向性は、イギリス帝国とアメリカの狭間で絶妙なバランスの上に成り立っていたのであり、そのバランスが崩れたときにローリエ率いる自由党が推し進めたカナダのネイション・ビルディングもまた終わりを告げたのである。

注

（1）Bélanger, R. ［2018］.

（2）このような「植民地から国家へ学派」の研究に関する整理として、Owram ［1999］ p. 152.

（3）Colvin ［1952］; Shields ［1965］. また一九九〇年代前半までの木村和男の研究も、この見解に依拠している。木村［一九八四］; 木村［一九九〇］; 木村［一九九一］。またコルヴィンは、ローリエによる帝国経済関係強化の主張を本国への「リップサーヴィス」であると捉え、その意図はカナダによるイギリスからの商業的独立にあったと主張する。Colvin ［1952］ pp. 50, 107.

（4）Buckner ［2005a］ p. 1.

（5）Buckner ［2008］ pp. 5-7; Potter ［2004］; 細川［二〇〇七］。

（6）Buckner ［2008］ p. 10.

（7）Buckner ［2005b］ pp. 186–194; 福士［二〇一四］一六－一八頁。木村は、二〇〇〇年以降の研究にてカナダを含む自治植民地のナショナリズムを「帝国内で自主的な自治を有するステイトの確立を目的とする運動」と定義している。これは、植民地ナショナリズムを帝国内における自治強化と本国との対等な地位の獲得を目指す運動と考える点で、バックナーらブリティッシュ・ワールド研究者と見解を同じくしている。しかし、木村は植民地ナショナリズムの目標を帝国からの独立と考える一方、ブリティッシュ・ワールド研究者は帝国関係の強化と理解する点に違いがある。木村［二〇〇〇］九－一〇頁；木村［二〇〇四］。

（8）ブリティッシュ・ワールドと経済に関する研究として、Magee and Thompson ［2010］; Dilley ［2012］. またブリティッシュ・ワールドと軍事に関する研究として、Mitcham ［2016］.

（9）なお本研究では、カナダ国立図書館・文書館（Library and Archives Canada）、オンタリオ州文書館（Archives of Ontario）、

ノヴァスコシア州文書館（Nova Scotia Archives）等に所蔵されるカナダ自由党の主要閣僚の文書や、イギリス国立文書館（The National Archives, Kew）所蔵の植民地省文書、イギリスの議会文書や刊行史料等を用いて検討を行う。

(10) Graham［1952］p. 2; Colvin［1952］pp. 10, 38.

(11) Brown［1964］pp. 166–167. 自由党による無制限互恵の綱領への追加から一八九一年総選挙に至る概要について、Pennington［2011］; 福士［二〇一四］第四章参照。

(12) Archives of Ontario, F24-1, Cartwright Papers, p. 1801, 8 Aug. 1887, Laurier to Cartwright; Library and Archives Canada, MG26G, Laurier Papers, vol. 737, pp. 208114–208119, 13 Aug. 1887, Cartwright to Laurier.

(13) Pennington［2011］pp. 75–76.

(14) House of Commons, Canada, *Debates*, 1888, p. 145; Cartwright［1912］p. 208.

(15) House of Commons, Canada, *Debates*, 1888, p. 156; Toronto, *Globe*, 14 Oct. 1887, p. 4. カートライト自身もロイヤリストの末裔であり、イギリス国王に忠誠を誓うブリティッシュであった。また一九世紀後半以降、イギリス帝国への忠誠を貫いたロイヤリストを讃美し、顕彰することを通じて、イギリスとの関係強化やカナダ・ナショナリズムの形成が図られた。細川［二〇〇七］第二章。

(16) House of Commons, Canada, *Debates*, 1888, p. 156. またカートライトは自身の回想録にてこの英米加の密接な関係を「英語話者の間の同盟（an alliance between English speaking nations）」と呼んでいる。Cartwright［1912］p. 283.

(17) House of Commons, Canada, *Debates*, 1888, p. 156; Cartwright［1912］p. 284. マギーとトンプソンによると、イギリス本国と商品嗜好が近い自治植民地であっても、文化を共有することで外国製品よりもイギリス製品を優先的に購入するということはなかった。Magee and Thompson［2010］chap. 4.

(18) Toronto, *Globe*, 18 Feb. 1891, p. 1.

(19) 木村［一九九〇］一三一－一三五頁。

(20) Liberal Party of Canada［1893］p. 71.

(21) Liberal Party of Canada［1893］p. 81.

(22) Toronto, *Globe*, 5 June 1896, pp. 1, 4, 9.

(23) 木村［一九九〇］一四〇－一四二頁。

(24) Colvin [1952] p. 70.
(25) Brown and Cook [1974] p. 21. この一般関税と互恵関税からなる二重関税をフィールディングに提案した製造業者バートラム（G. H. Bertram）は、「新関税は自由党の地位を今まで以上に強固なものとした」と述べている。Nova Scotia Archives, MG2, Fielding Papers, vol. 15, folder 11, Letter 736, 26 Apr. 1897, Bertram to Fielding.
(26) フィールディングも一八九七年四月の新関税発表時に、「新関税の第一目標は対米互恵」であると述べている。Colvin [1952] pp. 71, 80.
(27) Skelton [1921] p. 124.
(28) NSA, MG2, Fielding Papers, vol. 15, folder 11, Letter 716, 9 Feb. 1897, Davies to Fielding.
(29) ディングリーは、この後フィールディング関税法によってカナダがイギリスを優遇してアメリカを差別的な待遇に処したことに激怒している。LAC, MG26G, Laurier Papers, vol. 44, pp. 14316–14321, 30 Apr. 1897, John Charlton to Laurier.
(30) フィールディング関税法と最恵国条項問題について、Shields [1965]; 木村［一九九一］参照。
(31) 木村［一九九一］一二一頁。またイギリス側にてチェンバレンは、フィールディング関税法の関税優遇が他国にも適用されるのを嫌ってカナダが同関税法を撤回することで、帝国経済統合の機会を失うことを恐れていた。そのため、彼は一八九七年七月に最恵国条項を含むドイツやベルギーとの通商条約を破棄した。
(32) Chamberlain [1897] pp. 161–176.
(33) チェンバレンは、帝国経済統合に関しては相互特恵関税ではなく、対外関税を維持する一方で本国・植民地間の関税を全廃する「帝国通商同盟」構想を唱えていた。しかし、この構想が最初に発表された一八九六年六月の第三回帝国商業会議所会議において、商工業者達はこの主張に全く関心を示さなかった。福士［二〇一四］一五六頁。
(34) 植民地会議とイギリス帝国の再編に関して、木村［二〇〇四］。
(35) The National Archives, Kew, CO 885/6/30, Report of a Conference between the Right Hon. Joseph Chamberlain, M. P. and the Premiers of the Self-governing Colonies of the Empire, 1897, p. 100. 一八九七年植民地会議における通商関係をめぐる討議は、本国・植民地間通商関係の改善のために全ての植民地が対英特恵導入の可能性を植民地内にて討議する旨の決議が全会一致で採択されて終了した。TNA, CO 885/6/30, Report, 1897, p. ii.
(36) TNA, CAB18/10, Colonial Conference, 1902, Conference between the Secretary of State for the Colonies and the Premiers

of Self-governing Colonies, Minutes of Proceedings and Papers Laid before the Conference, p. 42.

(37)　特恵関税が導入された一八九七年から一九〇一年までの五年間におけるカナダの輸入額は六九%増であったのに対して、イギリスからの輸入は四六%増に留まっていた。しかし、特恵関税導入前の一八八七年から一八九七年のカナダにおけるイギリスからの輸入額は三〇%以上の減少であった。British Parliamentary Papers, Cd. 1299, Colonial Conference, 1902, Papers relating to a Conference between the Secretary of States for the Colonies and the Prime Ministers of Self-governing Colonies, June to August, 1902, pp. 119–120.

(38)　TNA, CAB18/10, Colonial Conference, 1902, p. 68; BPP, Cd. 1299, Colonial Conference, 1902, pp. 121–123; NSA, MG2, Fielding Papers, vol. 508, folder 22, folio 1071, 1 Aug. 1902, Memorandum by Canadian Ministers on Preferential Trade.

(39)　NSA, MG2, Fielding Papers, vol. 508, folder 22, folio 1079/1–4, 11 Mar. 1903, Fielding to Chamberlain.

(40)　TNA, CAB18/10, Colonial Conference, 1902, p. 44.

(41)　NSA, MG2, Fielding Papers, vol. 508, folder 22, folio 1080, 2 Apr. 1903, Chamberlain to Fielding.

(42)　Amery［1969］p. 516.

(43)　Tariff Reform League, *Monthly Notes on Tariff Reform*, Jan. 1905, pp. 1–4.

(44)　NSA, MG2, Fielding Papers, vol. 508, folder 22, folio 1082, 4 Nov. 1903, Fielding to Chamberlain; vol. 508, folder 22, folio 1084, 5 Dec. 1903, Fielding to Chamberlain.

(45)　NSA, MG2, Fielding Papers, vol. 508, folder 22, folio 1091, 10 Aug. 1904, Chamberlain to Fielding.

(46)　Tariff Reform League, *Monthly Notes on Tariff Reform*, Nov. 1904, pp. 197–198; University of Birmingham Library, Joseph Chamberlain Papers, JC18/4/27, 31 Aug. 1903, Lord Minto's Conversation with Sir Wilfrid Laurier at Government House, Ottawa, 31 Aug. 1903, p. 2.

(47)　Hart［2000］pp. 74–75.

(48)　LAC, MG26G, Laurier Papers, vol. 404, pp. 107431–107432, 19 Feb. 1906, Fielding to Chamberlain.

(49)　Rowell［1930］p. 717.

(50)　細川［二〇〇七］一八四－一八五頁；Brodeur［1982］pp. 16–17.

(51)　TNA, CO 885/6/30, Report of a Conference, 1897, p. 62.

(52) 横井［二〇〇四］八八－八九頁。
(53) 木村［二〇〇四］一一六頁。
(54) Mitcham［2016］p. 62.
(55) TNA, CO 885/6/30, Report of a Conference, 1897, pp. 61–62.
(56) TNA, CAB18/10, Colonial Conference, 1902, p. 8.
(57) Gordon［1965］p. 147.
(58) TNA, CAB18/10, Colonial Conference, 1902, p. 5.
(59) TNA, CAB18/10, Colonial Conference, 1902, Appendix VIII, Memorandum by the First Lord of the Admiralty, p. 264.
(60) TNA, CAB18/10, Colonial Conference, 1902, Appendix VII, Memorandum by the Canadian Ministers concerning Defence, p. 261; LAC, MG26G, Laurier Papers, vol. 753/2, p. 21555, Aug. 1902, Fielding's Memo.
(61) 横井［二〇〇四］一〇七頁。
(62) Gordon［1965］p. 217. またこの植民地会議に先駆けて開催された帝国防衛委員会（Committee of Imperial Defence）でも、植民地の独自海軍創設承認を含む問題について詳細な資料を元に議論が行われた。Mitcham［2016］p. 201.
(63) House of Commons, Canada, *Debates*, 1909, p. 3484; Dutil and MacKenzie［2011］p. 43.
(64) House of Commons, Canada, *Debates*, 1909, p. 3564.
(65) Earl of Crewe to Earl Grey, 30 Apr. 1909; Earl Grey to Earl of Crewe, 4 May 1909, cited in Department of External Affairs［1967］pp. 224–225.
(66) LAC, MG27IIC4, L. P. Brodeur Papers, H1017, vol. 2, file 20, Proceedings of the Imperial Conference on Naval and Military Defence 1909, pp. 7–8, 19–20.
(67) LAC, MG27IIC4, Brodeur Papers, H1017, vol. 2, file 20, Proceedings of the Imperial Conference, 1909, pp. 42–43.
(68) 矢吹［二〇〇五］二二一－二二三頁。
(69) LAC, MG27IIC4, Brodeur Papers, H1017, vol. 2, file 19, 26 Aug. 1909, Brodeur to Laurier; Gordon［1965］pp. 238–241.
(70) LAC, MG27IIC4, Brodeur Papers, H1017, vol. 2, file 20, Proceedings of the Imperial Conference, 1909, p. 67.
(71) カナダ海軍の名称は、一九一一年にRoyal Canadian Navyへと改称された。細川［二〇一四］一九〇頁。

（72）Dutil and MacKenzie［2011］pp. 48–53.
（73）Cambridge University, Vickers Archives, Doc. No. 608, Canadian Vickers Ltd., Short History of Formation and Sales, p. 1; LAC, MG26G, Laurier Papers, vol. 432, pp. 155407–155409, 29 Apr. 1909, F. O. Lewis to Laurier.
（74）Vickers Archives, Doc. No. 608, Canadian Vickers Ltd., Short History, p. 1.
（75）木村［一九九二］六三頁。

文献リスト

木村和男［一九八四］「チェンバレン・キャンペーンとカナダ・ナショナリズム」『イギリス史研究』三五。

木村和男［一九八七］『カナダ自治領の生成　英米両帝国下の植民地』刀水書房。

木村和男［一九九〇］「一八九七年フィールディング関税におけるカナダの『対英特恵』政策」『歴史人類』（筑波大学歴史人類学系）、一八。

木村和男［一九九一］「一九世紀末のイギリス帝国における特恵関税論争の一局面――カナダの対英特恵関税設定（一八九八年）をめぐって」『社会経済史学』五七－三。

木村和男［一九九二］「一九一一年カナダ総選挙の歴史的意義――米加互恵協定、海軍創設問題とカナダ内政」『アメリカ研究』二六。

木村和男、P・バックナー、N・ヒルマー［一九九七］『カナダの歴史　大英帝国の忠誠な長女、一七一三－一九八二』刀水書房。

木村和男［二〇〇〇］『イギリス帝国連邦運動と自治植民地』創文社。

木村和男［二〇〇四］「帝国再編の萌芽――植民地＝帝国会議とドミニオンの誕生」、木村和男編著『イギリス帝国と二〇世紀　第二巻　世紀転換期のイギリス帝国』ミネルヴァ書房。

細川道久［二〇〇七］『カナダ・ナショナリズムとイギリス帝国』刀水書房。

細川道久［二〇一四］『カナダの自立と北大西洋世界　英米関係と民族問題』刀水書房。

福士純［二〇一四］『カナダの商工業者とイギリス帝国経済　一八四六－一九〇六』刀水書房。

矢吹啓［二〇〇五］「イギリス海軍の太平洋防衛政策と日本の脅威」『クリオ』四六。

横井勝彦［二〇〇四］「イギリス海軍と帝国防衛体制の変遷」、秋田茂編著『イギリス帝国と二〇世紀　第一巻　パクス・ブリタニカとイギリス帝国』ミネルヴァ書房。

Amery, J. [1969] *The Life of Joseph Chamberlain, vol. 6, 1903–1908: Joseph Chamberlain and the Tariff Reform Campaign*, London.

Bélanger, R. [2018] “Laurier, Sir Wilfrid”, in *Dictionary of Canadian Biography*, vol. 14, University of Toronto/Université Laval, http://www.biographi.ca/en/bio/laurier_wilfrid_14E.html, accessed 29 Nov. 2018.

Brodeur, N. D. [1982] “L. P. Brodeur and the Origins of the Royal Canadian Navy”, in J. Boutilier (ed.) *RCN in Retrospect*, Vancouver.

Brown, R. C. [1964] *Canada’s National Policy, 1883–1900: A Study in Canadian-American Relations*, Princeton.

Brown, R. C. and R. Cook [1974] *Canada 1896–1921: A Nation Transformed*, Toronto.

Buckner, P. A. [2005a] “Introduction”, in P. A. Buckner (ed.) *Canada and the End of Empire*, Vancouver.

Buckner, P. A. [2005b] “The Long Goodbye: English Canadians and the British World”, in P. A. Buckner and R. D. Francis (eds.) *Rediscovering the British World*, Calgary.

Buckner, P. A. and R. D. Francis [2005] “Introduction”, in P. A. Buckner and R. D. Francis (eds.) *Rediscovering the British World*, Calgary.

Buckner, P. A. [2008] “Introduction: Canada and the British Empire”, in P. A. Buckner (ed.) *Canada and the British Empire*, Oxford.

Cartwright, R. [1912] *Reminiscences by the Right Honourable Sir Richard Cartwright, G. C. M. G.,* Toronto.

Chamberlain, J. [1897] *Foreign and Colonial Speech*, London.

Colvin, J. A. [1952] “Sir Wilfrid Laurier and the Imperial Problem, 1896–1906”, unpublished Ph. D. thesis, University of London.

Department of External Affairs [1967] *Documents on Canadian External Relations, vol. 1, 1909–1918*, Ottawa.

Dilley, A. [2012] *Finance, Politics, and Imperialism: Australia, Canada, and the City of London, c. 1896–1914*, Basingstoke.

Dutil P. and D. Mackenzie [2011] *Canada 1911, the Decisive Election that Shaped the Country*, Toronto.

Graham, W. R. [1952] “Sir Richard Cartwright, Wilfrid Laurier, and Liberal Party Trade Policy, 1887”, *Canadian Historical Review*, 33–1.

Gordon, D. G. [1965] *The Dominion Partnership in Imperial Defense, 1870–1914,* Boltimore.

Hart, M. [2000] *A Trading Nation: Canadian Trade Policy from Colonialism to Grobalization*, Vancouver.

Liberal Party of Canada [1893] *Official Report of the Liberal Convention: Held in Response to the Call of Hon. Wilfrid Laurier, Leader of the Liberal Party of the Dominion of Canada: Ottawa, Tuesday, June 20th and Wednesday, June 21st, 1893*, Toronto.

Magee, G. B. and A. S. Thompson [2010] *Empire and Globalisation: Networks of People, Goods and Capital in the British World, c. 1850–1914*, Cambridge.

Mitcham, J. C. [2016] *Race and Imperial Defence in the British World, 1870–1914*, Cambridge.

Owram, D. R. [1999] "Canada and the Empire", in R. W. Winks (ed.) *Oxford History of the British Empire, V, Historiography*, Oxford.

Pennington, C. [2011] *The Destiny of Canada: Macdonald, Laurier, and the Election of 1891*, Toronto.

Potter, S. J. [2004] "The Imperial Significance of the Canadian-American Reciprocity Proposal of 1911", *Historical Journal*, 47–1.

Rowell, N. W. [1930] "Canada and the Empire, 1884–1921", in J. H. Rose, A. P. Newton and E. A. Benians (eds.) *Cambridge History of the British Empire, vol. 6, Canada and Newfoundland*, Cambridge.

Shields, R. A. [1965] "Imperial Reaction to the Fielding Tariff of 1897", *Canadian Journal of Economics and Political Science*, 31.

Skelton, O. D. [1921] *Life and Letters of Sir Wilfrid Laurier*, vol. 2, Toronto.

Willison, J. [1903] *Sir Wilfrid Laurier and the Liberal Party: A Political History*, vol. 2, Toronto.

Willison, J. [1919] *Reminiscences, Political and Personal*, Toronto.

第7章　コモンウェルスという神話
——殖民・植民地主義、大ブリテン構想、ラウンド・テーブル運動をめぐる系譜学——

馬路智仁

1　はじめに

ＣＡＮＺＵＫ、アングロ圏（Anglosphere）、帝国二・〇……、今日イギリスの政治・言論界において「コモンウェルスへの回帰」と形容すべき構想（とそれへの批判）が、ポスト・ブレクジット時代を展望する論争の一角を占めている。[1]こうした構想は、それが実現した場合の構成国や具体的な制度設計において偏差を伴うものの、共通して、世界に伝播したかつてのイギリス帝国の遺産（と構想者が見なすもの）に依拠し、またそれらを紐帯に据えている。すなわち、自由や民主主義といった政治的価値観、コモンロー、グローバル言語としての英語などであり、さらにこれらを基底とする大洋横断的な同胞感情である。たとえば、ブレクジットを支持するイギリス人歴史家アンドリュー・ロバーツは、政治的・文化的価値観を色濃く共有する旧移住植民地（カナダ、オーストラリア、ニュージーランド）とイギリス——英語名の頭文字をとってＣＡＮＺＵＫ——から成る大洋を跨ぐ政治連合体の形成を提唱する。彼によるとこのようなCANZUK連合は、一九七三年におけるイギリスのヨーロッパ共同体への加盟によって一度葬り去られた、英語圏諸国民の統合という理想へ向かう不可欠な一歩である。(2)

批判者が正当にも指摘するように、現在飛び交う一連の「コモンウェルスへの回帰」構想は、過去へのノスタルジアに支配された幻想と言えよう。(3) そこにおいて重要な位置を占める旧移住植民地の今日的状況――エスニシティや文化における多様な人口構成、旧本国イギリスに対する歴史的なアンビヴァレントな感情、周辺国との地政学的利害や同盟関係――を鑑みれば、今後これら諸国とイギリスの間で政治的統合や精神的連帯が易々と進展・深化していくことは想像し難い。しかし思想史・知性史研究の観点から興味深いのは、旧本国の知識人や政治エリートが発するこのノスタルジアの背後には、これまで着目されることの少なかった重厚な知的堆積物が存在するという点である。本章が提示するように、一九世紀前半以降イギリスの多くの思想家や知識人は、本国の人々とそこからの海外移住民の間における人種や文化、言語、価値観の共通性に基づく精神的紐帯を観念し、さらにはそのような共通性や紐帯を土台とした大洋横断的な一つの政治共同体の構想を提起してきた。こうした知的営為の最も興隆した形が、ヴィクトリア朝後期における「大ブリテン」(Greater Britain) 諸構想である。(4) そこでは政治イデオロギーの相違を問わず多彩な人物が、(上位権力としての) 巨大連邦国家を含む様々な制度設計の下でイギリス本国と移住植民地との、さらにはアメリカ合衆国をも包摂した英語圏諸国全体の、緊密な統合を提唱した。

本章はこのような大ブリテン諸構想を機軸として、その前史となるヴィクトリア朝前・中期にかけての殖民・植民地主義 (settler colonialism) 論と、後継となる一九一〇年代から戦間期のラウンド・テーブル運動、とくにそこにおける複数の重要なブリティッシュ・コモンウェルス構想を検討する。それを通して本章は、イギリス本国人と本国からのディアスポラの紐帯をめぐる一世紀に及ぶ一つの歴史的な知的系譜を描き出す。この作業が目的とするのは、ブリティッシュ・ワールド研究における本国民と移住植民地の人々の間の統一的アイデンティティを主題化するプロジエクト――いわゆる「グローバル・ブリティッシュネス」論、すなわち彼らの間の大洋横断的な精神的・感情的絆がどのように構築あるいは喚起され、また主として二〇世紀中葉以降、そうした絆がいかにして解体の危機を迎えたかという研究課題――に対する、思想史研究分野からの貢献である。[5]

まず次節では、前史としての一九世紀前半から中葉における殖民・植民地主義論に焦点を当てる。「殖民・植民地主義」（settler colonialism）とは、ヴィクトリア朝期の同時代的な用語ではなく、今日用いられる「植民地主義」（colonialism）という一般的表現の中に混在する、ある特定の帝国支配の形態を理論的に摘出するための分析概念である。[6]すなわちそれは、イギリス領インドのように、帝国的権力を総督や植民地官僚を通して数の上で多数派の被統治住民に対しいわば垂直的に行使する植民地支配ではなく、本国から無主地（terra nullius）と認識（あるいは表象）される領域への移民と定住を伴う支配形態を指し示す。この植民地支配の目的は、様々な異民族に対する垂直的統治の継続というよりも、むしろ入植先に移住者自らの共同体や市民社会、さらには自治的な統治機構を設立することにある。この形態が「支配」的であるのは、入植者共同体の確立過程において原住民に対する暴力や迫害・殺害、人種的隔離、強制移住、文化的ジェノサイド、また原住民が利用していた物質的資源の収奪を伴うからである。加えて殖民・植民地主義は、そのような支配権力の終焉に明確な画期を持たないことを特徴とする。そこでは、従属的地位に置かれた住民（原住民）への支配がいわゆる脱植民地化――そうした住民の民族自決による主権国家化――を経験することなく、たとえ入植者共同体自体が本国から独立したとしても「先住民問題」として支配が継続されることになる（典型的な例として、ニュージーランドにおけるマオリをめぐる問題）。

本章では殖民・植民地主義「論」を、本国からの移民を促進し、その現象と深く結びついた以上のような特定の植民地主義を、少なくとも結果的には幇助することとなった思想を指すものとして使用する。ヴィクトリア朝期の思想家・知識人が"colonization"（植民地化）という言葉を用いるとき、多くの場合こうした無主地とされる場所への移民・入植という事象を意味していた。次節ではとくに、指導的な殖民・植民地主義論を展開した三人の思想家、ウェイクフィールド（Edward Gibbon Wakefield）、メリヴェール（Herman Merivale）およびJ・S・ミル（John Stuart Mill）を俎上に載せる。そして、当該テーマにおける彼らの所論の検討を通し、彼らがイギリス本国民と海外移民の間の精神的紐帯として血統という本源的な人種的結びつきを観念していた点を示す。

2　グローバルな「血」の結合

ヴィクトリア朝期に入る頃のイギリスは、産業革命の進展と同時に、その反動としての社会不安、貧困、革命への懸念に苛まれていた。チャーティズムが台頭し、さらにカール・マルクスの『共産党宣言』（一八四八年）が流布するまで、もう間もなくの時期であった。B・ヒルトンが主張するように、たとえば一八三〇年代・四〇年代のロンドンは、一方で技術進歩や余暇、娯楽の拡大、他方で大衆や犯罪、困窮、革命、無秩序といったものへの恐怖に特徴づけられる「狂ったメトロポリス」であった(7)。ウェイクフィールド、シーニア（Nassau William Senior）、メリヴェール、トーレンズ（Robert Torrens）といった経済学者（political economist）や政治家が相次いで殖民・植民地主義論を展開したのは、このような社会騒擾への不安の高まりを背景にしてのことである(8)。彼らは、大衆労働者を組織的にイギリス帝国内の無主地と認識される地域へ送り出し、併せてそこに資本を投下することで、イギリス国内の社会問題を緩和するとともに、海外に新たな――母国に類似した――文明的な資本主義社会を作り出そうと意図した。彼らにとって海外植民の促進は、すなわち国内的社会改革の手段であり、また同時に資本主義を革命の脅威から保護し、世界へ拡張していく方法であった。

こうしたヴィクトリア朝前期における殖民・植民地主義論の中で最も大きな知的影響力を有したのは、「計画的植民」(systematic colonization) を提唱したウェイクフィールドのそれであろう。[9] 南太平洋での植民活動を会社運営などを通して推進し、カナダの自治をめぐる一八三九年ダラム報告書の作成にも関与した彼は、海外植民についての自説を『植民術の考察』(*A View of the Art of Colonization*, 一八四九年) に纏めた。[10] その中でウェイクフィールドはイギリス帝国内の植民地 (colony) ――彼にとってそれは、インドをはじめとする「従属領」(dependency) ではなく、「遠隔地からの移民を受け入れるところの、全面的あるいは部分的に未占有な地域」を意味する[11]――を政府の強力な介入によって資本主義的文明世界の一部へ導くための方策を提示した。植民地政策に関して、彼は「見えざる手」や、マンチェスター学派に結びつけられるようなレッセ・フェールといった発想にはとかく反対であった。

具体的に、ウェイクフィールドは二つの仕方による政府 (植民地行政機関) の積極的介入を称道する。一つ目に、植民地における土地売却価格を人為的・意図的に高く設定するという方法である。彼によるとこれによって、植民地行政機関の側にさらなる移民を導入するための資金がもたらされることになる。また同時に、新たな移民による土地購入を抑制し、彼らが賃金労働者として働くことを促進する (ウェイクフィールドが構想したのは独立自営的な農業社会ではない)。二つ目にウェイクフィールドは、人々の完全な自由移動に委ねるのではなく、植民地行政機関が秩序立った都市生活に相応しい移民を選別する役割を積極的に果たすべきと主張した。[12] 彼はこのような二つの政府介入を通して、イギリス本国の工業都市と類似した資本主義的産業社会を植民地において醸成していくことを提唱する。それは裏返せば、本国における社会不安の原因と彼が見なした過剰労働力を海外へ分散させ、もって革命の脅威を除去しようとする方策でもあった。ウェイクフィールドが明言するに、「不満が継続し、民衆の間に教育が普及していくに従って、チャーティズムと社会主義が制限選挙権と私有財産を克服しようとする多くの闘争を展開するであろう。こうした闘争の中に私は、[イギリスにおける] 全ての人々にとっての巨大な危険を感知する」。[13] G・ピターバーグとL・ヴェラツィーニは、マルクスが資本主義の超克によって「反転した世界」(a world turned upside down) の建設を企図したならば、ウェイクフィールドの計画的植民構想は資本主義を「外転させる」(turning inside out)――つまり内側（イギリス）から外（海外移住植民地）へ転回して存続させる――ものであったと主張する。彼らによるとウェイクフィールドとマルクスは、資本主義が抱えた同一の諸問題に対し、同時期に相反する処方箋を示した二卵性双生児のような存在であった(14)。

ウェイクフィールドにおいて、そのように資本主義を保全し拡張していく場としての海外植民地は、イギリス本国と二つの紐帯によって結ばれると想定される。一つは、貿易に基づく経済的紐帯である。彼の考えるところ、移住植民地は（少なくとも当初は）本国への食糧と工業原材料の供給基地として、またその文明的工業製品の輸入先として、活発な企業・経済活動を行い、本国との間に「相互的な最良の顧客」関係を構築していく存在である(15)。二つ目は、共通の血統に依拠する精神的紐帯である。彼が主張するに、イギリス本国とその海外移住植民地は双方の構成員の間の人種的な絆、すなわち「ブリティッシュの血」――より具体的には、「スコットランド人とイングランド人の血」――を共有しているという感覚に基づく精神的・感情的絆によって結合している(16)。そして肝要なことに、これら二つの紐帯は後者を基底とする形で不可分的に結びついていた。というのも、ウェイクフィールドによるとブリティッシュの血こそが旺盛な企業家精神や経済エネルギーの源泉であり、この血筋以外の人々によっては世界産業の中心地イギリスとの間に最良の経済的互恵関係を築きえない。「私は、純粋にミリージアン＝アイルランド人やケルト系フランス人の植民地が仮に存在するとしても、〔……〕それらは純粋にイングランド人や低地スコットランド人の植民地以上には、母国にとっての良き顧客とならないであろうと考える」。経済や産業の「非凡なエネルギー」が「我々の人種の特質」であり、イギリスは海外植民を通して自らに対する「より優れた顧客を創出する」のである。ウェイクフィールドの観念するところ、このようにブリティッシュの血脈こそ、外転された、海外における資本主義の十全な発展を支える根幹であった(17)。必然的に、彼にとって移住植民地の中心主体は、その血を引くイングランド人とスコットランド人移民およびその子孫であった。

ヴィクトリア朝初期にオックスフォード大学経済学教授（一八三七〜四二年）を務め、後年インド省事務次官となったメリヴェールも、ウェイクフィールドと同様イギリス本国と海外移住植民地の根本的紐帯を、共通の血脈に基づく精神的絆に見出した。メリヴェールは主著の一つ『植民および植民地に関する講義』（*Lectures on Colonization and Colonies*, 第一版一八四一年、第二版一八六一年）の中で、まず「植民地」（colony）を他の海外領土と厳密に区別する。[18]彼においてそれは、インドやセイロン島といった被支配住民が大多数を占める征服地域や、マルタやジブラルタルといった軍事基地、あるいはアフリカ大陸岸沿いなどの各種商取引の場（emporium）とは異なり、「母国からの移住者によってその土地全体が、もしくはその主たる部分が、所有されている領土」――具体的にイギリスの場合、カナダ、オーストラリア、ニュージーランド、およびアメリカ合衆国内の該当地域――を意味した。メリヴェールによると、本国からの移住者の定住領域というこうした植民地の定義こそ、その言葉の「古代以来の、かつそれ固有の意味」である。[19]『植民および植民地に関する講義』において彼が強調するのは、このような植民地とイギリス本国は経済的な損得ではなく、より根源的な、人種的同胞感情によって結びついているという点である。移住植民地の維持や放棄といった問題は、（本国の防衛費負担を含めた）「単なる利益と損失のバランス」や、「〔功利主義原理に依拠した〕抽象的な政治哲学によって提供される動機」に基づいて決定されるべきではない。その領土の保持は「血の誇り」、「同族共同体に対する共感」、また「支配的な人種の直観」に直接関わる根幹的事がらである。[20]加えてメリヴェールは、そのような移住植民地の保有を通した西欧文明の世界的伝播を、言い換えればブリティッシュの血筋を共有するイングランド人とスコットランド人移民による産業資本主義やキリスト教の海外各地域への拡散を、称道する。[21]

メリヴェールの殖民・植民地主義論は、海外植民地における資本主義の発展や本国との人種的結びつきを高唱する点でウェイクフィールドのそれと共通する。しかし一方で、ウェイクフィールドと異なり、彼は移住植民地の確立が原住民にもたらしている災禍を十分に理解し、それに対する自身の憂鬱な感情を明示している。「我々の目の前には荒廃が待ち構えている」。北米大陸の奥地からヴァン・ディーメンズ・ランド（タスマニア）といった南太平洋の島嶼領域まで、植民地において跋扈しているのは白色文明人や文明的政府による、「土着の人種（native races）の広範かつ包括的な破壊」であり、彼らに対する「残忍さや背信」、「悪徳」、「暴力や貪欲」に他ならない。[22] しかし留意すべきことに、メリヴェールが解決策として掲げるのは原住民の慣習・文化それ自体の保護や、彼らの対等な市民的権利の承認といったものではなかった。むしろ彼は「融合」（amalgamation）政策という標語とともに、本国イギリス政府植民省の入念な計画・監督の下、現地政府の行政官や宣教師が実行する、原住民の白人入植者共同体への漸進的な同化――イギリスの法、文明的慣習・技術、キリスト教を会得するまでの知的、道徳的教化――を提唱する。[23] それはいわゆる「文明化の使命」に基づく、土着民に対する（彼らの保護・管理という形式を通じた）支配の存続を意味した。その半ば永久的な従属化の過程において、原住民の元来の共同体や文化は侵食され、彼らのアイデンティティの解体がもたらされることになるであろう。実際メリヴェールは、融合政策の到達点を「野蛮な共同体の安楽死」と規定する。[24]

海外移住植民地建設の奨励は、ヴィクトリア朝期における自由主義の旗手J・S・ミルにも共有された主張であった。彼はウェイクフィールドが構想した「計画的植民」論の影響を同時代的に最も強く受けた思想家の一人である。[25] 一方でミルとウェイクフィールドの間には、国家による海外植民奨励の理由づけをめぐって幾つかの相違点も存在する。とりわけ、ウェイクフィールドが主として国内的社会問題の解決という観点から海外植民を擁護したのに対し、ミルはそうした理由に加えて、植民がもたらす世界全体への経済的恩恵という論拠に基づきそれを正当化した。一八四八年刊行の『経済学原理』の中で、彼は植民事業の政府による積極的支援を提唱しつつ、かかる論拠について展開している。

植民の利益を評価するには、それをただ一つの国との関係において考えるのではなく、全人類の経済的利益との関係において考えるべきである。この植民の問題は、一般的にもっぱら分配の問題、つまり一つの労働市場を和らげ、他の労働市場を補充するという問題と考えられている。その通りではあるが、しかしこの植民の問題はまた、生産の問題、すなわち世界の生産資源を最も有効に用いるという問題に他ならない。〔……〕労働者や資本を元の国から新たな別の国へ、生産力の小さいところから生産力の大きなところへ、輸出するということは、世界の労働や資本の総生産高をそれだけ増加させることに繋がる。〔……〕現状の世界においては、植民事業こそが、そうした元の富裕な国の資本が携わりうる最良の事業であって、このように断言するのに何らの躊躇を要しない。(26)

こうした相違点は存在するものの、ミルもまた、ウェイクフィールド、さらにメリヴェールと同様、移住植民地建設における特定の血筋を継承する者の役割を高く評価している。すなわちイングランド人とスコットランド人、および彼らの子孫の役割である。『経済学原理』の出版に先立つ一八四六年から四七年、ミルは『モーニング・クロニクル』紙上で「アイルランドの状況」と題する論考を連載し、その中で植民事業をめぐってのアイルランド人とイングランド人・スコットランド人の適格性の比較を行った。(27)結論として彼によると、個々人に備わる不屈さ、機知、自主性、自己規律といった「社会的性格」(character) の点で後者の優位は明らかである。したがって、「イングランド人とスコットランド人が、荒野の開拓者として適切な素質を具備する存在である」(28)。対照的にミルは、アイルランド人——彼の言葉で「ケルト族という親類」(29)——の海外植民者としての不適格さを強調する。ミルの見るところ、彼らアイルランド人の社会的性格は、長年にわたる内国植民地的な経済的搾取や宗教的抑圧の中であまりにも毀傷する事態となっており、海外植民を通した文明の使徒としての役割を果たしえない。それゆえ、「海を越えたところに新たなネイションの基礎を築くことにおいて、人類家族の内のアイルランド人分枝が有力な構成要素であるべきか否かというのは深刻な問題である」[30]。

K・スミツらが指摘するように、一八六〇年代以降晩年のミルは、海外移住植民地における原住民に対する不正義と、そうした移住植民地建設に内在する（と彼が見なした）世界への自由の拡張という二つの事象の相剋に苛まれるようになる。すなわち、一方でミルはメリヴェールが看取したのと同様な、オーストラリアやニュージーランドといった地域におけるイギリス本国からの入植者が原住民に奮う暴力や破壊の深刻さを認識し、狼狽する。彼はそれまで擁護してきた植民による本国と類似した市民社会の構築が、入植者によって「劣等人種」と見なされた人びとの惨禍という現実の上に成立していることに陰鬱さを覚えた[31]。しかし他方でミルは、イングランド人とスコットランド人の血を引く者による、自由や文明、世界全体の富の拡大という従来の主張を保持した。たとえば、一八六一年公刊の『代議制統治論』、とくにその第一八章「自由国家による従属国の統治に関して」の中で彼は、そのようなブリテン島出身の入植者が建設してきた、世界に散在する移住植民地の意義について論じる。ミルが言明するのは、移住植民地は本国との「緩い一体的結びつき」(slight bond of connexion)——具体的には「血」、「言語」、「貿易」に基づく結びつき——の中で地球全体における自由の増大に貢献しているという点である。大洋を隔てた母国の分枝たちは、そのため、「あらゆる諸国のなかで最も良く自由を理解している強国〔＝イギリス〕の道徳的影響や重みを世界の評議会(the councils of the world)に付加していくという、今日とりわけ価値のある美点を有している」[32]。

以上見てきたウェイクフィールド、メリヴェール、ミルの殖民・植民地主義論は、海外植民を擁護する理由づけや原住民への眼差し、また入植者と彼らの関係の在り方などをめぐって、異なった主張を含んでもいる。しかし一方で、それらは共通して特定の血筋を受け継ぐ者たち、すなわちイングランド人とスコットランド人、およびその子孫——ウェイクフィールドが述べる「ブリティッシュの血」を継承する者たち——を移住植民地構築の中心主体に据えている。言い換えれば、彼らの所論においてイギリス本国と移住植民地の間の大洋横断的な紐帯（ミルの言葉で「緩い一体的結びつき」）の肝要な要素として想定されたのは、血統という本源的な人種的繋がりであった。重要なことに、そのような人種的絆に基づくグローバルな規模の同胞感情という観念は、ヴィクトリア朝後期に台頭した「大ブリテン」構想者の多数に共有されたものでもあった。次節で示すように、大ブリテン諸構想は相当程度、そうした人種的・感情的な結合の上に同じく大洋を跨ぐ規模の法的・政治的制度を構築しようとする運動であったと見なすことができる。

3　大ブリテン構想の時代

ヴィクトリア朝後期からエドワード朝期にかけてのイギリスは、産業技術の飛躍的発展に基づく地球上の距離の消滅という認識の興隆に特徴づけられる。[33]大ブリテン（Greater Britain）という巨大政治共同体の構想は、かかる地球空間縮小の認識によって推進された。たとえばケンブリッジ大学の著名な歴史家シーリー（John R. Seeley）は、『英国膨張史』（一八八三年）の中で「距離が科学によって撤廃された」と主張する。彼は大西洋を例として取り上げ、「一八世紀［エドマンド・］バークは大西洋に跨がる連邦はほぼ不可能と考えた」が、「しかしバークの時代と異なり、その大洋はもはやギリシャとシチリアの間の海と変わらないほどまでに縮小している」と論じた。[34]またニューリベラリズムの理論家ホブスン（John A. Hobson）も、一九〇〇年代半ばに、地球は既に「多様な形のコスモポリタニズム」――具体的には「資本や労働の壮大な世界的流れ」、「共感の即時的拡散」――に彩られる、統合された単一の空間であると強調した。[35]このような地理空間無効化の観念を背後にシーリー、ホブスンはそれぞれ、「巨大で堅固な世界規模の国家（World-State）」、連邦原理の適用に基づく「アングロ・サクソン連合（Anglo-Saxondom）」としての大ブリテンを展望していく。[36]こうしたヴィクトリア朝後期以降の帝国ヴィジョンは、一九世紀半ばにおける「地球の半分によって隔てられている諸国は、一つの統治のもとにおかれるという自然な条件を提示しておらず」、「同一の公共の部分」を構成しえない、とするミルの主張と大きく異なっている。(37)

明確にすべきことに、大ブリテン構想は全く一枚岩な知的運動ではなく、提唱者、想定される制度、また同じく想定される領域的範囲をめぐっての多様性を特徴としている。まずこの構想の提唱者は、歴史家、法学者、経済学者、政治家、小説家、ジャーナリストなどきわめて多岐にわたる。その中で重要な人物として、網羅的ではないが、シーリー、フリーマン（Edward A. Freeman）、フルード（James A. Froude）、ダイシー（Albert V. Dicey）、ブライス（James Bryce）、ホブスン、ホブハウス（Leonard T. Hobhouse）、ディルク（Charles Dilke）、セシル・ローズ（Cecil Rhodes）、チェンバレン（Joseph Chamberlain）、テニスン（Alfred Tennyson）、ステッド（William T. Stead）を挙げることができる。(38)

こうした様々な大ブリテン構想者が提起する大洋横断的な法的・政治的制度も多彩であった。仮に整理のために類型化すると、四つの範疇に分けることができよう。一つ目に、既存の国家・政府権力よりも上位の、巨大な連邦国家を大ブリテンとして措定する構想が存在した。帝国連邦同盟（the Imperial Federation League, 一八八四〜九三年）の旗手の一人であったシーリーは、かかる超国家的方向性を推進した中心人物と見なすことができる。彼は本国イギリスと海外移住植民地（カナダ、オーストラリア、ニュージーランド、南アフリカ）から成る領域を、海路によって纏まる「世界大のベネチア」（world-Venice）と形容したうえで、将来的にはこのベネチアをアーチ状に覆う、立法・行政・司法権を兼ね備えた十全な大ブリテン連邦政府が樹立されるべきと提唱する（上述の「巨大で堅固な世界規模の国家」）。(39)このような超国家的な大ブリテン連邦論は、次節で扱うエドワード朝末期に結成されたラウンド・テーブル運動の立役者カーティス（Lionel Curtis）によって再び唱導されることになる。二つ目に、連邦制的な上位権力は想定せず、代わって定期的に開催される政府間主義的な帝国協議会（本国と移住植民地政府の代表によって構成される）を提起する大ブリテン構想が存在する。世紀転換期にホブハウスによって唱えられた「緩やかな擬似連邦主義

(quasi-Federalism)」が、こうした大ブリテン連合（confederation）の範疇に含められる[40]。

三つ目の制度構想は、「同位政治体」（isopolity）と表現されるものである。これは、大ブリテンを上位権力の存在しない非連邦制的な共同体と規定する一方で、その共同体内における一元的なシティズンシップ――具体的には、主要構成員に対して領域内の居・移住地域に関わりなく保障される、共通の包括的な市民的および政治的権利の束――の確立を提起するものである。このような統一的シティズンシップに特徴づけられる大ブリテン政治共同体の重要な提唱者として、法学者ダイシーや歴史家ブライスが挙げられる（なお、彼らが主要構成員として想定したのは「アングロ・サクソン人種」である）[41]。最後に、包括的ないし一元的な制度を構想せず、統治において個別構成国家の政治的自主性を重視する、制度的ミニマリズムの立場が存在する。この範疇に属する思想家は、言語（英語）や宗教（プロテスタンティズム）、人種の共通性に基づく大ブリテン構成員間の精神的・文化的な紐帯を重視するに留まった。

たとえば、世界周遊後の旅行記によって大ブリテンという言葉の火付け役ともなったディルクは、後年の著書『大ブリテンの諸問題』（一八九〇年）において帝国連邦政府という超国家的な一元的統治機構の弊害を指摘する[42]。彼によると、そのような統一的機構の設立は、移住植民地という「子供」の自立的かつ独自の制度発展を妨げることになる。そうした子の発育不全は「母国」イギリスと移住植民地の健全な「家族」関係を毀損するであろう[43]。ディルクは、共通の一元的な機構・制度ではなく、「イングランド人種」（English race）という家族の持つ精神的絆（「愛情」）や文化的一体性を核心として結合する軟質な大ブリテンを提起する[44]。

加えて、大ブリテンの領域的範囲をめぐって構想者の間に相違が見られる。最大の不一致は、イギリスと海外移住植民地のみでなくアメリカ合衆国を大ブリテンの中に加え、それを全ての英語圏諸国を包摂する共同体――J・ベリッチの言葉を用いれば、「アングロ世界」（the Anglo-world）――として提示するか否かという点にあった[45]。これは、大ブリテンの制度構想と一定程度連動している。というのも、アメリカを大ブリテンの中へ包摂しようと試みる論者は、現実的選択肢として帝国連邦国家（一つ目のカテゴリー）を擁護せず、紐帯として共通の人種や文化（言語、宗教）の十分性を強調する傾向にあったからである（四つ目の制度的ミニマリズムのカテゴリー）。ここでは重要な例として、フリーマンの所論を取り上げる。ヴィクトリア朝後期にオックスフォード大学近代史欽定教授を務めたフリーマンは、帝国連邦同盟を批判する中で自らの大ブリテン構想を組み立て、一八八六年『大ギリシャと大ブリテン』(*Greater Greece and Greater Britain*) にそれを表した。[46] 同書において彼は、大ブリテン連邦の樹立によって、アメリカ合衆国とイギリスを含む他の英語圏諸国（移住植民地）の間に分断が生じてしまう事態に危機感を表明する。彼によると、かつてイギリスから独立を勝ちえたアメリカが、そのような巨大連邦国家の一部として同国と政治的な再統合を果たすというシナリオは想定しえない。そのため帝国連邦同盟の構想は、アメリカ市民という「イングランド民族の最も力強い分派」を世界に散らばる他のイングランド人から切り離し、大ブリテンの圏外へ追いやることになる。[47]

それを防ぐため、フリーマン自身は大ブリテンを、文化的共有物とイングランド民族に具わる人種的同胞感情という絆を通して結束する、アメリカを含む世界規模の緩やかな連帯空間と措定した。彼はかかる制度的にミニマルな構想を、自らが解釈するところの古代ギリシャの植民活動に准えて正当化する。すなわち、古代ギリシャにおいて植民都市と本国は、彼自身の描く大ブリテン同様、「血縁」やそれに基づく「同胞愛」、および「記憶」や「宗教」といった精神的・文化的紐帯によって結びついていた。したがって今日のアメリカ人（フリーマンの見方に沿えば「イングランド人入植者の子孫」）も、イギリスにおけるイングランド人（帝国連邦同盟の擁護者）も、ギリシャ人植民者にとって明白であった事実――「二つあるいは多数の共同体は政治的目的に照らして完全に分離されうるが、しかしそれでも民族的生活の他のあらゆる目的に照らして、一つのネイションの成員でありうるという真実」――を理解しなければならない。[48]

しかしながらフリーマンらと異なり、アメリカを包摂するアングロ世界全体の連邦国家化を称道した例外的な論者も存在する。たとえば後述するように、『ペル・メル・ガゼット』の編集者という立場から大きな政治的影響力を有したジャーナリスト、ステッドは、『世界のアメリカ化』(*The Americanization of the World*, 一九〇一年)の中で地球上に散在する英語圏諸国全てによって構成される、いわばアングロ世界合衆国の設立を提唱していく。

以上のように、大ブリテン構想は人物、制度、および地理領域の想定において多様性に彩られている。しかし他方、こうした構想の多くには一つの重要な共通項が存在していた。すなわち大ブリテン構想の多数の論者は、「イングランド人種」あるいは「アングロ・サクソン人種」をその巨大政治共同体の主要構成員として措定し、構成員間の血の繋がりという本源的な結びつきを重視していた。前節で示したように、ヴィクトリア朝前・中期に殖民・植民地主義論を展開した思想家はイギリス本国からの移民を促進するとともに、共通の血脈(「ブリティッシュの血」)に基づく同胞感情によって結びつく本国と海外移住植民地の有り様を思い描いていた。一九世紀最後の数十年から世紀転換期における大ブリテン構想者の多くは、殖民・植民地主義論者と血に基づく同胞感情という観念を共有し、そうした感情の上に巨大な制度的傘を設立しようと意図していたと言うことができる。幾人かの論者を事例として提示することで、この点を明確にしよう。

まず、大洋横断的な超国家的連邦政府を構想したシーリーは、人種的構成員の観点からインドと移住植民地(colony)を厳格に区別する。彼にとって後者は根源的に、イギリス本国と共通の血に基づく「愛着」や「愛情」によって結合する青年期の子供のような存在である。「移住植民地とインドは反対の極に位置している。〔……〕移住植民地では、最も前進的な人種が、進歩に最も好都合な条件に置かれている。そこにはいかなる過去も存在せず、無限の未来のみが横たわっている。政府と諸制度はすべてイングランド的なものの極み(ultra-English)である。自由、産業、創意、革新、しかし一方で平穏さが、そこには横溢している」[49]。シーリーはこのような母国から産み落とされ若々しく成育途上にある移住植民地との家族的感情を、連邦制度というより硬質な紐帯の中に包み込もうとする。

『帝国主義論』（一九〇二年）の著者として著名なホブスンもまた、移住植民地との家族的な同胞感情を観念し、重視した。同書の中で彼は、「真の植民地主義」（genuine Colonialism）と「帝国主義」を峻別する。専制の拡張を意味する後者と異なり、前者は海外への移住を通した文明の漸進的伝播を指し示す[50]。ホブスンが強調するに、そのような植民地主義を通して今日まで構築されてきた海外移住地（移住植民地）は、本国イギリスとの間に、「共通の血統、言語および制度の紐帯によって最も密接な関係を有する諸国家の結合」を確立しうる。彼はそうした諸国家の結合として、シーリーの構想と類似する大洋横断的な帝国連邦（「アングロ・サクソン連合」）こそが最も理想的な形態であると主張する。しかし一方で、彼が続けるに、現今の帝国主義の喧噪や移住植民地におけるナショナリズムを踏まえると、その現実的な見込みについては留保を付さざるをえない。したがって、本国と移住植民地の政府代表が協議する「帝国会議」（Imperial Council）という形態もありうる[51]。しかしながら、肝要なことにホブスンは、最終的にいかなる制度が構築されようと――さらにたとえそれら移住植民地が独立し、イギリスと対等な主権国家となったとしても――大ブリテンの制度の根底に横たわる、本国との間の人種的・家族的な感情的紐帯が損傷することは決してないであろうと明言する。「〔エドマンド・〕バークは書いた、『私が植民地を把握する力は、共通の家名、同族の血統、同様な特権、および平等な保護から生ずるところの親密な愛情である。これらのものは、空気のように軽いけれども、鉄の鎖のように強力な絆である』、と。〔……〕こうした心の真の結合（true union of hearts）は、過去において起こってきた政治的自由への進歩によって弱められることはなかったし、また、たとえイギリスからの完全な政治的独立が達成されるまでこの進歩が続くとしても、それが弱められることはないであろう[52]」。

全英語圏諸国から構成される合衆国（アングロ世界合衆国）を提起するステッドは、共通の血脈に由来する同胞感情の範囲をアメリカへ拡張する形で観念した。彼は『世界のアメリカ化』において、ハワイ併合（一八九八年）や米西戦争後のフィリピン領有など海外への帝国的膨張に乗り出したアメリカを将来の覇権国と見定め、本国と移住植民地を中心とするイギリス帝国の運命を同国との合同に委ねるべきと主張した。その論調はジャーナリストとしての職業を反映してか、幾分煽情的である。

もし彼ら〔ブリテン島の人民〕が、イギリス帝国を英語圏世界の合衆国（the United States of the English-speaking World）に合併させると決断するならば、彼らは以後、あらゆる世界大国の中で最も強大な国の不可欠な部分であり続けるであろう。その国は海において至高、陸において難攻不落、敵国の攻撃の恐怖から一切永久に解放され、地球の至る場所において抗いようの無い影響力を行使することができる国である。(53)

ステッドはそのようなアングロ世界合衆国の中核は現今のアメリカに他ならず、首都もまた、ロンドンではなくアメリカ国内に置かれるべきと論じる。しかし、彼によるとそれは、最も本質的な部分においてイギリス――あるいは「イングランド人種」――の衰退を意味するものではない。なぜなら、「アメリカ人の創造が我々〔イングランド人という〕人種の最も偉大な功績だからである」。「アメリカ人が自らを雛形として世界を形作るその役割に対し、我々が憤る根拠は何もない。結局のところ、その雛形は実質的に我々自身と言えるからである」。ステッドにおいても、共通の人種・血筋に基づく相互への「愛情」という感情的紐帯がアメリカ、イギリス、および他の英語圏諸国の大規模な政治統合の支柱であった。(54)

4　ラウンド・テーブル運動

世界の大洋を跨ぐ大ブリテンの創設というプロジェクトは、一九〇〇年代末に結成されたラウンド・テーブル運動に引き継がれることになる。カーティス、カー（Philip Kerr）、ドーソン（G. Geoffrey Dawson）らいわゆる「ミルナーの幼稚園」を中心に組織されたこのアドヴォカシー団体は、移住植民地（ドミニオン）各地に支部を設立するとともに本国イギリスの政界・言論界において重要な影響力を行使し、一九二六年のバルフォア宣言、さらに一九三一年ウエストミンスター憲章に基づくブリティッシュ・コモンウェルス・オブ・ネーションズ確立の大きな原動力となった。[55] 言い換えればそれは、本国と移住植民地の政治的統合という前世紀以降の様々な思想家における目標を、実際に制度として結実させる主要な推進力を提供した。もっともこれは、ラウンド・テーブル運動の担い手たちが皆、実際に実現したブリティッシュ・コモンウェルスと同様の制度を提唱していたことを決して意味しない。むしろ、彼ら担い手たちの制度構想は多様であり、現実化したブリティッシュ・コモンウェルスとは異なる政治共同体を提起する者も多く存在した。同運動の中核的人物ライオネル・カーティスもその一人である。

「帝国連邦の預言者（Prophet）」と称されたカーティスにとって、ブリティッシュ・コモンウェルスはイギリス本国とドミニオン諸国によって構成される超国家的な帝国連邦政体を意味していた。[56] 彼はこれを、帝国議会や帝国行政府、さらに成文の帝国憲法を具備する十全な主権国家として提示し、加えてそのようなコモンウェルス国家の樹立を「世界革命」と表現する。[57] 成文憲法の提唱という点を除けば、カーティスはヴィクトリア朝後期におけるシーリーらの大洋横断的な大ブリテン連邦国家構想を引き継ぐ理論家と言える。実際シーリー（や他の多くの大ブリテン構想者）と同様に、カーティスにおいてもまた、ブリティッシュ・コモンウェルスの基底には共通の人種的血脈に基づく同胞感情が存在した。彼が大部分を執筆したラウンド・テーブル運動の代表的刊行物『諸国民のコモンウェルス』（一九一六年）の中で展開される、進歩主義的・発展段階的な歴史叙述がそれを証明している。

同書は、テュートン人とその後継としてのアングロ・サクソン人種を主役とする、古代ギリシャ都市国家と将来の地球規模のコモンウェルスを結ぶ歴史主義的な発展段階史を提示するものである。そのため半ば必然的にローマ帝国崩壊後の時代、すなわちゲルマン人が表舞台に登場するとされる時代に重要な位置づけが与えられている。具体的にカーティスは、およそ四世紀から一一世紀の間のサクソン諸王およびウィリアム一世の統治期間において、「ゲルマン人侵入者の慣習、言語、宗教」に支えられる形でイングランドに民主的実践が復興したと主張した。彼によると、そのようなテュートン文化の伝統は、公共的な民主政治に先在しかつそれを基礎づける「人間相互の道徳的関係」、「同胞意識」、深い「愛情」といった前理性的な感情的紐帯を提供した。かかる文化的伝統と感情的紐帯を継承し、その後本国社会とアメリカを含む移住植民地の根幹を形成したテュートン＝イングランド人、すなわち「アングロ・サクソン人種」がブリティッシュ・コモンウェルスにおける民主政治（共和主義的な愛国政治）の担い手に他ならない[58]。カーティスにおいては、反対に、テュートン文化を具有しないインド人をはじめとする多くの非アングロ・サクソン帝国成員は、「自由への見習い」と糊塗され、将来の自由が約束された形の永遠の従属状態に置かれている[59]。

ラウンド・テーブル運動の中には、カーティスと異なり、アングロ・サクソン人種を頂点とする人種的階層構造に依拠しないブリティッシュ・コモンウェルスを構想した理論家も存在した。指導的な初期国際政治学者であり、「第三次イギリス帝国」（the Third British Empire）という言葉を発明・散布したジマーン（Alfred Zimmern）は、文化多元主義の思想を適用し、イングランド人およびその子孫と他の諸民族（主にはヨーロッパ諸民族）が対等な立場の下共生する多元主義的なコモンウェルスを提示した。その際彼が重要なモデルと見なしたのは、アメリカという巨大国家における多民族主義の有り様である。『民族と統治』（一九一八年）の中で彼は主張する、「アジア人（Asiatics）、スラヴ人、イタリア人、ユダヤ人、オランダ人……、〔これらが〕切り離せないほど密接に交錯し、単一の民族性ではなく国家（Statehood）という結びつきを通して束ねられているアメリカ合衆国」こそ、ブリティッシュ・コモンウェルスの「縮図」である、と[60]。ジマーンが構想するコモンウェルスは、このようなアメリカと相似的な政治共同体であった。すなわちそれは、イングランド人やスコットランド人という「ブリティッシュの血」のみでなく、他の様々な民族――アイルランド人、ユダヤ人、フランス系カナダ人、（南アフリカに居住する）オランダ人、ドイツ人、インド人など――を主要構成主体とし、彼らの間の寛容と文化的な相互交流に立脚する政治共同体を意味した。ジマーンにおいてこうした共生ではなく、強大な民族（たとえばイングランド人）が他の民族の文化的伝統を抑圧ないし同化する行為は、「文化帝国主義」（cultural imperialism）として厳しく批判されるべき対象であった[61]。また彼は、超国家的な帝国連邦ではなく、イギリス本国とドミニオンの代表によって構成される定期的な政府間主義的会合をそのようなブリティッシュ・コモンウェルスの政治制度として主張した（それは、実質的にはイギリス帝国会議の弁護であった）[62]。

長期的な観点に立つと、ジマーンの多元主義的なブリティッシュ・コモンウェルス構想は、イギリスと移住植民地の関係を観念するうえでの一つの重要な転換点と言うことができる。一九世紀前半の殖民・植民地主義論以来イギリス本国における多くの思想家・知識人は、本国と移住植民地の肝要な紐帯として、イングランド人・スコットランド人の血脈に基づく大洋横断的同胞感情を提起してきた。それはしばしば、それら人々を頂点とする人種的階層構造を付帯する観念であった。ジマーンの「第三次イギリス帝国」論は、こうした階層構造を相対化し、より多様な民族に対し、主要構成員としての十全な平等な立場を承認するものである。もっともこのようなジマーンのコモンウェルス構想も、差別主義的な発想と全く無縁というわけではなかった。彼はイギリス帝国統治下の熱帯アフリカや（インド以外の）アジア地域における人々を非文明的な存在と見なし、コモンウェルスを構成する対等な主体と認めてはいなかった[63]。その意味で彼の多元主義的な帝国構想は、依然白人中心主義的な枠組みの中に留まるものであった。

一九三〇年代に入ると、ラウンド・テーブル運動の中で共通の血統という本源的な繋がりではなく、宗教（キリスト教）という結びつきを強調する言説が台頭してくる。そうした言説はイギリスと英語圏諸国――重要なことに、三〇年代同運動の指導者の多くはアメリカ合衆国との連帯をも構想した――の間の根本的な紐帯として信仰心を掲げる。

このような紐帯の観念をめぐる転換を担った一人カーティスは、キリスト教内在論（immanentism）に基づき、英語圏諸国全体から成る連邦国家を理論化した。彼は長編の『神の国』（*Civitas Dei*, 一九三四〜三七年）の中で、カリタス（宗教）とそのようなアングロ世界連邦国家における義務の実践（政治）を一体的なものとして観念する。カーティスによると、宗教と政治は「生の単なる二つの側面、二つの異なった観点から見た一つの領域」に他ならない。[64]これによって彼が意味したのは、民主的共同体の善に対する奉仕や責任は、キリスト教隣人愛の政治的術語への翻訳であり、そのため宗教と民主社会の空間は一致して調和的に発展するという考えである。[65]彼が『神の国』の中で描いた長大な歴史主義的進歩史は、こうしたキリスト教と政治、二つの空間の調和的発展の歴史であった（そしてその現在の到達点が、アングロ世界連邦国家ということになる）。世界史は、神の地上における漸進的な顕現――「その朧げな表現が人々に内在し、受肉化されるところの本質的実在（essential Reality）」の具象化――の場である。[66]カーティスはかかる内在論の立場から、アングロ世界連邦国家の共通善への奉仕として、ナチズムやファシズムといった外部の脅威からの武力防衛を喚起する。

ジマーンもまた、一九三〇年代にはアングロ世界全体の宗教的連帯を強調した（ただし彼は依然、カーティスのように連邦国家を想定することはなかった）。彼は同時期に台頭しつつあった新正統主義（neo-orthodoxy）に共鳴し、アウグスティヌスに由来する人間学的悲観主義を自らの思想の中に取り込んでいった。[67]そのうえで、彼は悪の強制的除去、すなわち「背徳的」国家（ドイツ、イタリア、日本）との対決を主張すると同時に、アングロ世界の根本的紐帯としてカリタスを措定する。ジマーンによると、宗教的愛は「社会的意識」――共に一つの共同体を形成しているという直観――の醸成をもたらすことになる。こうした意識は、その共同体に生きる公民の共和主義シティズンシップの発揚を基礎づけ、その空間全体（アングロ世界全体）における法の支配と防衛を根源から支えるであろう。[68]

5　おわりに

一九五九年、脱植民地化の運動が高進する中、気鋭の国際政治学者ヘドリー・ブルは「コモンウェルスとは何か」と題した論文を発表した(69)。そこにおいて彼は、ジマーン、スマッツ（Jan Smuts）といったラウンド・テーブル運動の担い手たちの構想を批判する。ブルによれば、彼ら前世代の知識人はブリティッシュ・コモンウェルスを統一的な政治共同体と観念してきたが、そうした観念はもはや通用しない。それは今日、「神話」（myth）として棄却されるべき言説である。「コモンウェルスという神話の中心的発想は、コモンウェルスが多数の国家の自由と一つの国家の統一性を結合させている、と見なす点にある」。そのように単一の巨大帝国政治体を観念した前世代の論者たちは、それを「独特な」共同体、あるいは「より広範な国際組織のモデル」と賞賛してきた。しかし今日、コモンウェルス領域を貫いているのは国家間の権力政治に他ならない。イギリス帝国に関し「国際関係は権力政治であるという教義ではなく、コモンウェルスという神話こそが、より明確に誤りなのである(70)」。このようなブルによる前世代に対する批判は、I・ホールが論ずる「知の脱植民地化」（intellectual decolonization）――イギリスやイギリス帝国が世界に対し模範を提供しているとする思考からの離脱――の一端を形成するものと位置づけられる(71)。そうした批判はまた、一九世紀前半以降約一世紀にわたって提起され続けてきたイギリス本国と移住植民地の人々の間の感情的紐帯やそれに基づく大洋横断的な政治共同体の構想を掘り崩しうるものであった。

しかしながら冒頭で述べたように、ブレクジットを目前にする現在のイギリスにおいて、欧州統合懐疑派の保守党議員や政策アドヴァイザー、知識人を中心に、再びイギリスとかつての移住植民地の間の政治的統合や精神的・文化的連帯を謳う言説（アングロ圏構想やＣＡＮＺＵＫ）が台頭している。こうした「コモンウェルスへの回帰」構想やレトリックを、過去の帝国の栄光に囚われた単なるノスタルジアと批判することは容易い。しかし本章が示したように、その背後にはヴィクトリア朝前・中期以降幾度も喚起され、蓄積されてきた分厚い知的集積が横たわっている。「ブリティッシュの血」（ウェイクフィールド）、「支配的な人種の直観」（メリヴェール）、「巨大で堅固な世界規模の国家」（シーリー）、「英語圏世界の合衆国」（ステッド）、「心の真の結合」（ホブスン）、「第三次イギリス帝国」（ジマーン）……。我々は現在の「コモンウェルスへの回帰」の中に、イギリス本国と移住植民地の力強い精神的絆を鼓吹してきた過去の数多くの思想の亡霊を目撃しているとも言えるであろう。

注

（1）Kenny and Pearce［2018］, esp. chaps. 6–7; Murphy［2018］, chap. 8. なお「帝国二・〇」は、CANZUKやアングロ圏構想を批判する言葉として用いられる傾向がある。

（2）Roberts［2016］. Cf. Roberts［2006］.

（3）Blitz［2017］; Schultz［2018］. Cf. Palen［2017］.

（4）Bell［2007］.

（5）当該研究課題（重要な文献として以下のものが挙げられる）に対する、思想史・知性史分野からのアプローチは未だ希薄である。Bridge and Fedorowich［2003］; Darian-Smith, Grimshaw and Macintyre (eds.)［2007］; Fedorowich and Thompson (eds.)［2013］; Crosbie and Hampton (eds.)［2016］. ブリティッシュ・ワールド研究全体については本書総論の整理を参照。

（6）重要な文献として、Wolfe［1999］; Veracini［2010］; Bateman and Pilkington (eds.)［2011］; Cavanagh and Veracini (eds.)［2017］など。分析概念としての意義についてはとくに、Veracini［2013］. また、これまで settler colonialism という表現が邦訳されたことはほとんどなく、本章筆者の訳語（殖民・植民地主義）も現時点の暫定的なものである。

（7）Hilton［2006］pp. 625–627.

（8）Wakefield［1830］; Wakefield［1849］; Senior［1831］; Senior［1836］; Merivale［1841］; Torrens［1835］; Torrens［1847］.

（9）ウェイクフィールドの“systematic colonization”は、「『組織的』植民」と訳されるのがより一般的である。しかし以下に述べる、彼の擁護するところの積極的な政府介入が内包する人為性・計画性を考慮すれば、「『計画的』植民」の方が適切ではないかと本章筆者は提起する。

(10) 彼の経歴については、Friends of the Turnbull Library Symposium［1997］; Temple［2002］など。

(11) Wakefield［1849］p. 16.

(12) *Ibid*. pp. 322–439.

(13) *Ibid*. p. 68.

(14) Piterberg and Veracini［2015］. なおマルクス『資本論』における植民地主義批評の多くは、ウェイクフィールドの所論（Wakefield［1833］も含めた）に対する論評で構成されている。カール・マルクス［一九五四］。

(15) Wakefield［1849］pp. 82–83.

(16) *Ibid*. p. 84.

(17) 対照的に、ミリージアン＝アイルランド人やカナダにおけるケルト系フランス人は、「荒野を生産性のある土地となすための企業家精神やエネルギーが欠落した、単なる労働力」に過ぎないと周縁化される。*Ibid*., pp. 84–85.

(18) 本稿では第二版（新版）を用いる。Merivale［1861］. 第一版から第二版にかけての内容変化に関しては McNab［1977］.

(19) Merivale［1861］p. xii.

(20) *Ibid*. pp. 674–675.

(21) *Ibid*. pp. 524–553. McNab［1977］pp. 362–371 も参照。

(22) Merivale［1861］pp. 487, 489–490.

(23) *Ibid*. pp. 510–523.

(24) *Ibid*. pp. 511–512.

(25) Ghosh［1987］; Varouxakis［2013］chap. 5; Bell［2016］chap. 9. なおミルは一八三四年、ジョージ・グロートら著名な哲学的急進派の論者もメンバーに含んでいた、南オーストラリア協会（South Australian Association）に加入している。

(26) Mill［1848］p. 963（戸田訳［一九六六］二九一－二九二頁）。訳出は適宜改めた（以下同様）。

(27) Mill［1846–47］.

(28) Mill［1846b］p. 973.

(29) Mill［1846a］p. 915.
(30) *Ibid.*
(31) Smits［2008］; Bell［2016］pp. 229–236.
(32) とくに通信・輸送技術の発展（海底電信網、オーシャン・ライナー、自動車、ラジオ、電話、また飛行機の登場など）は顕著であった。Kern［1983］chaps. 6, 8.
(33) Seeley［1883］pp. 5, 297.
(34) Seeley［1883］pp. 5, 297.
(35) Hobson［1906］pp. 17, 21.
(36) Seeley［1883］p. 169; Hobson［1965］p. 332（矢内原訳［一九五二］二六五頁）。
(37) Mill［1861］p. 564（水田洋訳［一九九七］四一二頁）。
(38) 大ブリテン諸構想の包括的な研究として、Bell［2007］; Koditschek［2011］.
(39) Seeley［1883］pp. 288, 293. Seeley［1896］における彼の連邦制論、および Bell［2007］pp. 108–113 も参照。
(40) Hobhouse［1972］p. 154.
(41) Veracini［2011］; Bell［2014］.
(42) Dilke［1890］. Cf. Dilke［1868］.
(43)「〔移住〕植民地における母国の最良の友人たちは、共通の帝国議会を創ろうとする試みそれ自体が帝国を破壊してしまうであろうと考えている。私は彼らに同意する」。Dilke［1890］p. 273.
(44) ディルクは、「イングランド人種」と互換的表現として、「アングロ・サクソン人種」（Anglo-Saxon race）も用いている。*Ibid.*, pp. 492–493.
(45) Belich［2009］.
(46) Freeman［1886］. なお彼の大ブリテン構想の詳細については、馬路［二〇一七a］三〇〇–三〇七頁。
(47) Freeman［1886］p. 38.
(48) *Ibid.* pp. 29, 39–40.
(49) Seeley［1883］p. 176.
(50) Hobson［1965］pp. 251, 328（矢内原訳［一九五二］一六九、二六五頁）。

（51） *Ibid.*, pp. 332, 334-335（矢内原訳［一九五二］二六五、二六七－二六八頁）。
（52） *Ibid.*, p. 350（矢内原訳［一九五二］二八六－七頁）（傍点、本章筆者）。
（53） Stead［1901］p. 396.
（54） *Ibid.*, pp. 1-2.
（55） Kendle［1975］; Bosco and May（eds.）［1997］.
（56） Lavin［1995］.
（57） Curtis［1911］; Curtis［1919］p. 6.
（58） Curtis（ed.）［1916］pp. 79, 89-90, 679-680, 690-692.
（59） 馬路［二〇一五］二〇四－二〇六頁。
（60） Zimmern［1918］p. 123.
（61） Zimmern［1926］pp. 139-140.
（62） 彼の「第三次イギリス帝国」論の詳細については、馬路［二〇一七b］。
（63） Zimmern［1926］pp. 81, 138.
（64） Curtis［1934］pp. 282-283.
（65） こうした発想は、終末における神の介入を想定するアウグスティヌス的な超越論（transcendentalism）とは相いれないところがある。Cf. *Ibid.*, p. 164.
（66） *Ibid.* p. 281.
（67） Zimmern［1935］; Zimmern［1938］.
（68） Zimmern［1938］pp. 44-56. こうした対決的姿勢をとるカーティスやジマーンを、ニーバー（Reinhold Niebuhr）やベネット（John C. Bennett）らと共に、A・プレストンが命名するところの「キリスト教介入主義者」（Christian interventionists）の一人に数えることができよう。Preston［2012］pp. 309-311.
（69） Bull［1959］.
（70） *Ibid.*, pp. 577-578.
（71） Hall［2012］p. 6.

文献リスト

カール・マルクス［一九五四］第一部第七篇第二十五章「近代的植民論」カール・マルクス（フリードリヒ・エンゲルス編、長谷部文雄訳）『資本論』青木書店。

馬路智仁［二〇一五］「それゆえコモンウェルスへ身体を捧げた――アルフレッド・ジマーン『ギリシャの共和国』と帝国共和主義」『年報政治学』六六－一。

馬路智仁［二〇一七ａ］「大ブリテン構想と古典古代解釈――Ｅ・Ａ・フリーマンとアルフレッド・ジマーンのギリシャ愛好主義」『政治思想研究』一七。

馬路智仁［二〇一七ｂ］「大西洋横断的な共鳴――アルフレッド・ジマーンとホラス・カレンの多文化共生主義」『社会思想史研究』四一。

Bateman, F. and L. Pilkington (eds.) [2011] *Studies in Settler Colonialism: Politics, Identity and Culture*, Basingstoke.

Belich, James [2009] *Replenishing the Earth: The Settler Revolution and the Rise of the Anglo-World, 1783–1939*, Oxford.

Bell, Duncan [2007] *The Idea of Greater Britain: Empire and the Future of World Order, 1860–1900*, Princeton, NJ.

Bell, Duncan [2014] "Beyond the Sovereign State: Isopolitan Citizenship, Race, and Anglo-American Union", *Political Studies,* 62-2.

Bell, Duncan [2016] "John Stuart Mill on Colony", in Bell, *Reordering the World: Essays on Liberalism and Empire*, Princeton, NJ.

Blitz, James [2017] "Post-Brexit Delusions about Empire 2.0", *Financial Times*, 7 Mar. 2017.

Bosco, A. and A. May (eds.) [1997] *The Round Table: The Empire/Commonwealth and British Foreign Policy*, London.

Bridge, C. and K. Fedorowich (eds.) [2003] *The British World: Diaspora, Culture and Identity*, London.

Bull, Hedley [1959] "What is the Commonwealth?", *World Politics,* 11-4.

Cavanagh, E. and L. Veracini (eds.) [2017] *The Routledge Handbook of the History of Settler Colonialism*, London.

Crosbie, B. and M. Hampton (eds.) [2016] *The Cultural Construction of the British World,* Manchester.

Curtis, Lionel [1911] "The Form of an Organic Union of the Empire", (privately circulated), *Bodleian Library of Commonwealth and African Studies*, Rhodes House, Oxford.

Curtis, Lionel [1919] "The Price of Liberty", *The Round Table,* 10-37.

Curtis, Lionel（ed.）［1916］*The Commonwealth of Nations,* Part I, London.

Curtis, Lionel［1934］*Civitas Dei*, Vol. 1, London.

Darian-Smith, K., P. Grimshaw, and S. Macintyre（eds.）［2007］*Britishness Abroad: Transnational Movements and Imperial Cultures*, Carlton, Victoria.

Dilke, Charles［1868］*Greater Britain: A Record of Travel in the English-Speaking Countries during 1866 and 1867,* 2 vols., London.

Dilke, Charles［1890］*Problems of Greater Britain*, London.

Fedorowich, K. and A. Thompson（eds.）［2013］*Empire, Migration and Identity in the British World,* Manchester.

Freeman, E. A.［1886］*Greater Greece and Greater Britain*, London.

Friends of the Turnbull Library Symposium［1997］*Edward Gibbon Wakefield and the Colonial Dream: A Reconsideration*, Wellington.

Ghosh, R. N.［1987］"John Stuart Mill on Colonies an Colonization", in John C. Wood（ed.）*John Stuart Mill,* Vol. 4, London.

Hall, Ian［2012］*Dilemmas of Decline: British Intellectuals and World Politics, 1945–1975*, Berkeley, CA.

Hilton, Boyd［2006］*A Mad, Bad and Dangerous People?: England 1783–1846,* Oxford.

Hobhouse, L. T.［1972］*Democracy and Reaction*（1904）, edited. by Peter Clarke, Brighton.

Hobson, J. A.［1906］"The Ethics of Internationalism", *International Journal of Ethics,* 17–1.

Hobson, J. A.［1965（1902）］*Imperialism: A Study,* Ann Arbor, MI.（矢内原忠雄訳［一九五一］『帝国主義論』岩波書店）。

Kendle, John［1975］*The Round Table Movement and Imperial Union*, Toronto.

Kenny, M. and N. Pearce［2018］*Shadows of Empire: The Anglosphere in British Politics,* Cambridge.

Kern, Stephan［1983］*The Culture of Time and Space, 1880–1918*, Cambridge, MA.

Koditschek, Theodore［2011］*Liberalism, Imperialism, and the Historical Imagination: Nineteenth-Century Visions of a Greater Britain,* Cambridge.

Lavin, Deborah［1995］*From Empire to International Commonwealth: A Biography of Lionel Curtis,* Oxford.

McNab, David［1977］"Harman Merivale and the Native Question, 1837–1861", *Albion,* 9–4.

Merivale, Herman [1841] *Lectures on Colonization and Colonies*, London.

Merivale, Herman [1861] *Lectures on Colonization and Colonies,* 2nd edn, London.

Mill, J. S. [1846a] “The Condition of Ireland”, *Morning Chronicle*, 26 Oct. 1846, in *The Collected Works of John Stuart Mill*, Vol. 24.

Mill, J. S. [1846b] “The Condition of Ireland”, *Morning Chronicle*, 2 Dec. 1846, in *The Collected Works of John Stuart Mill*, Vol. 24.

Mill, J. S. [1846–47] “The Condition of Ireland (October 1846 – January 1847)”, in John M. Robson (ed.) [1986] *The Collected Works of John Stuart Mill*, Vol. 24, Toronto.

Mill, J. S. [1848] *Principles of Political Economy Part II*, in John M. Robson (ed.) [1965] *The Collected Works of John Stuart Mill*, Vol. 3, Toronto. (戸田正雄訳 [一九六八]『経済学原理』第五篇、春秋社)。

Mill, J. S. [1861] “Considerations on Representative Government”, in John M. Robson (ed.) [1977] *The Collected Works of John Stuart Mill*, Vol. 19, Toronto. (水田洋訳 [一九七七]『代議制統治論』岩波書店)。

Murphy, Philip [2018] *The Empire’s New Clothes: The Myth of the Commonwealth,* London.

Palen, Marc-William [2017] “Britain’s Imperial Ghosts Have Taken Control of Brexit”, *The Conversation*, 26 June 2017 (http://theconversation.com/britains-imperial-ghosts-have-taken-control-of-brexit-79439, accessed 10 Mar. 2018.).

Piterberg, G. and L. Veracini [2015] “Wakefield, Marx, and the World Turned Inside Out”, *Journal of Global History*, 10–3.

Preston, Andrew [2012] *Sword of the Spirit, Shield of Faith: Religion in American War and Diplomacy*, New York.

Roberts, Andrew [2006] *A History of the English-Speaking Peoples Since 1900*, London.

Roberts, Andrew [2016] “CANZUK: After Brexit, Canada, Australia, New Zealand and Britain Can Unite as a Pillar of Western Civilization”, *The Telegraph*, 13 Sept. 2016.

Seeley, J. R. [1883] *The Expansion of England: Two Courses of Lectures*, London.

Seeley, J. R. [1896] *Introduction to Political Science: Two Series of Lectures*, London.

Senior, W. N. [1831] *Remarks on Emigration*, London.

Senior, W. N. [1836] *An Outline of a Science of Political Economy*, London.

Schultz, Julianne [2018] "Why the Dream of Empire 2. 0 Is Still 'Cobblers'", *The Guardian*, 11 Feb. 2018.

Smits, Katharine [2008] "John Stuart Mill on the Antipodes: Settler Violence against Indigenous Peoples and the Legitimacy of Colonial Rule", *Australian Journal of Politics and History,* 51.

Stead, W. T. [1901] *The Americanization of the World: Or the Trend of the Twentieth Century*, New York.

Temple, Philip [2002] *A Sort of Conscience: The Wakefields,* Auckland.

Torrens, Robert [1835] *Colonisation of South Australia*, London.

Torrens, Robert [1847] *Self-supporting Colonization*, London.

Varouxakis, Georgios [2013] "A Few Words on Mill on Empire", in Varouxakis, *Liberty Abroad: J. S. Mill on International Relations,* Cambridge.

Veracini, Lorenzo [2010] *Settler Colonialism: A Theoretical Overview*, Basingstoke.

Veracini, Lorenzo [2011] "Isopolitics, Deep Colonizing, Settler Colonialism", *Interventions,* 13-2.

Veracini, Lorenzo [2013] "'Settler Colonialism': Career of a Concept", *Journal of Imperial and Commonwealth History,* 41-2.

Wakefield, E. G. [1830] *A Letter from Sydney, the Principal Town in Australasia, Together with the Outline of a System of Colonization*, edited by Robert Gouger, London.

Wakefield, E. G. [1833] *England and America*, London.

Wakefield, E. G. [1849] *A View of the Art of Colonization,* London.

Wolfe, Patrick [1999] *Settler Colonialism and the Transformation of Anthropology: The Politics and Poetics of an Ethnographic Event*, London.

Zimmern, Alfred [1918] *Nationality and Government*, London.

Zimmern, Alfred [1926] *The Third British Empire*, London.

Zimmern, Alfred [1935] "The State as a 'Mortal God'", *The Objectives of Church and State*, London.

Zimmern, Alfred [1938] "The Ethical Presuppositions of a World Order", *The Universal Church and the World of Nations*, London.

第8章　第二次大戦戦時中にブリティッシュなるものを放送する
――ラジオとブリティッシュ・ワールド――

サイモン・ポッター
（松永友有、福士純訳）

1　はじめに――ラジオとブリティッシュとしての感情

過去二〇年間における新たな歴史研究の潮流は、「ブリティッシュ・ワールド」という概念の創出に寄与した多様な紐帯をより明確に理解するのに寄与してきた。このブリティッシュ・ワールドというトランスナショナルな存在は、一九世紀から二〇世紀を通じて発展し、やがて解体したのである。ブリティッシュ・ワールドとは、イギリス本国と、ドミニオンとして知られるイギリスの定住植民地、つまりカナダ、オーストラリア、ニュージーランド、および南アフリカを含んでいる。それ以外にも、ブリティッシュ・ワールドは、白人と非白人を問わず、その構成員が自らをブリティッシュとして認識しているような多くの共同体を含むものでもある。ブリティッシュ・ワールドを統合している紐帯には、政治的、経済的、人口学的なものもあれば、軍事的なものもある。しかし、ブリティッシュな紐帯にとって最も基礎的かつ最も息の長い支えとなってきたのはおそらく、イギリス共同体という感情的な観念であった。ブリティッシュという世界規模のアイデンティティは、文化、歴史、言語を共有しているという観念に基づいており、（一部の者にとっては、）人種的な利害と運命を共有しているという信念に基づいていたのである。こうした感情的な紐帯、もしくは共同体の感覚は、多くの場合、地域や政党の違いを超越していた。時にはそれは、ほとんど常に不完全であったとはいえ、階級や宗教、そして人種の違いさえも超越することができたのである。しかしながら、このような相違点を超越していく力にもかかわらず、概してブリティッシュとしての感情は、イギリスと定住植民地との間の紐帯を特権化するという働きを持っていた。したがって、ブリティッシュとしての感情は、想像の共同体たる帝国の構造内部において、インドとイギリスの熱帯植民地を二級の地位に引き下げることとなった。ブリティッシュとしての感情は、ブリティッシュ・ワールドを統合していたその他の力が実質的に消滅した後になっても長い間存続した。その亡霊は、ブレクジットの時代のイギリスにもつきまとい続けているのである。[1]

このような巨大で曖昧模糊とした感情という領域を、歴史家はいかにして把握できるだろうか。本章は、この問いに迫るために第二次大戦中のラジオ放送に関する文書館史料を活用し、いくつかの核となるテーマを提起する。歴史家は、過去にラジオが果たした役割に目を向けない傾向があった。歴史家は、アクセスが容易な刊行文書を調査する方を好み、社会史や文化史の材料としてのラジオを無視しがちであった。[2] しかし、この分野に関する研究の蓄積が示しているように、ラジオは広範囲な領域におよぶ新味のある重要な洞察を与えてくれるのである。[3]

本章で主張したいのは、戦時中のラジオ放送について考察することが、帝国の最終戦争を成功裡に遂行するという差し迫った現実の課題とブリティッシュ・アイデンティティに関する同時代的な理解がどのような相互作用をおよぼしたのかということを解明する、斬新なアプローチとなりうるということである。また本章では、ファシズムに対抗してブリティッシュ・ワールドの住民を統合するために、同時代人がいかに外国からの侵略に対する抵抗の歴史を共有するという観念に依拠していたか、そして自由という共通の理想をどのように訴えていたのかについて明らかにしたい。今日的な視点から見れば、帝国と抵抗・自由の間にポジティヴなつながりがあるなどという主張は、奇妙でひねくれた、不快なものに思えるかもしれない。しかしながら、第二次大戦中の同時代人は、そのようには反応しなかった。もしそれが普及しているかどうかが影響力を測る指標と言えるならば、そうした主張は、ラジオの聴取者の間で相当な共感を呼んでいたに違いないのである。

第二次大戦中にラジオは、情報とプロパガンダの媒体として鍵となる役割を果たした。ブリティッシュ・ワールドにとっては、大戦は、公式帝国と非公式帝国という広域にわたる影響圏の間で軍隊の移動をともなうものであった。帝国全体の戦略的利害のためには帝国にある軍隊はどこにでも配置可能であるという帝国防衛の伝統に従って、軍事力は配置された。食糧、軍需物資、装備、資金、労働力もまた、軍事的要請に応じて帝国中に再分配された。これは、徴兵制や強制労働、商品や通貨準備についての政府統制といったものを必要としていた。しかしながら、帝国の戦争遂行は、本国、植民地、ドミニオンにおける臣民の自発的協力にも依存していたのである(4)。情報とプロパガンダは、彼らの同意を得るために、そして不利な戦局も数多くあった長期の戦争を通して士気を維持するためにも必要だったのである。

このような戦争努力を支えるため、電波を通じて、ブリティッシュ・アイデンティティに関わる思想がブリティッシュ・ワールド中に伝播した。感情的な紐帯は、オフィシャルな目的のために利用されたのは明らかである。しかし、ブリティッシュとしての感情は、単なるプロパガンダの道具でしかなかったとみなされるべきではない。戦争のためにブリティッシュネスを動員しようとする人々は、共同体の起源と性質に関する深く根づいた、かつ長続きのする思想や観念を包摂し、それと協働しなければならなかった。それのみならず、第二次大戦期のブリティッシュ・ワールドにおけるプロパガンダが行われる社会構造は、統一性のある単一のメッセージを表明することを著しく困難にしていた。戦時期のプロパガンダは、ブリティッシュ・ワールドにおいて脱中心的な形で計画されたのである。こうしたプロパガンダという作業に取り組む主体は、帝国中の多様な政府に分有されていた。国家的なプロパガンダ組織は、ラジオ放送局を含めて、半官半民的かつ相当な自立性を持つメディア組織との間で、多様かつ緩やかな関係を築いていた。したがって、ラジオの領域では、個々の制作者や台本作家、および芸術家たちは、ある程度の自立性を持って、ブリティッシュとしての感情なるもの、およびその感情が戦争努力と結びつくあり方といったものを解釈できたのである。つまり、厳密に従わなければならない一つの単純かつ公式のプロパガンダが存在したというわけではなかったのである。

ラジオは媒体としての明確な特徴を持つがゆえに、ブリティッシュとしての感情を記述しようとする歴史家にとって、とくに興味深いものでもあるはずである。こうしたラジオの特徴は、世界戦争の時代においてブリティッシュ・アイデンティティに関わる思想を伝達するうえで、ラジオをとりわけ強力な手段に仕立て上げたのである。コミュニケーション理論に関するカナダの専門家マーシャル・マクルーハン（Marshall McLuhan）は、ラジオを新形式の「未開部族の太鼓」になぞらえた。つまりマクルーハンによれば、ラジオは「読み書き文化の西洋に未開部族の話し言葉文化を」持ちこみ、原始的な感情を再起動させる力を持つ媒体であるということになる。今となって見れば、こうしたマクルーハンの主張は、下手をすれば侮辱的にもなりかねない単純な主張のように思える。それにもかかわらず、ラジオが「古代の血縁共同体のような経験」を再生させ、アイデンティティという感情に訴える特別な力を持っていることを指摘した点で、マクルーハンは正しかったのである。(5) マスコミュニケーションに関するその他の媒体と比較しても、各家庭にいる個人や家族、および世界中の前線や野営地にいる兵士に直接訴えかけることができるという点で、ラジオがもたらす親密感は別格であった。一九三九年までにイギリスの九〇〇万世帯がラジオの受信資格をもっており、ブリティッシュ・ワールドを構成する大半の地域でもほぼ同様な普及率であったという点では、ラジオはマスメディアの一環をなしていたと言えるが、ラジオは聴取者に個人的に語りかけているような疑似感覚をもたらすことができた。したがって、ラジオはとりわけ効率的に感情的紐帯に訴えかけたのである。同時代の人々はまた、ラジオが有する真正性（authenticity）といったものに感銘を受けていた。つまり、聴取者にライヴで中継を流し、現実の人々や出来事がもたらしている音声を届ける力を持っているラジオは真正なるものと感じられていたのである。[6]

それだけではない。一九二〇年代から一九三〇年代にかけて長距離に電波を飛ばす短波や受信機の技術が発展したため、ラジオは遠大な距離を一瞬で飛び越えるコミュニケーションを可能にしたのである。第一次大戦期にもニュースは迅速に伝わることができたとは言えるが、いまだ電信システムの突発的な障害の影響を受けることがあったし、電信システムがどこでも普及しているというわけでもなかった。[7]それとは対照的に、第二次大戦期には、ブリティッシュ・ワールド中の聴衆に向けてラジオは最新のニュースを届けることができたのである。ラジオ速報は、帝国の中心部や最前線から刻一刻と伝えられるようになった。短波の受信能力にはムラがあったので、短波放送は主にニュースや時事コメントによって占められた。こうしたジャンルでは、たとえ音声の質が悪かろうが、速報性の方が優先されたのである。娯楽番組や情報番組では、そこまで速報性の必要は大きくなく、むしろ音声の質の高さが求められた。したがって、台本や音声記録媒体を郵便で送ることの方が短波放送よりも好まれる場合もあった。このように、ブリティッシュとしてのアイデンティティを強化するために多様なテクノロジーが併用されたのであり、ラジオは帝国の戦争努力という大義に向けて活用されていったのである。

2　戦時中の放送と帝国

ブリティッシュ・ワールドにおいて、第二次大戦前夜までにはラジオは、いまだ不完全とはいえ、帝国マスコミュニケーションの効率的な手段となっていた。一九二〇年代から一九三〇年代にかけて、英国放送協会（British Broadcasting Corporation, BBC）は、イギリス本国、および海外の植民地・自治領を通じて、ブリティッシュとしての感情や帝国的な感情の涵養を促進する重要な担い手となっていた。BBCはその番組を通じて、世界規模のブリテン共同体の一員であるという自覚を持つように本国と海外の聴衆に訴えた。BBCは、多様な種類のイギリス文化がイギリス本国の国境をはるかに越えて広がっていくような企画を進めた。BBCは、ブリティッシュ・ワールド中の教養あるエリートにアピールするようなイギリスのハイ・カルチャーの成果を発信した。それのみならず、BBCは、イングランド、スコットランド、アイルランド、ウェールズの地域文化をも重視していた。そうした地域文化は、海外に住むイギリスからの移住者とその子孫の多くにとって、いまだ共鳴するところがあったのである。ブリテン諸島の伝統的な民衆文化も、合衆国のメディアやその模倣者の手で普及しつつあった商業的な大衆文化にとって代わるだけの明確な力を持っているかのように見られることもあった(8)。

BBCが世界規模の聴衆を獲得しようとするにあたって、鍵となるツールとなったのは一九三二年に開始されたエンパイア・サーヴィス（Empire Service）である。エンパイア・サーヴィスは、第二次大戦戦時中にBBC海外サーヴィス（Overseas Service）の基礎となり、BBCワールド・サーヴィス（World Service）となって今日に至っている。一九三〇年代にBBCは、帝国中の他の放送局にディスクに記録された録音放送番組を送付するという事業を開始した。

ブリティッシュ・ワールドにおいてラジオが果たしていた役割を考えるにあたって、BBCと同等に重要であったのは、一九二〇年代から一九三〇年代にかけて自治領、インド、および一部の熱帯植民地で独自の放送局が設立されたことである。自治領や植民地で放送局が設立された際には、営利目的でない「公共サーヴィス」放送であるというイギリス・モデルが、ある程度採用された。このイギリス・モデルというシステムの下では、ラジオ放送局は、営利追求を目的とせず、議会への説明責任を負うが政府とは異なる公共機関によって経営されることとなっていた。イギリスでは、ＢＢＣは最終的には議会に責任を負うのだが、（少なくとも理論的には）時の政府による介入にさらされることはなかった。実際のところ、こうしたイギリス・モデルは、カナダ、オーストラリア、ニュージーランドと南アフリカでは修正された不十分な形で採用されていたに過ぎなかった。他方で、当時のインドやその他の熱帯植民地では、イギリス・モデルはほぼ一切採用されなかったのである。

一九三〇年代に、各自治領でラジオ放送システムが急速かつ効率的に拡大しつつあった一方で、インドやその他の熱帯植民地ではラジオの発展は遅れていた。第二次大戦勃発までには、各自治領に公共ラジオ機関が設置されていた。これらの公共ラジオ機関は、ＢＢＣと緊密な連携をとっていただけでなく、相当数の独自放送もおこなった。ＢＢＣ、オーストラリア放送委員会（Australian Broadcasting Commission, ＡＢＣ）、カナダ放送協会（Canadian Broadcasting Corporation, ＣＢＣ）、南アフリカ放送協会（South African Broadcasting Corporation, ＳＡＢＣ）、およびニュージーランドのナショナル・ブロードキャスティング・サーヴィス（National Broadcasting Service, ＮＢＳ）とナショナル・コマーシャル・ブロードキャスティング・サーヴィス（National Commercial Broadcasting Service, ＮＣＢＳ）といった公共放送業者間の協力は、第二次大戦期における帝国マスコミュニケーションのツールとしてラジオが機能するために不可欠であった。自治領では、ラジオ受信機が広く所有されていたので、ラジオ放送にとって大量の聴衆が存在した。しばしば自治領では、公共放送業者と並んで民間所有の商業的放送事業者も存在しており、彼らはこうした大量の聴衆を通じて利益を得ていた。

インド政庁によって直接管理されていたオール・インディア・ラジオ（All India Radio, ＡＩＲ）や、他の熱帯植民地の同様な組織も重要であった。しかしながら、インドや熱帯植民地では、ラジオ放送送信のための設備が、投資の不足のためにしばしば不十分であった。こうした投資の不足は、自治領とは異なるインドや熱帯植民地住民の圧倒的な貧困状況とラジオ受信機の高価格（および受信機の高い維持費）の結果として、潜在的な聴取者人口が僅少であるという事情を反映していた。インドでは、ラジオ聴取者はゆっくりとしか増えず、一九三九年にはわずか八万人分の聴取者ライセンスが発行されたに過ぎなかった。ラジオ受信機を持つインド人の間では、ＡＩＲやＢＢＣの放送を聴いている者はごくわずかであり、彼らはむしろドイツや日本の短波放送の方を好んでいるのではないか、とも考えられていた。

一方では、ブリティッシュとしてのアイデンティティを強化することの重要性が信じられていたことによって、他方では上述したような有色人種のラジオ・聴取者が少ないという実際的問題によって、一九三〇年代のＢＢＣエンパイア・サーヴィスはイギリス国旗の下にあるイギリス系白人向けのサーヴィスに専念していた。その鍵とみなされる聴衆は、イギリスからの移住者、およびイギリス系の祖先をもつ自治領の住民であった。第二次大戦期にエンパイア・サーヴィスに代わる海外サーヴィスが創設されても、「イギリス系白人」の重視は継続した。「イギリス系白人」の重視という姿勢は、イギリスの戦争努力に対する合衆国の支援を取りつけるためにアメリカ人のラジオ聴取者の歓心も買っておきたいという観点からも支持された。戦時中のＢＢＣはまた、ドイツ占領下のヨーロッパ向けに英語以外の言語で放送する新サーヴィスも始めた。（主にインド向けに）ＢＢＣが新たに設置したイースタン・サーヴィスも相当な役割を果たしたが、アジアやとりわけアフリカの言語を通じたサーヴィスは相対的に控えめな役割に留まった。自治領と合衆国向けに英語放送をおこなうこと、およびヨーロッパ向けに各種の言語を駆使しての放送をおこなうことがＢＢＣの圧倒的な優先事項であった。英語放送においては、ブリティッシュとしての感情へのアピールは、引き続いて重要な役割を果たしたのである。

第二次大戦期には、イギリス本国とブリティッシュ・ワールド中の多くの地域では、ラジオ放送に対してより直接的な国家管理がおこなわれるようになった。ＢＢＣや自治領の放送機関に対して政府がおよぼしている影響力に対する憲政的なチェックも弱まった。また放送機関とイギリス本国の情報省（Ministry of Information）のような国家的プロパガンダ組織との間には新しく緊密な関係が取り結ばれるようになった。一部のケースでは、鍵を握るような重要な政策目標を推し進めるために、政府が公共放送機関に対して補助金を直接出資した。注目すべきことに、イギリスでは、ＢＢＣの海外サーヴィスに外務省が資金を出す際の原則が取り決められた。国家による直接的な資金提供のおかげで、イギリスの放送インフラを強化したり、海外聴取者向け番組を増やしたりするための投資が充実した。こうした投資は、帝国内部の領域をまたぐ放送資源の量を充実させたわけである。ＢＢＣのエンパイア・サーヴィスは、より野心的な海外サーヴィスに再編され、それにともなって英語以外の番組も増加した。海外サーヴィスは、帝国各種の地域に住む聴取者特有のニーズに特化した別個の放送区分に分割された。こうした多様なサーヴィスに応える番組を作るため、ＢＢＣはオーストラリア、カナダ、ニュージーランド、南アフリカ、およびインドの番組製作者、コメンテーターや芸術家のチームに頼った。彼らは、ＢＢＣによってイギリス本国に招集され、帝国が協働して戦争努力を遂行しているという見方を聴覚的に表現するための手助けをした。(9)ここで、ブリティッシュとしての感情は顕著な役割を果たした。例えば、ＢＢＣの北米サーヴィス（North American Service）経由で、カナダのジャーナリストであるマシュー・ホールトン（Matthew Halton）が一九四〇年のドイツ空軍によるロンドン爆撃をカナダにいるＣＢＣの聴取者に伝えた際、彼は、「我が民族にとって最も暗黒でありながら最も偉大な時に直面して、ブリティッシュとしての精神が今こそ花開く」と語った。(10)この五年後、オーストラリア人ジャーナリストが司会を務めるＢＢＣの戦勝記念番組でインタビューされたカナダ人飛行士は次のように語った。「我々カナダ人は、ブリティッシュ・ワールド全土から集まってきた人々と協働しなければならなかったものだ。我々は、今でも同様にやっていかなければならない。そう、お互いに理解し、ともに活動するのだ。さもなければ、やがて同じことをしなければならなくなる事態が来るだろう(11)」。

ＢＢＣによって短波で放送された番組の多くは、ブリティッシュ・ワールド中の放送局を経て中波で再放送され、より多くの聴取者を獲得した。録音放送をディスクに保存して交換することは、既に一九三〇年代に確立していた手法であったが、戦時中に爆発的に増加した。そのようなディスクへの保存と交換は、ＢＢＣが運営するロンドン・トランスクリプション・サーヴィス（London Transcription Service）が設置されたことによって促進されたが、そのサーヴィスはイギリス政府によって補助金を供与され、部分的には政府によって管理されていた。他方で、自治領の放送局も、国内および海外の聴衆向けに独自の情報番組・宣伝番組を制作していた。それら自治領の放送局は、なんとＢＢＣを含む他の放送局に番組を提供するまでに至った。また、独自の短波サーヴィスを作ったり、国営短波サーヴィスを援助したりして、海外の聴取者に直接サーヴィスを提供するようになった。

イギリス帝国に関する番組を聴取者に提供する際、公共放送局は自身の番組企画者や製作者の技能にだけ依存していたわけではなかった。それら公共放送局はまた、外部のライターや学識者、弁論家、芸術家や評論家などの助言を求めたり、直接雇用したりもしたのである。これらの支援者の多くは、ブリティッシュなるものの統一（Britannic unity）という考えに深く関与していた。なかには、それほど確信的でない人たちもいたが、そのような人たちでさえ、愛国的な義務感情や、ファシズムと戦うという信念を通じて、イギリス帝国主義に対する自らの疑念を克服しようとしたのである。例えばジョージ・オーウェル（George Orwell）は、イギリスの海外支配の道義性に強い疑念を持っていたにもかかわらず、戦争の要請と帝国の支配を両立させることに関心を抱いていた。オーウェルは、ＢＢＣのイースタン・サーヴィスの放送作家、番組製作者、および放送出演者として働いた。イースタン・サーヴィスの監督官は、インドにおけるイギリス支配の強化を図ることに意を用いていた。それとは対照的にオーウェルは、イギリスのインド支配が有益であるということを何ら確信はしていなかったものの、少なくとも戦争の継続中は、インド人が帝国に忠誠心を持つように仕向けることは正当であるとも感じていたのである。イギリスのインド支配にとって代わるものは、日本かロシアによるインド亜大陸の支配に過ぎないと彼はみなしていた。時折プライヴェートでオーウェルは、BBCのニュース報道が意図的に誤解を仕向けるようなプロパガンダによって動かされていることに不信感を示してはいた。しかし彼は、そうした方がイギリスのプロパガンダに対する「嫌悪感をわずかながら和らげるであろう」と論じることによって、自分の仕事に折り合いをつけていたのである。オーウェルの小説である『動物農場（*Animal Farm*）』では、プロパガンダという仕事は、〔小説の中で他の動物たちを弁舌で丸めこむことに長けたキャラクター豚である〕スクウィーラーの不快な性格を通じて風刺されている。[12]

それ以外にも、個々のやり方で放送を通じて帝国を宣伝していた人々がいた。番組を作るための材料は、文書情報、刊行物や台本といった未加工の形をとって、帝国内部の境界を越えて行き交った。そうした素材がいかにしてラジオのために利用されえたのかということを示す良い一例は、ニュージーランドのウェリントンにあるヴィクトリア大学の歴史学教授と結婚したイギリス人女性のジョーン・ウッズ（Joan Woods）がニュージーランドで録音した会話の内容である。ウッズは、イギリス、カナダ、オーストラリアにおける、そして時にはアメリカにおける、「銃後」の様相について頻繁に言及した。その番組の中で彼女は、そうした海外諸国でおこなわれている新しい政策や耐乏手段を刊行資料によって説明することによって、会話を彩ったのである。[13]

語り手やエンターテイナーもまた、植民地放送局からの中継をおこなうために帝国中を旅した。より広いテーマにも関わってくる二つの顕著な例がある。一つ目の例として、ミュージック・ホールのエンターテイナーであり、声優、映画女優でもあったグレイシー・フィールズ（Gracie Fields）は、娯楽産業国民サーヴィス協会（Entertainments National Service Association, ENSA）のため、第二次大戦戦時期を通じて、カナダ、合衆国、北アフリカ、イタリア、オーストラリア、極東、および太平洋を股にかけて旅した。彼女は軍隊への慰問をおこない、イギリスの戦争努力のために相当な額の寄付を集めただけでなく、植民地放送局からの放送もおこなった。[14] 二つ目の例として、同様に劇作家であり、作曲家、俳優、そしてパフォーマーでもあるノエル・カワード（Noël Coward）もまた、戦時期を通じて合衆国、中東、南アフリカ、ビルマ、インド、オーストラリア、およびニュージーランドを訪問した。彼はそうした訪問を通じて、士気を向上させ、戦争努力のための寄付を集め、「イングランドのためという感情を活性化させる」べく、放送やパフォーマンスをおこなったのである。[15]（後にイギリスで文章に起こされて出版されることとなる、）オーストラリアとニュージーランドでおこなった放送の中で、熱烈な愛国者であったカワードは、一般的な戦争状態を報道する際にも、戦時下のイギリスの人々の生活描写を織り交ぜて語った。そうすることで彼は、「世界中の英語を母語とする人々」が互いに協力し合うように激励したのである。彼は、ブリティッシュとしての紐帯が持続的な活力を発揮していることを繰り返し強調したのである。[16]

ニュージーランド駐在の英国高等弁務官は、本国への便りの中でカワードのコンサートの様子を次のように述べている。「一時間、もしくは二時間にわたって、まるでロンドンにいるかのような雰囲気を味わった」。カワードは、「自治領で暖かく歓迎され」、彼のラジオ放送は、とりわけ効果的に感情的な絆に訴えかけたのである。「とりわけ、イングランド精神を謳いあげた後で、エリザベス女王がかつてティルベリーで閲兵をおこなった際に発した有名な言葉で締めるという彼のラジオ放送は、幅広い支持と称賛をひきおこしていた」。カワードの訪問は、「ニュージーランドの人々に戦争を実感させ、本国の国民の精神と彼らがこうむっている苦難を伝えるうえで有益」であった。[17]カワード自身、そのオセアニア訪問中におこなった放送内容が本になった際に寄せた序文に次のように記している。「私は、オーストラリア人の中にイングランドへの忠誠が確固として根づいていることを知って驚いた。〔……〕我々イギリス本国人に対する共感と誇りを持つがゆえに、彼らがイングランドという感覚や、我が国の状態に対する関心を保ち続けているということを私は認識していなかったのだ」。彼は、こうした本国に対する愛着について、次のように述べている。

こうした愛着は、戦時期に生じた感情的な衝撃が生み出したその場限りの感情ではない。そうした愛着は、独自の起源に由来するのであり、その起源というものは、我々が過去を共有しているということに深く根づいている。イングランドは、オーストラリア人にとっては単なるイングランド以上のものである。たとえ多くの者が実際に訪れたわけではなく、将来的にも決して訪れることがないとしても、イングランドは言葉の真の意味において母国なのである。[18]

以下の分析が明らかにしていくように、ブリティッシュとしての感情的な紐帯の一部をなす歴史の共有という感覚は、ブリティッシュ・ワールドの至るところで、戦時期のラジオ放送全般に浸透していたのである。

3　帝国の団結とデモクラシーと平等

次に本章は、第二次大戦期のブリティッシュネスに関する放送をおこなう人々によって用いられた、鍵となるテーマとアプローチの一部をより詳細に考察する、という作業に取りかかりたい。プロパガンダをおこなう人々は、イギリスや帝国地域を問わず、戦争に勝利するために必要な犠牲を惜しまないよう、個人と共同体に呼びかけた。彼らは、デモクラシーと平等という共通の価値を守るための戦いに皆が自発的に献身するというテーマに多大な関心を寄せていた。[19]彼らによって、イギリス帝国は帝国統治下の全ての人々が経済的な厚生と政治的な自治を拡大していくための力の源であるという提示のされ方をした。たとえ差別や支配に対する抗議運動、帝国解体に向かう動きを示す証拠があったとしても、帝国の団結が強調された。[20]こうした際には、帝国の過去に関して明らかに政治色が濃い偏った解説がなされ、帝国の現在、および未来に関する解説とあわせて、聴取者向けに流されることもあった。しかしながら、上記のようなテーマが広く浸透していたということは、そうしたテーマがブリティッシュとしての感情に対して強く訴えるものがあったということを示している。

大戦開戦時において、プロパガンダを司るイギリス情報省は、帝国内部の自治が着実に増大しているというテーマを好んで強調した。その狙いは、ナチス・ドイツの膨張主義的な政策といかなる形で比較された際にも、イギリスによる植民地支配の歴史を擁護するということにあった。情報省は、イギリス帝国が「自由で対等なパートナーの共同体」であり、一致団結してナチスの「奴隷帝国」と戦っているのだと強調した。イギリス帝国が自由諸国民間の連合であり、将来の世界秩序にとってのモデルであるとうまく宣伝することができたならば、帝国の保持をポジティヴな戦争目的に転化することも可能かもしれないと期待されていたのである。帝国を美化するというこのような目的を達成するために、情報省の官僚は現在のイギリス国民の態度は変化されなければならないと論じた。イギリスと熱帯植民地との間の関係についての旧来の考え方は放逐されなければならないということになる。プロパガンダをおこなう人々は、「イギリス帝国主義を変容させつつある進化に対して無知であるがゆえに」生じてきた反帝国主義的な偏見とも積極的に戦わなければならなかった。[21]

イギリスの外部でも、自治領の放送担当者たちが同様なテーマを発展させていた。その一例は、メルボルンの政治学講師であり、戦時期オーストラリアの短波放送の監督官でもあったウィリアム・マクマホン・ボール（William Macmahon Ball）である。ボールは、BBCの番組に対するオーストラリアからのレギュラー参加者であり、一時期はBBCの太平洋サーヴィス（Pacific Service）を運営するためにイギリス本国に招かれたこともあった。[22] BBCのナショナル・サーヴィスのために提供したトーク番組の「自治領からのコメンタリー（*Dominion Commentary*）」において、ボールはイギリスの聴取者に向けて次のような説明をおこなった。大戦間期を通じて、イギリスとオーストラリア間の帝国的関係が持つ性質は変化した。攻撃的で好戦的なジンゴイズムは過去のものとなった。他方で、感情的紐帯はいまだ残存していた。例えばボールによれば、ドイツの侵攻によるフランスの陥落に際して、「概して今日のオーストラリア人は、二〇年前と同様な程度に帝国というものに熱狂しているわけではない。〔……〕それにもかかわらず、過去数週間にオーストラリア人が見せたイングランドへの献身がこれほど熱烈なものであるとは、大変驚きである(23)」。

ボールが強調するところによれば、イギリス政府とオーストラリア政府の間に表面的に不和が存在するからといって、オーストラリア人の忠誠心を見落としてはならないのである。そうした〔両政府間の〕小競り合いは、「多少なりとも独自の個性を持っている者から構成されている家族の内部であれば、どこでも見られるような相互批判といった類」のものでしかない(24)。ボールはまた、次のことを注意深く強調した。すなわち、帝国の紐帯は、以前の時代と全く同じように機能しているとまでは言えないものの、そうした紐帯は今なおイギリスとオーストラリアを単一の共同体として結びつけているのである、と。

ウェールズ生まれのカナダ人法廷弁護士レナード・ブロッキントン（Leonard Brockington）は、第二次大戦中にキャスターがブリティッシュとしての感情にアピールするためにラジオをいかに活用していたのかを知るための別の好例を提示している。著名な弁士として知られたブロッキントンは、CBCの元司会者であり、カナダ首相マッケンジー・キング（William Lyon Mackenzie King）の特別アドヴァイザーであった。ブロッキントンは、戦時期のブリティッシュ・ワールドを歴訪したが、その一連のラジオ・トークショーの中で同様な言明をおこなった。一九四二年にイギリス情報省のアドヴァイザーに任命されたブロッキントンは、その翌年に情報省の代表としてオーストラリアとニュージーランドを訪問した。彼には、CBC海外部に属していたボブ・バウマン（Bob Bowman）が同伴していた(25)。トークショーの中でブロッキントンは、イギリス、カナダ、合衆国、太平洋諸島に駐在しているオーストラリア兵の活動について報告した。彼はまた戦時期のイギリスについても語ったが、彼によれば戦時期のイギリスはますます民主的で平等な社会になりつつあった。[26] 彼が主張するところによれば、イギリスと帝国はもはや、〔政治漫画における保守反動派の戯画的なキャラクターである〕ブリンプ大佐のような「片眼鏡を付けた石頭たち」によって支配されているのではなかった。同様に彼は、ブリティッシュ・コモンウェルスが「神を畏敬し、家庭を愛する寛大で公正な幾百万の人々」からなる集合体であるとも論じた。これらの人々は、「いかなる者を隷属させようと望むこともなく、どんな肌の色や人種に属する者に対してであろうが、正義と機会の平等を否認することがない」のである。[27]

ブロッキントンのラジオ放送は、イギリスを階層的な社会ではなく進歩的な社会として描き、全ての臣民の福祉を改善するための手段として帝国を描き出すという、BBC（および情報省）の戦時政策の要請を明らかに果たしていた。[28] ブロッキントンは、自治領にとっての「人民の戦争」、および「人民の帝国」という理念を形成するために貢献したのである。イギリス、カナダ、オーストラリア、およびニュージーランドにおけるラジオの聴取者向けのトークの中で、ブロッキントンは、多人種的なブリティッシュ・ワールドの全構成員が自由のために人種差別主義と一致団結して戦っていると力説した。彼によれば、ウェールズなまりが残る彼自身の英語自体が、ブリティッシュネスの旗印の下に多様な人々が結束していることを象徴しているのである。彼はこうした議論を発展させて、イギリス諸島内部で多様な民族集団が歴史的に協働してきたのと同じことがコモンウェルスの他の地域でも起きているのだと主張した。

私は、辛抱強くイングランド南海岸を敵の侵入から守ってきたノルマン系の血と言語を受け継ぐカナダ人だ。南アフリカでかつてイギリス軍と戦ったボーア人のスマッツ将軍が、かつて彼自身の母国を破壊しようとした〔イギリス〕帝国を称賛するところを、私は聴いたことがある。人類のため、スマッツ将軍はイギリス帝国を必死に支援し、賢明に導いていた。それ以外にも、私はマオリ族の家に滞在したことがあるが、その時マオリ兵が母親に宛てた手紙が朗読されるところを聴いた。手紙の中でマオリ兵は、イングランドの田園風景について、そしてイギリス人と対等な兄弟であるという絆に誇りを感じていることについて、熱く語っていた。[29]

ブロッキントンは、「我々皆のことを我々皆に放送を通じて伝えていた」のである。[30]

彼以外にも、ジャーナリストのチェスター・ウィルモット（Chester Wilmot）は、イギリスの聴衆向けにオーストラリアの戦争努力を説明し、そうすることでオーストラリアの帝国に対する忠誠を保証することを意図した番組をＢＢＣに提供したアナウンサーである。[31] 戦前にイギリスを訪問した際、ウィルモットはＢＢＣエンパイア・サーヴィスのための放送を担当した。[32] 一九四〇年、彼はＡＢＣの戦争特派員に任命され、中東のオーストラリア軍（Australian Imperial Force, ＡＩＦ）に同行した。ＡＢＣは、ＢＢＣと緊密に連携することによって得るものがあった。ＢＢＣは、オーストラリアに短波放送を中継するための設備をＡＢＣに供与したのみならず、希少な記録ディスクをＡＢＣに提供することもあった。こうした実践面での協力は、戦時中にコモンウェルス諸国が合同で放送をしているという意識を醸成した。[33] ＡＢＣはＢＢＣとだけでなく、エジプト国営放送（Egyptian State Broadcast Service, ＥＳＢＳ）やニュージーランド放送ユニット（New Zealand Broadcasting Unit）とも協働して、放送のための材料やカバーする領域を充実化させた。ウィルモットは、協力を得たことの返礼として、ＢＢＣやＥＳＢＳのために働くこともあった。また彼がこれらの他の放送局向けに制作した報道番組や実況放送の一部は、「ラジオ・ニュースリール（*Radio Newsreel*）」というニュース・ドキュメント番組という形でＢＢＣ太平洋サーヴィスを介してオーストラリアに中継された。これらの番組は、その後ＡＢＣによって再放送されたのである。[34] ラジオのニュース番組やオピニオン番組は、時には複雑かつ予測できないような形で、帝国中に大量に拡散していったのである。

ＡＩＦに帯同してニューギニアに赴いてすぐに、ウィルモットはオーストラリア軍指揮官と仲たがいし、オーストラリアに送還された。[35] オーストラリアに戻った後も、彼は戦争についての著作を著したり、ＢＢＣのために放送したりと忙しかった。ＢＢＣのためにオーストラリアのニュース番組を担当した際、ウィルモットは、イギリスがいかなる状況にあり、何を求めているのかについて、豊富な知識を開陳した。彼は、オーストラリアの戦争努力についてイギリスの聴取者がしっかりと理解し、感情移入できるようなやり方で説明しようと骨を折った。一九四二年にオーストラリアで発生した炭鉱ストライキについて述べる際、ウィルモットは次のように強調した。「イギリスにいる皆さんにとっては、敵国が玄関口まで近づいているような状況のオーストラリアで、ストライキがいまだに発生しているということは、理解に苦しむことかもしれません。〔……〕ダンケルク大作戦の後に皆さんが奮起したほどには、オーストラリアの人々がいまだに奮起していないというのは事実だとは思います。しかし、日本軍はいまだシドニーから見れば、ロンドンからアテネぐらいの距離の場所にいるということを、本国の皆さんには思い出してもらう必要があります(36)」。

イギリスとアメリカが連合国の戦争目的を明確に定義するまでに至っていないと論じるような際、もしくはニューギニアに進軍しているオーストラリア軍に十分な補給をおこなうことが等閑視されているように思われる際には、ウィルモットは非常に手厳しかった(37)。こうした姿勢は、ウィルモットがプロパガンダ的な放送内容の公正性を担保し、その内容を聴取者に受け入れられるようにするように機能したと言えるだろう。実際、ＢＢＣはウィルモットの起用を成功とみなしていたので、ノルマンディー上陸作戦を報道するための特派員チームに彼を招待したのである。ノルマンディー半島への連合軍のパラシュート部隊の降下を実況したのに始まり、その後の一二カ月というもの、ウィルモットは連合軍の進撃を実況し続けた。後に彼は、ナチス戦犯を裁くニュルンベルク裁判を取材するためのＢＢＣの特派員となった。ウィルモットは戦後もＢＢＣのために働き続け、イギリスの内外における大量の出来事について放送したのである。

4　イギリス帝国の過去を放送する

その放送を通じて、ウィルモットは、イギリスとオーストラリアの間にある持続的な感情の紐帯がどれほど強く、二つの世界大戦という共通の軍事的経験に根づいたものであるかを強調した。「二世代にわたってオーストラリアの兵士は、イギリス、ニュージーランド、南アフリカ、およびインドの同志たちと〔中東の地で〕ともに戦い、ともに死んできたのである[38]」。他の同時代人たちと同様に彼もまた、戦間期と戦時中にイギリスとオーストラリアとの間で生じた憲政上・外交上の変化を過去の傾向からの革命的な変化とみなすことはなかった。むしろ彼は、それらの変化を自治領の自由と自治へ向かう長期的な傾向の自然な帰結であると説明したのである。こうした傾向が阻害されない限りは、自治領にて増大していく自治は、帝国という存在が依拠しているところの感情的紐帯を強化していくだけであろうというのである。

帝国の歴史は、プロパガンダ戦において真に重要な役割を担うものとみなされていた。BBCのある局員は、次のように言った。「愛国心は、『協働』をテーマとするドキュメンタリーによって、つまり過去の歴史を劇的に提示することによって、刺激される必要がある[39]」。ここにおいて、BBCは、アカデミックな帝国史家の助力を求めた。そうした帝国史家の中には、ロンドン大学キングス・カレッジの帝国史講座教授であったヴィンセント・ハーロウ（Vincent Harlow）もいた。戦時中、ハーロウは情報省内部の帝国宣伝部門の長であった。ハーロウがBBCに助言したところによれば、帝国関連のラジオ番組は、民衆の間で帝国に対する「深くかつ広範な」無知が蔓延している状況を是正するための手助けとなりうるのであった。またそのような番組は、いまだうまく説明されておらず、イメージ的なものに留まっているとはいえ、帝国的テーマへの「関心の増大」を追い風とするものであった[40]。BBCはまた、オーストラリア生まれでイギリスを拠点として活動する帝国研究者であるキース・ハンコック（Keith Hancock）教授の助言も得た。彼は第二次世界大戦公史の編者でもあった。[41] 一九四二年四月、イギリスによる継続的な帝国支配に対するインドの抵抗が激化した状況を受けて、クリップス使節団はインド国民会議派に戦後のインドの独立という条件を提示した。ハンコックはBBCに対して、独立というインド問題の解決法を聴取者にどのように伝えればよいのか、という点に関して助言した。ハンコックによれば、独立という形での「インド問題の解決は、我々にとって徹頭徹尾容認できないものであるように思われる」ので、何らかの工夫が必要であった。これに対する彼の助言は、よく知られたテーマを利用するということであった。ハンコックの助言によれば、クリップスの独立提案を帝国の断末魔のように描き出してはならない。むしろそれは、一八三五年に『インド人の教育に関する覚書（*Minute on Indian Education*）』という画期的な著作を著したトーマス・マコーリー（Thomas Macaulay）の時代までさかのぼる、「絶え間のない発展」の結果である、と説明されるべきなのである。ハンコックによれば、一八三〇年代のカナダにおける反乱とダラム報告書に至る経緯が同様な事例となるであろう。伝統的な理解によれば、定住植民地に「自治政府」を認めるという原則を打ち立てたものこそ、ダラム報告書なのである。[42] 実際、ハンコックが論じるところによれば、戦時中にインドの憲政改革案が加速していることは、イギリスの帝国政策に関する政治的手腕の証とみなされるべきなのである。

問われるべき問題は、インドの独立容認が何故これほど遅れたのか、ということではなく、何故これほど早く来たのか、ということなのだ。インドにおける数千年にわたる権威主義的体制の歴史と比較すれば、一九一七年から一九四二年という期間、もしくはこれより長くとってもマコーリーからクリップスに至る期間は、どれほどのものであるか。[43]

ハンコックの主張によれば、イギリスの政治家は、困難な障害に直面しながらも、インド人を自治の方向へ導いていく事業を遂行してきたのである。

ＢＢＣに助言をおこなう際、ハンコックは、一部の植民地におけるイギリスの活動に対しては批判的なことを言うこともあった。例えば、北ローデシアのイギリス人資本家たちは銅山からの収益をもう少し現地に還元すべきである、と言うこともあった(44)。しかしながら、プロパガンダ活動に関与した他の帝国史家たちと同様に、ハンコックも総体ではポジティヴな帝国像がそうした些細な欠陥によって歪められてはならない、とみなしていたのである。実際彼は、帝国の有益な側面を強調する積極的なプロパガンダは十分に正当化できるとみなしていた。

非常に長期間にわたって、そして今なお、我々は帝国に関するニュース、および帝国に関する見解が普及するあり方について自由放任的であり続けてきた。それどころか、我々は、自分たちの手ひどい過ちを政府青書でおおやけにしたりすることによって、我々に対して悪意あるプロパガンダをおこなう者たちを我々自ら手助けしてきたようなところがある(45)。

こうした類の議論は、植民地省の次のような信念とも共鳴するところがあった。植民地省によれば、もしＢＢＣが「大衆にとっての過去を正当化する」ことを望むならば、「過去を通じての活発な商業上の拡大」や「その結果として植民地に与えられた社会的サーヴィス」によってもたらされた便益が強調される一方、「我々が真実について魅惑的に語ることを止めるものなど何もなくなる」のであった(46)。

帝国的な、およびブリティッシュな過去をオンエアしようとしていたのは、学者や政策担当者だけに留まらなかった。大衆娯楽作品や子ども向け番組の作者もまた、ブリティッシュとしての感情にアピールするべく、歴史的なテーマに取り組んだ。オーストラリアでＡＢＣ向けのラジオ脚本を買い取ってもらった収益を使って、作家のナンシー・フェラン（Nancy Phelan）は一九三八年九月にシドニーからロンドンへ向けて出発した。彼女は、予期される戦争が勃発する前にロンドンにたどり着きたいと必死であった。イングランド大好きの彼女は、「ロンドンの恋人」を自称していた。彼女にとっては、「ロンドンは、詩であり、歴史、ロマンスであり、霧と樹々、濡れた街路を照らすガス灯の街なのだ。何事も私を失望させることもなく、恐れさせることもない。もやしやコーン・スターチの食事さえ気にならない」ということであった。しかしながら彼女は、他の作品では、イギリスにおける労働者階級の生活実態について、もっとよく知っていることを示していた。[47] ロンドンとミッドランズ地方で日雇い仕事をした後、彼女は結婚、および出産をし、ドイツの空襲を避けるためにデヴォンへ疎開した。[48] 戦中と戦後、彼女は、ＡＢＣとＢＢＣのために、主に女性と子ども向けの多数のラジオ脚本を書き下ろした。彼女の子ども向け番組の多くは歴史ドラマであり、美男のチャーリー王子〔一七世紀スコットランド反乱の指導者〕やジェーン・グレイ〔一六世紀の処刑された王女〕やチャールズ二世のような歴史上の人物のエピソードをフィクション化したものであった。これらのラジオ劇において、彼女はイングランド西部の「驚くほど原始的な」人々の生活や方言、アクセントに関して得た知識を活用していた。[49] スペイン無敵艦隊と戦ったサー・フランシス・ドレイク（Sir Francis Drake）の故事をドラマ化したラジオ・シリーズ、『デヴォンの息子たち（*Sons of Devon*）』は、彼女の作品に特徴的な次のようなくだりを含んでいる。

男一：ガイルズよう、おめえニュースを聞いたかや？

男二：おうよ。とんでもねえ話よな。スペイン人どもがやって来るから、ドンパチやらかすはめになるってこったが、おらたちゃ武器もなんもあったもんじゃねえ。

男三：その通りよ。だけんど、おらたちを征服なんてさせてたまるかよ。たまるかってんだよ！　外人どもがお

らが土地に足を踏み入れようもんなら、刺し違えてでも止めてやらあな。(50)

このような地方色は、イギリスとオーストラリアの聴取者向けに作られた冒険物語に愉快で、おそらくはわかりやすい背景を添えていた。実際、スペイン無敵艦隊は、イギリスが再度の敵襲を受けている状況に共鳴するような歴史的イヴェントであった。戦後の一九四七年に、フェランはＢＢＣの子ども用番組として、『ドレイクのドラム（*Drake's Drum*）』というラジオ劇を書いた。この劇は、無敵艦隊の来襲と、イギリス本土へのヒトラー上陸の危機とを対比することを意図していた。劇の中で、イングランドは「負け」てしまうのだろうかと不安がりながら床につく少年に対して、父親は、「まだそれは始まってもいないのだよ」と言って慰める。少年の祖母は、フランシス・ドレイクがイングランドを救うために戻ってきてくれると約束する。こうして、劇は、ドレイクがスペイン艦隊を劇的に壊滅させるくだりの語りへと移る。再び舞台は現代へと移り、少年の父親は、ダンケルクからドイツ軍に包囲された連合国の軍隊を救出すべく出発する。少年の祖母はこう結論づける。結局、イギリスはドレイクを必要としなかった。「私たちはチャーチルを得たんじゃないかね？〔……〕彼こそ私たちのドレイクさ」。(51)

フェランの脚本は、同時代に生きるイギリスとオーストラリアの子どもたちに語りかけるような手法を使って、イギリスの歴史上のイヴェントを再構築してみせた。彼女は、イギリスの戦争努力とイギリス帝国を正当化し支援するような形で、歴史を書き換えたのである。『王国の豹（*The Royal Leopard*）』のラジオ脚本では、彼女の手になる多くの他のラジオ脚本と同様に、タイムトラベルをする子どもを登場人物とし、過去と未来を織り交ぜることによって、フェランは歴史を新鮮な形で提示しようとした。同シリーズの第一話は、シドニーのある住居で幕を開ける。そこでは、百年戦争の戦端を開いたイングランド国王エドワード三世に関する講義の準備をするため夜更かしをしたジョーンズ教授が子どもたちと朝食をとっている。教授の息子ジョンは、エドワード王と〔その同名の皇太子で黒い鎧兜をシンボルとしていた英雄である〕ブラック・プリンスについて最近学んだばかりだと教授に話している。「僕の歴史の先生によれば、彼らはただの殺し屋なんだってさ。ドイツ人よりひどいんだってよ」。教授はジョンにこう答える。それは、「ひょろひょろして無気力でニキビ面で長髪の良心的徴兵忌避者」である、ジョンの歴史教師スノッジ先生が吹き込んだ、「興味深いでっちあげ」だと。ジョンは、父親にこう答える。「お父さんが歴史に詳しいってことはみんな知ってるけど、要するに、お父さんは帝国主義者なのさ。お父さんはイングランドとその帝国におべっかを使う風にしか歴史を書かないいし、他の見方には一瞥もしないいんだね」。教授はこう返答する。「真の歴史家は、誰にもおべっかを使ったりはしない。自国に対してであれ、他国に対してであれ、そうだ。真の歴史家は真実を語るのだ」。ブラック・プリンスは彼自身の時代の基準によって判断されなければならない、と教授は論じる。「ブラック・プリンス・エドワードの野蛮なおこないは、デリケートな感覚をお持ちのスノッジ先生を憤激させたようだが、スノッジ先生がナチスの突撃隊の前に出たら、修道女のようにおとなしくなることだろうよ」。歴史哲学をめぐるこの論争は、教授がジョンを自室に送り出すことによって、やや唐突に終結する。しかしながら、それはジョンの夢という形をとって再開する。ジョンは夢の中で一連の歴史上の人物の訪問を受けるのだが、彼らはブラック・プリンスの生涯を語るとともに、来たる将来の戦争〔ドイツとの大戦を指す〕を予言するのである。(52)

5　おわりに

ブリティッシュ・ワールド中の声を集めることによって、戦時期の放送事業者は、帝国の協働による戦争努力を繰り返し伝えた。ブリティッシュと非ブリティッシュを問わず、帝国の多様な臣民が自由と経済発展という共通の目的を目指して結束している、という構図が提示されたのである。イギリス帝国が、単一の統合された存在という傘の下に、多様な集団を包摂する混淆的性質を有するとみなす考えは、帝国による協働が有効であるという主張をより一般的に補強するために活用されたのである。ブリティッシュとしての感情に訴えようとする試みは、しばしばイギリスと帝国の過去に関する議論の再構築をともなっていた。ブリティッシュ・ワールドは、歴史を共有するものとして描き出されたのである。こうした「利用しがいのある過去」は、帝国の戦争努力を正当化し、動機づけるために有用であったのである。

戦時期のラジオ放送によって企画されたイメージが大戦への広範な反応や帝国に対する民衆一般の関心をどの程度反映していたのか、推し量ることは言うまでもなく困難である。このような小論に許されたスペースでは、聴衆の反応に関して残存している（明らかに乏しい）史料を考察する余裕はない。第二次世界大戦期のブリティッシュ・アイデンティティに関する広範な研究の中でソニア・ローズ（Sonya O. Rose）は、イギリスにおいて大戦への統一的な国民的対応を促進するにあたって鍵となる組織の一つとしてBBCを描き出した。彼女の結論によれば、核となるような単一のブリティッシュ・ナショナル・アイデンティティ（a single, core British national identity）といったものが得られたかどうかは定かでないものの、統一的な戦争努力は相当程度に成功を収めたとは言える。(53) 同様に、BBCが戦時中のイギリスで帝国に関する民衆の知識や熱狂をどの程度生み出すことに成功したのかどうかは定かでない。歴史家は、この点に関して合意に達してはいない。(54) しかしながら、ブリティッシュ・ワールドにおけるブリティッシュとしての感情の性質と深さについて考察する際には、あえて結論を言う勇気を持ってもよいだろう。ブリティッシュ・ワールドを支える歴史の共有、および自由と協働の伝統を謳いあげるラジオ放送の規模と範囲を考慮するならば、当時の民衆が持っていた広範な信念とそうした観念との間に何の関係もなかったと結論することは困難であろう。なるほど同時代人は、帝国に対する無関心や敵意の存在（それは、二〇世紀を通じて不変のテーマであった）に注意を向けてはいた。しかし、帝国に対するそうした抵抗は、より一般的には、ブリティッシュとしての感情の拒否、もしくは世界大のイギリス人共同体という感覚の否定にまでは必ずしも帰結しなかったのである。ブリティッシュ・ワールドは、イギリス帝国と同じものではない。血縁関係と文化の共有に重きを置く点で、おそらくブリティッシュ・ワールドは帝国よりもイギリス人の心と精神に深く浸透していたのは間違いないだろう。この意味では、ラジオ放送業者は、ブリティッシュとしての感情の意義を強調することによって、ブリティッシュ・ワールド中の聴取者が帝国全体の戦争努力を理解し支持するための確かな手助けをしたのである。

いかにしてブリティッシュとしての感情とブリティッシュ・ワールドという概念が、アメリカ合衆国などの英語人口世界のメンバーを含むより広範なトランスナショナルなアイデンティティの感覚にまで変容していったのか、ということもまた、考察に値するであろう。BBCエンパイア・ニュースの編集者であるマイケル・バークウェイ（Michael Barkway）は、次のように論じている。

我が戦線の中でも最前線に位置するこの地〔イギリス本国〕から放送する際、我々はいついかなる時でも、カナダ、オーストラリア、ニュージーランド、南アフリカ、その他の植民地、辺境植民地、およびアメリカ合衆国にいるあなた方のことを思っているのだ。そして、英語話者からなる世界規模のコモンウェルス（the world-wide Commonwealth of English-speaking peoples）の団結と決意を自覚することになるのである。(55)

一部の人々にとって帝国を放送することは、英語話者からなる世界（an English-speaking world）の統合を促進するためにラジオを活用する、という広範な企図の一部をなしていたわけである。

注

(1)　ブリティッシュ・ワールドに関する近年の歴史研究の簡潔な概観としては、以下参照。Potter［2015］pp. 98–104. この主題に関する重要な論文集としては、Bridge and Fedorowich（eds.）［2003］. この論文集に掲載される論文は、以下の特別号でも見ることができる。*Journal of Imperial and Commonwealth History*［2003］31–2. また、Buckner and Francis（eds.）［2005a］; Buckner and Francis（eds.）［2005b］; Darien-Smith, Grimshaw, Macintyre（eds.）［2007］も参照されたい。

(2)　Scales［2016］pp. 7–8 参照。

(3)　上記の著書とは別に、ラジオと放送の歴史研究に関して重要な貢献をなした近年の著作としては、以下参照。Hilmes［2012］; Gillespie and Webb（eds.）［2013］; Hendy［2013］; Stanton［2013］; Webb［2014］.

(4)　Jackson［2006］; Grey［2005］; Jeffery［1999］.

(5)　McLuhan［1987（1964）］pp. 16–17, 50, 297–307.

(6)　Scannell［1996］pp. 58–74.

(7)　Potter［2003］pp. 186–210.

(8)　以下で取りあげられている問題について、より詳しくは、Potter［2012］参照。ＢＢＣと第二次大戦に関して、とりわけイギリス国内の放送については、以下参照。Hajkowski［2002］; Nicholas［2003］.

(9)　より詳しくは、Potter［2013］参照。

(10)　Library and Archives Canada, Ottawa（以下、LAC）, Matthew Halton fonds, 17, Matthew Halton, CBC talk, 'Britain the Citadel', 14 Jul. 1940.

(11)　National Library of Australia, Canberra（以下、NLA）, Chester and Edith Wilmot papers, MS8436, 3/21, 'Victory Programme', 8 Aug. 1945.

(12)　Fleay and Sanders［1989］pp. 503–518.

(13)　Hocken Library, Dunedin, New Zealand, MS-1122, Joan Wood, scripts of radio talks.

(14)　Richards［2011（2004）］.

(15)　UK National Archives（以下、UKNA）, London, INF 1/543, Noël Coward to Alfred Duff Cooper, 3 Dec. 1940. 次も参照。Aldgate and Richards［1994（1986）］p. 188.

(16) Coward〔1941〕quote at p. 58.
(17) UKNA, INF 1/543, Sir Harry Batterbee to Viscount Cranborne, 4 Dec. 1941.
(18) Coward〔1941〕pp. vii–viii.
(19) より広範なコンテクストに関しては，Rose〔2003〕参照。
(20) Webster〔2005〕pp. 6–7, 19–54.
(21) BBC Written Archives Centre, Caversham Park, Reading（以下，WAC），R 34/953, Ministry of Information memorandum, Policy Committee – Empire Publicity Campaign – Paper for discussion on Tuesday, 1 Oct. 1940.
(22) オーストラリアの短波サーヴィスに関しては，以下参照。Vickery〔2003〕chap. 5; Hilvert〔1984〕. より一般的には，Hodge〔1995〕. ボールとBBCの関係については，以下参照。NLA, William Macmahon Ball papers, box 1, folder 6, R. A. Rendall to Ball, 27 Oct.1941 and copy of Ball to C. Connor〔sic〕, 15 Oct. 1941. 次も参照。National Archives of Australia, New South Wales branch（以下，NAA NSW），SP1558/2, box 81, 'Dominion Commentary' Programme for BBC, 1939–40.
(23) NLA, Ball papers, box 1, folder 6, Script for 'Dominion Commentary', 15 Jul. 1940.
(24) NLA, Ball papers, box 1, folder 6, Script for 'Dominion Commentary', 4 Nov. 1940.
(25) National Archives of Australia, ACT branch（以下，NAA ACT），SP112/1, control symbol 353/2/63, 'Visit to Australia – L. W. Brockington'. 次も参照。NAA ACT, SP112/1, control symbol M98, 'Brockington, L. W., visit of'.
(26) NAA NSW, SP300/1, box 11, Leonard Brockington, 'National Talk', 20 Feb.〔1943〕and 'Talk by L. W. Brockington', 5 Mar.〔1943〕.
(27) NAA NSW, SP300/1, box 11, 'National Talk by Mr. L. W. Brockington, K.C.', 26 Mar. 1943.
(28) Nicholas〔2003〕p. 215; Hajkowski〔2002〕p. 136.
(29) NAA NSW, SP300/1, box 11, Leonard Brockington, 'Calling Australia', 20 June 1943.
(30) State Library of New South Wales, Mitchell Library（以下，SLNSW ML），Sydney, E. T. Fisk papers, ML MSS 6275/11, file – 'Brockington, Mr. L W', Sir Ronald Cross to E. T. Fisk, 18 Feb. 1943. 次も参照。NAA NSW, SP300/1, box 11, 'Talk by Mr. L. W. Brockington K.C., to be radio-telephoned to BBC', 23 Mar. 1943 and 'Talk for the BBC by Mr. L. W. Brockington K.C.', 27 Apr.〔1943〕. 次も参照。*Sydney Morning Herald*, 12 Apr. and 11 May 1943. ブロッキントンのカナダの放送は，アメリカの聴取

者によって聴取されたし、部分的に彼らをターゲットにしていた。

(31) ウィルモットについて、より詳しい近年の業績としては、McDonald with Brune［2016］参照。

(32) NLA, Chester and Edith Wilmot Papers, series 1, folder 14.

(33) NLA, Ball papers, box 4, folder 29, Chester Wilmot to Ball, 28 Feb. 1941; NLA, Wilmot papers, series 1, folder 48, Wilmot to T. W. Bearup, 4 Jul. 1941.

(34) NLA, Wilmot papers, series 1, folder 48, Lawrence Cecil to Bearup, 17 Nov. 1940, 28 Nov. 1940, and 4 May 1941, and Bearup to Wilmot, 11 Dec. 1941. BBCとABCによって使用された放送の例としては、以下参照。NLA, Wilmot papers, series 3, folders 6 to 20.

(35) これに関するより詳しい内容について、そしてABCのためにウィルモットがおこなった放送の台本については、McDonald［2004］参照。

(36) NAA NSW, series SP300/4, control symbol 140, 'Commentary for BBC – by Chester Wilmot – relayed by radiophone', 11 Apr. 1942.

(37) NAA NSW, series SP300/4, control symbol 168, 'B.B.C. News Despatch no. 14 – by Chester Wilmot – relayed from Melbourne', 16 Jul. 1942; NAA NSW, series SP300/4, control symbol 187, 'National News Commentary – B.B.C. News Despatch – by Chester Wilmot', 8 Oct. 1942.

(38) NAA NSW, series SP300/4, control symbol 162, 'B.B.C. News Despatch No. 12 – By Chester Wilmot', 3 Jul. 1942.

(39) WAC, R51/91/1, R. A. Rendall, 'Broadcasts about the British Empire', 6 Oct. 1942. 以下で取りあげられているテーマについて、より詳しくは、Potter［2009］参照。

(40) WAC, R51/91/1, Vincent Harlow to George Barnes, 19 June 1942.

(41) ハンコックについて、より詳しくは以下参照。Louis［2005］pp. 937–962, 939; Inglis［2011(2004)］.

(42) ダラム報告書の遺産に関するより正確な議論については、Martin［1972］参照。

(43) WAC, R51/91/1, Keith Hancock to Christopher Salmon, 9 Apr. 1942.

(44) WAC, R51/91/2, Hancock to Salmon, 20 Apr. 1943.

(45) WAC, R51/91/2, Hancock to Salmon, 5 Apr. 1943.

(46) WAC, R51/91/1, 'Note of a discussion held at the Colonial Office on 30. 10. 42 – Copy for Mr Salmon'.

(47) SLNSW ML, Nancy Phelan papers, box 27, Script of talk entitled 'London Night', n.d.

(48) SLNSW ML, Phelan papers, box 32, Unpublished typescript MSS of 'Friendly natives: an English memoir'; Phelan [1983] pp. 5, 13; Phelan [1969].

(49) SLNSW ML, Phelan papers, box 27, Script of talk with J. Denton, 2BL, n.d.

(50) SLNSW ML, Phelan papers, box 26, Script for 'Sons of Devon', episode 10.

(51) SLNSW ML, Phelan papers, box 26, Script for 'Drake's Drum'.

(52) SLNSW ML, Phelan papers, box 26, Script for 'Royal Leopard', episode 1.

(53) Rose [2003].

(54) Hajkowski [2002] と Nicholas [2003] は，比較して検討する必要がある。

(55) NLA, Wilmot papers, series 3, folder 31, Cutting of Michael Barkway, 'Accuracy and Speed, but Above All Accuracy', *London Calling*, n.d.

文献リスト

Aldgate, A. and J. Richards [1994(1986)] *Britain Can Take It*, Edinburgh, 2nd edn.

Bridge, C. and K. Fedorowich (eds.) [2003] *The British World: Diaspora, Culture, Identity*, London.

Buckner, P. and R. D. Francis (eds.) [2005a] *Rediscovering the British World*, Calgary.

Buckner, P. and R. D. Francis (eds.) [2005b] *Canada and the British World: Culture, Migration, and Identity*, Vancouver.

Coward, N. [1941] *Australia Visited 1940*, London.

Darien-Smith, K., P. Grimshaw and S. Macintyre (eds.) [2007] *Britishness Abroad: Transnational Movements and Imperial Cultures*, Melbourne.

Fleay, C. and M. L. Sanders [1989] "Looking into the Abyss: George Orwell at the BBC", *Journal of Contemporary History*, 24-3.

Gillespie, M. and A. Webb (eds.) [2013] *Diasporas and Diplomacies: Cosmopolitan Contact Zones at the BBC World Service, 1932-2012*, London and New York.

Grey, J. [2005] "War and the British World in the Twentieth Century", in P. Buckner and R. D. Francis (eds.) *Rediscovering the British World*, Calgary.

Hajkowski, T. [2002] "The BBC, the Empire, and the Second World War, 1939–1945", *Historical Journal of Film, Radio and Television*, 22-2.

Hendy, D. [2013] *Noise: A Human History of Sound and Listening*, London.

Hilmes, M. [2012] *Network Nations: A Transnational History of British and American Broadcasting*, New York and London.

Hilvert, J. [1984] *Blue Pencil Warriors: Censorship and Propaganda in World War II*, St Lucia, Queensland.

Hodge, E. [1995] *Radio Wars: Truth, Propaganda and the Struggle for Radio Australia*, Cambridge.

Inglis, K. S. [2011(2004)] "Hancock, Sir (William) Keith (1898–1988)", *Oxford Dictionary of National Biography*, Oxford, http://www.oxforddnb.com/view/article/39810, accessed 19 Mar. 2007.

Jackson, A. [2006] *The British Empire and the Second World War*, London.

Jeffery, K. [1999] "The Second World War", in J. M. Brown and W. R. Louis (eds.) *The Oxford History of the British Empire Volume IV: The Twentieth Century*, Oxford.

Louis, W. R. [2005] "Sir Keith Hancock and the British Empire: The Pax Britannica and The Pax Americana", *English Historical Review*, 120-488.

Martin, G. [1972] *The Durham Report and British Policy: A Critical Essay*, Cambridge.

McDonald, N. [2004] *Chester Wilmot Reports: Broadcasts That Shaped World War II*, Sydney.

McDonald, N. with P. Brune [2016] *Valiant for Truth: The Life of Chester Wilmot, War Correspondent*, Sydney.

McLuhan, M. [1987(1964)] *Understanding Media: The Extensions of Man*, London.

Nicholas, S. [2003] "'Brushing Up Your Empire': Dominion and Colonial Propaganda on the BBC's Home Services, 1939–45", in C. Bridge and K. Fedorowich (eds.) *The British World: Diaspora, Culture, Identity*, London.

Phelan, N. [1969] *A Kingdom by the Sea*, Sydney.

Phelan, N. [1983] *The Swift Foot of Time: An Australian in England, 1938–45*, Melbourne.

Potter, S. J. [2003] *News and the British World: The Emergence of an Imperial Press System, 1876–1922*, Oxford.

Potter, S. J. [2009] "What Did You Do in the War, Professor? Imperial History and Propaganda, 1939–1945", in R. J. Blyth and K. Jeffery (eds.) *The British Empire and its Contested Pasts*, Dublin and Portland OR.

Potter, S. J. [2012] *Broadcasting Empire: The BBC and the British World, 1922–1970*, Oxford.

Potter, S. J. [2013] "The Colonisation of the BBC: Diasporic Britons at the BBC External Services, c. 1932–1956", in M. Gillespie and A. Webb (eds.) *Diasporas and Diplomacies: Cosmopolitan Contact Zones at the BBC World Service, 1932–2012*, London and New York.

Potter, S. J. [2015] *British Imperial History*, London.

Richards, J. [2011(2004)] "Fields, Dame Gracie (1898–1979)", *Oxford Dictionary of National Biography*, Oxford, http://www.oxforddnb.com/view/article/31106, accessed 3 Jul. 2017.

Rose, S. O. [2003] *Which People's War? National Identity and Citizenship in Wartime Britain, 1939–1945*, Oxford.

Scales, R. P. [2016] *Radio and the Politics of Sound in Interwar France, 1921–1939*, Cambridge.

Scannell, P. [1996] *Radio, Television and Modern Life: A Phenomenological Approach*, Oxford.

Stanton, A. [2013] *This is Jerusalem Calling: State Radio in Mandate Palestine*, Austin, Texas.

Vickery, E. L. [2003] "Telling Australia's Story to the World: The Department of Information, 1939–1950", Unpublished Australian National University D. Phil. Thesis.

Webb, A. [2014] *London Calling: Britain, the BBC World Service and the Cold War*, London.

Webster, W. [2005] *Englishness and Empire, 1939–1965*, Oxford.

第9章　アトリー政権期のコモンウェルス防衛と南アジア

渡辺昭一

1　はじめに

第二次世界大戦後、南アジア諸国の独立が確定していく過程で、イギリスは、帝国解体に伴う新たな国際秩序形成に向けた防衛構想の具体的検討を迫られ、ヨーロッパ、中東、南アジア、東南アジア、東アジアの各方面を視野に入れた、旧帝国支配体制の再編の可能性を探ろうとしていた。

印パ分離独立の決定まで、インド省、インド政庁、そしてインド・ナショナリストの間で、およびネルー（Jawaharlal Nehru）とジンナー（Muhammad Ali Jinnah）との間での激しい分離独立交渉の展開後、一九四七年七月一八日のインド独立法の制定により同年八月一五日に印パ分離独立を迎えた。しかし、一九四七年時点では、一九三五年インド統治法のもとでコモンウェルス内の旧自治領と同じ待遇を認められたに過ぎなかった。(1) インドは一九五〇年一月にインド憲法を、パキスタンは一九五六年にイスラム共和国憲法をそれぞれ制定し、共和制に移行して名実ともに自らの政治的独立を達成した。しかし、印パ間において民族大移動が進行する中、カシミールの帰属問題をきっかけに両者が激しく対立し、南アジアの緊張が一気に高まった。

戦後五年間は、国際社会におけるイギリスの影響力維持策をめぐって、アトリー（Clement Attlee）率いる労働党がその外交戦略を託された時期であった。印パ独立を認めていく過程でアトリー政権が直面した課題は、冷戦の成立下において、南アジアに対するソ連とアメリカの介入を阻止しながら自らの支配体制をいかに再編するかであった(2)。インドのコモンウェルス残留、戦中に激増したスターリング・バランスの処理、印パ分離に伴う両国内の混乱および北西国境防衛、カシミール紛争処理などの問題解決を迫られていた。旧自治領と同じ自治しか認めなかったイギリスは、共和制を志向するインドをコモンウェルスに残留させるために、大原則であった「王冠への忠誠」原理と矛盾しない方法を模索した。イギリスは、帝国の解体に伴ってコモンウェルスの再編を目指す中、南アジア諸国を独立後も体制に残留させる意向をはっきり示し、またインド側も残留した方が得策という考えに傾いたことで、一九四九年四月ロンドンで開催された臨時コモンウェルス首相会議で正式に合意をみた。この会議において、イギリスのみならずコモンウェルス各国も残留に歓迎の意を表した(3)。

この残留決定を促した大きな要因の一つに、ポンド・スターリング圏におけるインドの役割があった。インドのスターリング・バランスの圧倒的大きさが、イギリス帝国の攪乱要因であった(4)。戦時中に累増した巨額の資金を一気に引き出されるとイギリスの対外決済に多大な影響を及ぼしかねないため、一定のルールを確立する必要があった。インドは、国家建設に向けて有効に活用したい意向があったため、その処理について自由裁量権を発揮することを目指していた。両者の思惑が金融協定交渉において反映されることになるが、後述するように、一九四七年八月一四日に初めて英印金融協定が締結され、この協定を起点としてそれ以降半年か一年ごとに更新された。この協定の締結・更新が英印間の密接な関係を継続させたといえよう。

また、残留決定に及ぼしたアジアの政治情勢も見逃してはならない。統一インドから印パ分離を前提とした独立への動きが決定的になった時、ビルマの独立、マラヤ危機、インドネシアおよび中国の共産主義政権の誕生、朝鮮半島の紛争など、南アジア、東南アジア、東アジアにおける安全保障体制を動揺させる事態が次々と発生していた。アジアにおける政治的混乱がコモンウェルス体制の再編を目指したイギリスに余裕をなくさせつつあった。また、ネルーも、共産主義勢力の南アジアへの拡大を懸念していたものの、アジアでリーダーシップを発揮すべく単独で対応する体制を整えることができなかった。イギリスや旧自治領諸国のみならず印パ両国からも対ソ連・対中共産主義防衛の観点からコモンウェルスというシステムへの期待が高まっていた。

こうした状況の中で、イギリスは、中東および極東におけるインド軍の撤退によって生じる空白領域の検討を迫られ、南アジアにおいてもカシミール紛争の緊張緩和へ関与せざるをえない状況へと追い込まれていった。イギリスは、本国軍人将校の撤退や武器供与による政治的混乱の危険性も考慮しながら、南アジアにおける国際秩序の安定を模索しなければならなかった。

本章では、これらの情勢を踏まえながら、イギリスが軍事援助によって南アジアの安全保障体制をどのように構築しようとしたのかを探っていく。(5) その際、インドおよびパキスタン両国の対立が緊張関係を生み出していることから、可能な限り両者の動向を視野に入れて、イギリスがめざした南アジア全体の防衛構想を展望したい。(6)

2　戦後イギリスの帝国防衛構想と印パ分離独立

(1) イギリス防衛構想とコモンウェルスの役割

戦後インドの独立が決定するまで、イギリスの国防戦略はどのように検討されていたのであろうか。閣議および国防委員会の資料を見る限り、コモンウェルスの防衛構想は、イギリス国防省参謀本部が核となって作成されている。参謀本部は一九四六年三月、戦略的防衛ゾーンに関する覚書を内閣と国防大臣に提出した。[7] そこでは、中東防衛（地中海および油田地帯を含む）ゾーン、オーストラリア・ニュージーランドゾーン（当該国に隣接する東南アジア北西地域、太平洋東部の防衛）、そして、その間に挟まれた地域をインドゾーン（インド洋、ペルシャ湾、セイロン、ビルマを含み〔統括司令部は、デリーに設置〕）、東南アジアゾーン（マラヤ、ボルネオ、香港、南シナ海、シャム、仏領インドシナ、蘭領東インド〔司令部はシンガポールに設置〕）に四分割し、各ゾーンに統括司令部を置き、ロンドンと各ゾーンとの連絡関係を密にする体系を想定した。各ゾーンの防衛責任は各旧自治領が担い、コモンウェルス全体の防衛責任は本国が担うという役割分担である。中東から極東に至る旧イギリス帝国構造を想定した案といえる。とくにインドゾーン防衛の重視は、早急の解決を迫られた地域であり、コモンウェルス防衛の中枢に位置づけたいという意向を反映したものであった。

それは、同年四月初旬に国際的防衛体制におけるコモンウェルスの戦略的位置についての報告にも現れた。[8] 仮想敵国ソ連と戦争となった場合の防衛地域の検討であった。人的資源と戦力の観点から、防衛地域を主要支援地域と補完的地域の二類型に分けた。前者は、イギリス、アメリカ大陸（南米を含む）、サハラ砂漠以南のアフリカ（東アフリカを含む）、オーストラリア・ニュージーランドであり、イギリスが旧自治領の人的資源の六八％を担うと想定された。インドは憲政的立場が未定であったために前者に含められていないが、人的資源および戦力の点からコモンウェルス残留を促して主要な支援地域に含めるべきであるとしている。後者は、西ヨーロッパ（スカンジナビアを含む）、イベリア半島、北西アフリカ、中東（とくにエジプト、パレスチナ）を想定する。インドの勢力圏維持は、太平洋、インド洋におけるシーレーンおよび防空の確保が最も重要であり、対ソ防衛のグローバルな包囲網を構想している。コモンウェルスの戦略的重要性を強調した参謀本部のこの見解は、四六年四月五日の国防委員会で基本的に了承された。[9]

このように、グローバルな戦争に対する抑止力として団結したコモンウェルスの意義を確認したうえで、参謀本部は、コモンウェルス防衛組織について、イギリスと各自治領が対等な関係に立った帝国防衛委員会の再編を示唆した[10]。アメリカとの協力関係が不可欠となったことを踏まえて、かつ戦前と違って独立した主権国家から構成されるとなれば、イギリスの考えを一方的に強要できなくなる事態を想定した。具体的な組織として、ロンドンおよび各自治領は、相互に軍事顧問を配置して各参謀本部と密接な連絡網を維持し、コモンウェルス間での協議が必要な場合には、軍事顧問、国防委員会、高等弁務官の間で連絡を取り合うという体系が示された。参謀本部の基本的構想は、対ソ防衛のためアメリカとの協力関係を前提にしたコモンウェルス諸国間の連携体系の構築であった[11]。イギリスの戦後グローバル戦略が一九四六年前期に集中的に検討される中で、コモンウェルスが担うべき役割が強調され、とくに中東の油田確保とインドの体制維持がアジアにおけるイギリスのプレゼンス継続に極めて重要な要因であると認識されたのである[12]。

(2) コモンウェルス内のインド・パキスタンの位置

では、南アジアの軍事体系はどのように位置づけられていたのであろうか。インド洋の安全保障に鑑み、すでにインドの独立要求を認めざるをえない判断をしていたアトリー政権は、一九四六年九月に、参謀本部委員会に対してインドの戦略的重要性に関する資料作成を要請している[13]。この指示を受けた参謀本部は、インドの重要性について、①インドは、コモンウェルス防衛のための陸軍兵士の確保に貢献し、物資調達をも可能な産業力を保持している、②インドの飛行場は、ウラルおよび西シベリアの工業地帯を攻撃するうえで最短基地であり、また極東ルートを確保するうえでも重要な位置にある、なによりも③インドにおける基地は、インド洋、とくに東南アジアとペルシャ湾への交通路の確保において重要な位置にある、と強調した。

このように、中東およびアジアの防衛上、インドの軍事協力を強調した参謀本部は、戦時に対応できるようなインド陸海空三軍の近代化を勧告した。具体的には、戦時下で戦略爆撃機が利用可能な飛行場および航空設備の確保、インド国境およびインドとコモンウェルス諸国との防空網体制の整備であった。要するに、イギリス、アメリカ、旧自治領に次いでインドを主要支援領域として位置づけ、戦時にはイギリスの総指揮下で軍隊を統制できるように、インド基地の航空通信および軍事施設の援用を求めたのである。インド陸軍からイギリス兵士が撤退すれば、インド国内の軍事機能を弱体化させる恐れがあったため、緊急事態に備えたインド空軍の強化が促された。また、海軍についても、一九四六年九月にインド洋における海軍機動部隊の利用に関する資料が参謀本部から発表された[14]。イギリスの東インド海洋基地は、インド洋海域、東南アジア海域を視野に入れて、巡洋艦三隻（グラスゴー（GLASGOW）、ジャマイカ（JAMAICA）、フォーフォーク（FORFOLK））、軽艦隊型空母（light fleet carrier）二隻（ヴェネラブル（VENERABLE）、グローリィ（GLORY））および航空機輸送の護衛艦一隻デストロイヤー（DESTROYER）、フリゲート艦二隻、帆船二隻などを保有していたが、インド海軍は、護送船（帆船、フリゲート艦、コルベット艦）を保有しているのみであった。ただインド洋、とくに南ペルシャ湾における海軍の派遣について、特定領域に戦艦を配備する意向を示さなかった。

一九四六年九月四日、東インド司令官は、コモンウェルス体制からインドが離脱した場合の影響についてまとめた報告書を回覧した。かつてのイギリスのコモンウェルス防衛戦略は、敵国の妨害を受けずに世界中に海空のルートを保全することであった。商船を保護するため主要航路に海軍基地を設置し、それを可能にしていた。しかし、航空機の利用拡大や誘導ミサイルの開発により、狭い領海内の護衛のみでは不十分になり、広域防衛方法の検討が不可避になっていた。今や地中海領域ではなくケープ経由ルートに依存せざるをえない状況に危機感を露わにした。

インド洋域の安全保障は、コモンウェルスのためのペルシャ湾の石油確保を第一義的目的としており、ペルシャ湾とアラビア海におけるシーレーンの保全にかかり、もしインドがロシアに支配されるようなことになれば、それを確保できなくなる恐れがあった。インドの軍事基地は、アラビア海やアフリカとビルマ、マラヤ、オーストラリア、ニュージーランドとの空路網の確保、極東および東南アジアの防衛にあたって最も重要な戦略的位置にあった。また、インドの資源は、コモンウェルス軍にとって計り知れない資産であった。人的資源のほか、原綿、ジュート、茶、鉄鋼石、トリウムなどの産業資源をもち、軍需産業拡大の潜在的能力を持っていた。インド洋北部における海・空のルート確保は、イギリス・コモンウェルス再編の生命線であった。

一九四七年に入り、中東および極東での戦時体制に向けた軍事基地の確保、軍組織および設備の標準化の推進によって強力な協力関係を築くべきという司令官の考えは、アトリー政権に共有された(15)。もしインドがコモンウェルスを離脱すれば、北インド洋におけるイギリスの地位は弱体化し、ペルシャ湾からの石油補給も確保できなくなるという危機感が高まった。一九四七年三月、国防省参謀本部は、地中海・中東防衛とインド洋・太平洋のコモンウェルスの安全保障をリンクした国防体制の必要性を説く覚書を発表した(16)。一九四六年から四七年にかけての権限移譲の協議において、軍事防衛問題が最優先事項と認識されていき、一九四七年一一月、国防大臣アレクサンダー（A. V. Alexander）は、アトリーに対してインドおよびパキスタンとの防衛協定締結を強く要請した(17)。

3　カシミール紛争と南アジアへの軍事援助過程

(1)　カシミール紛争と軍事援助問題

印パ分離独立の決定直後の八月末、国防省のスミス（H. W. Smith）は、インドおよびパキスタンの将来の戦略的要求案を協議すべくインドへ代表団派遣を検討していた。インドおよびパキスタンへの軍事援助の大きさ、内容、方法、軍事物資の供与方法に関して、国防省参謀本部は大蔵省に財政面からのコメントを求めた。大蔵省は、国防省およびコモンウェルス関係省と協議していく方針を示しつつ、提出された九項目にコメントをつけたに過ぎず、インドおよびパキスタンの代表とも協議するべきと、明確な結論を出さなかった。[18]しかし、後述するスターリング・バランス交渉の中で軍事支出問題が絡んでくると、大蔵省は大きな影響力を持つに至る。

①パキスタンへの軍事援助問題

一九四七年一〇月初旬、財政援助をめぐってカラチの官僚間で協議された内容が本国に報告されると、コモンウェルス関係大臣ノエル-ベーカー（Philip J. Noel-Baker）は、カシミール紛争の激化に鑑みて、たとえインドの反英感情を一層激化させてしまう恐れがあってもパキスタンへの援助をためらってはならないと強調した。[19]印パ分離独立時に旧インドが保有していたルピー総額三七七クローレ・ルピー（一クローレ＝一〇〇〇万）のうち、パキスタンが獲得した額が、要求した八〇クローレ・ルピーに対してわずかに二〇クローレ・ルピーに過ぎず、南アジアにおける軍事バランスの不均等による危機的状況を懸念したからである。しかし、一九四七年一〇月、コモンウェルス関係省のローランズ（A. Roulands）がパキスタン財務大臣ムハンマド（Ghlan Mohammed）と、さらにはジンナーとも協議した時、パキスタンから長期的な軍事援助を熱望されたにもかかわらず、インドとの関係悪化を恐れ、インドとの情報交換を前提としたパキスタンへの援助を検討するという消極的約束に留めていた。[20]国璽尚書のアディソン卿（Lord Addison）もこの政策を支持していた。

パキスタンは、一九四九年三月までに購入したい軍需品リストをイギリス政府に送った。陸軍省がこのリストに従って、一九四七年度および一九四八年度分の通常兵器の援助の検討に入った時、参謀本部も反対しなかった。一九四七年一一月一四日開催されたコモンウェルス問題検討委員会（Commonwealth Affairs Committee）の第四回会合でパキスタンの財政・軍事援助要請の内容が検討された時[21]、コモンウェルス関係相と国防相は、北西国境防備、および国内の治安維持のため、パキスタンの軍事的強化を早急に推し進める必要性を改めて強調した。アトリーが、パキスタンへの軍需品供与に依然慎重な姿勢をとっていたからである。おそらく、アトリーにとって、カシミール紛争が激化していく中、コモンウェルスの残留問題とスターリング・バランス交渉が同時並行的に交渉されていたことから、両国の対立を刺激したくないという思惑があったと推測される。一九四八年四月、駐英パキスタン高等弁務官ラヒムツーラ（H. I. Rahimtoola）は、イギリスの武器供与が不十分なのは、インドのコモンウェルス残留をもくろんでインドの利益を保護しようとしたからに他ならないと、激しく抗議した[22]。

一九四九年九月、インドのコモンウェルス残留決定に安堵したアトリーは、駐英パキスタン高等弁務官と会談した時、ようやくパキスタンの現状と不満に耳を傾け始めた。この高等弁務官の不満に対するコメントを求められた国防大臣は、ここ二年間で軍需品の量と種類が拡大し、他のコモンウェルス諸国や軍事同盟国の需要を優先しなければならなかったこと、および武器貸与法に基づくアメリカの第三国への武器貸与禁輸措置があったことを主な理由に挙げて、不十分な援助に関する弁明に努めざるをえなかった[23]。

アトリー政権は、パキスタンの要請に応えるために、駐英パキスタン大使と密に連絡を取り始め、軍需省の応援を受けて次の軍事供与を確認した。①海軍関係では駆逐艦オンスロウ（ONSLOW）が一九四九年九月末に、同艦オファ（OFFA）が同年一一月三日にそれぞれ譲渡される予定であり、その他の軍需品についても、現在の五〇万ポンドに加えて計一〇〇万ポンド分を認める、②陸軍関係では、大砲、迫撃砲、ライフル銃およびその弾薬について大量の供与を約束する、③空軍関係ではすでに提供している七二機に加えて六一機の追加取引を計画すると述べ、可能な限りの援助を行うことを強調した。しかし、パキスタンの駐英高等弁務官は、この返答に満足せず、一週間後にアディソンにも同様の内容を訴えていた。アディソン卿も一九四七年八月以降のパキスタン援助内容を提示することで、パキスタンを疎かにしてきたわけでないことを繰り返し弁明し、今後の援助を約束した[24]。アトリー政権は、ようやく今後可能な限りの援助を行う約束を表明するに至った。

②コモンウェルス諸国の軍事援助政策

この間、コモンウェルス関係省は、各国の高等弁務官を通じて、コモンウェルスの一員として印パ両国への援助を行うよう、コモンウェルス各政府に要請した[25]。まず両国間の関係修復とコモンウェルス体制への残留を目指すことを確認し、事前に提供品リストを相互に報告しあうことを条件にして、希望する備蓄品を提供することを通知した。その際、通常商取引レベルでの軍事品取引については、輸出ライセンスの範囲内で行い、迂回した武器提供を懸念し、両国からの直接依頼以外取引を禁止することを要請した。

しかし、コモンウェルス諸国の対応は、必ずしも同一ではなかった。カナダは、輸出貿易向けの武器生産を行っておらず、すべて政府の管理下で取引していることを表明し、今後も需要を見込んだ武器生産を行うつもりがなく、万が一販売する際にはイギリスに通知することを約束した[26]。さっそく一九四八年五月に、カナダ外務省はコモンウェルス関係省に対して、非公式にハーバード（HARVARD）AT－6（非武装練習機）三〇機（一機につき一・五万ドル）をパキスタン政府へ、デ・ハビランド（De Haviland）社製練習機三六機（総額五〇万ドル）をインド民間航空会社へ売却すると報告した[27]。一九四八年七月にインドおよびパキスタン政府から銃弾購入の打診があった際にも報告している。イギリス政府が、カナダ製造業者によるアラブ世界への武器の横流しを懸念していたからである[28]。一九四九年七月、パキスタン政府から大砲、迫撃砲、ブレン軽機関銃を含めた武器購入の打診があった時に、カナダ政府は、数年後に旧式武器と見込まれるものについては売却の方針を表明しながら、パキスタン側が武器入手情報をインド側に通達することを嫌ったため、インド側に伝えないと報告した[29]。

他方、ニュージーランドは、すぐに本国の要請に応じる返答をしたが、オーストラリアは、一九四八年五月までにすでに二回パキスタン政府から武器供与の打診を受けたことを明らかにしつつ、カシミール紛争の混乱を避けるために、いずれの国家に対しても武器輸出を禁止している旨を伝えていた(30)。一九四九年一月、オーストラリア政府は、ライフル、迫撃砲、六ポンド砲、二五ポンド砲などの銃器と弾薬の売却を求められたことをイギリス政府に報告した際、ロシアや他の共産主義国への武器供与を求めていくことを阻止するために、武器供与要請を受け入れるようイギリス政府から進言されたものの、武器禁輸の方針を変えなかった(31)。

③イギリス軍撤退問題

イギリスは、南アジアからのイギリス兵撤退という別の問題も抱えていた。一九四六年一〇月一日現在、インドに残留しているイギリス兵は、イギリス軍所属四万三〇〇〇人、インド軍所属三万七〇〇〇人の計八万人であり、イギリス政府は、翌年四月に三万六五〇〇人、そしてさらに一年後の四八年四月に二万三〇〇〇人までに縮小する計画を立てていた(32)。インドは、完全独立の一環として、一九四七年一二月末までにすべてのイギリス軍の撤退を完了することを求めていた。その後の交渉によって、イギリス政府は、戦時から平時への移行の一環として、ギリシャ、イタリアなどの海外からの撤退と同様に、インドからの完全撤退に同意したが、イギリス国防委員会は、同年一二月末日までに撤退できないことを確認した(33)。撤退に必要な船舶の確保が非常に困難であったことのほか、カシミール紛争が激化し、イギリス軍の撤退が印パ両軍の体制に大きな影響を及ぼす可能性があったからである。パキスタンが軍事的に劣勢にあったために、軍の中枢からイギリス将校が撤退すれば危機的状況に陥る危険性があった。

一九四七年一一月、イギリスはインドおよびパキスタンと協議するために代表を派遣した(34)。

協議の最終案は、まずもって侵略国側からのイギリス将校の撤退であり、判断が困難な場合には暫定的に印パ両国からの撤退を促すという判断であった。その間、国連でのカシミール紛争をめぐる協議において、印パ双方で紛争地域からの両軍の撤退（非武装）と住民の国民投票によって国家の在り方を決めるということが確認されたことで、イギリス将校の撤退問題は一時保留されることになった。しかし、インド側はパキスタンの出方次第で対応すると、最終合意に至るまでインド軍を駐留させる意向を示したため、不安定状況は継続した。[35]

（2）武器援助――印パ間の対応

さて、インドおよびパキスタンは、どのように武器調達を実施したのであろうか。次にその具体的な交渉過程の検討に移る。

①武器供与交渉[36]

【インド】

戦争終結後に返却予定のコルベット艦とフリゲート艦が、スターリング・バランス交渉が解決するまで現状のままでインド側に貸与されることになっていたが、[37]イギリス海軍は、インドに対し巡洋艦二隻を売却する案を提示した。ノルウェーから一隻、オランダから一隻、中国から一隻、そしてインド政府から三隻の要請を受けた際、二六隻と待機艦九隻を合わせて三五隻を保有していたイギリス海軍は、要求された六隻を売却可能と判断した。[38]インド向け三隻とは、アキレス（ACHILLES）、アジャックス（AJAX）、リアンダー（LEANDER）であり、改修費および追加設備を含めて、それぞれ七三・六五万ポンド、七六・五三万ポンド、五九・三八万ポンドと見積もられ、インド政府との間ですでに一九四七年一月までに一隻、その後三カ月ごとに一隻ずつ引き渡すことが約束された。[39]アキレスについては、すでにイギリスのチャタムで修理点検が終わり、引き渡すばかりになっていた。しかし、印パ分離に伴うインド海軍のスタッフ不足によって、直前になってインド政府から契約留保の要請があった。一九四七年四月にインド政府は一時的に交渉を停止し、イギリス政府もこれに同意したが、スターリング・バランス交渉が大詰めを迎えていた時であったため、同年五月二八日のインド・ビルマ委員会（India and Burma Committee）は交渉の再開を促した。その後、スターリング・バランス交渉の結果を見据えて、インドは、購入手続きを当初予定していたローンではなく、通常の通商取引による決済に変更した。[40]他方、パキスタンは、この時点でまだ一隻も購入希望をしていなかった。

一九四七年八月一五日、インドは、アキレスの購入手続きを再開した時、当然ながら運用に必要な技術者不足と決済方法を問題にした。インド政府は、譲り受ける戦艦を実践配備するために、イギリス海軍施設でのインド人の将校、下士官四人、兵曹長一六名の訓練を要請したが、その経費をインド側の支払いとして通常の商業取引勘定での処理を考えていた。[41]さらに、同年一一月には、インド政府ロンドン事務所の財務担当官チャンダ（A. Chanda）が大蔵省事務官イーディ（Wilfred Eady）に対して、巡洋艦のほか訓練用の駆逐艦三隻、自走給油船二隻のほか、イギリス国内に余分となって待機していたテンペスト（TEMPEST）八九機とインドに保留したスピットファイア（SPITFIRE）五七機をも購入する意向を伝え、購入代金をスターリング・バランスから支出することを示唆した。[42]インド海軍への援助を通じてコモンウェルス防衛の強化を期待していたイギリス政府は、操作法教授のための技術者支援を約束したほか、代金が二〇〇万ポンドと予想以上に高額になることから、通常の通商取引ではなく、スターリング・バランスの閉鎖勘定No.2勘定からの支払い（後述）にも同意した。[43]イギリスの譲歩は、この戦艦売却の成功によってインドをコモンウェルスへの残存を決意させ、防衛体制の強化に協力させるねらいがあったからである。[44]

一九四八年に入って、イギリスは、インド政府から将来の航空機関連の購入が可能かどうかの調査依頼を受け取った。その内訳は、テンペスト（MARK-II）五二機、スピットファイア六〇機、双発エンジン機六〇機と中爆撃機三三機、デ・ハビランド社製ダブ（DOVE）二〇機、ヴァンパイア（VAMPIRE）三機であった。コモンウェルス関係省の調査によると、テンペストについて、パキスタンからも六七機の調査依頼が届いていたが、いずれも熱帯気候仕様への改修が難しいため、納入が困難となっていた。スピットファイアについて、本国に帰還を予定してインド国内に待機させていた五七機の再リースが可能であり、イギリス本国からの移送が三機のみで済むことがわかった（一機当たり一・七万ポンド程度）。ヴァンパイアについては、東アジアで運用中の二機が納入可能であった。製造元のホーカーズ社（Hawkers）は、ジェットエンジン搭載の開発を完了しており、新型マーク（MARK-IV）三機が可能となるはずであった。[45] ダブ機については、駐英インド高等弁務官パテルが、すでにデ・ハビラント社に対して一六機の購入意向を伝えていた。計画では一九四八年四月から七月まで一カ月当たり二機ずつ、それ以降は六カ月ごとに一機の納入が見込まれていたが、[46] 一九四八年二月の時点で、イギリス空軍省は、インド空軍の要求している二〇機のうち、同社からとりあえずダブ（あるいはデヴォン（DEVON））四機の転用を容認し、残り一六機を予定通り納入する手はずであった。[47]

一九四八年に入り、海軍設備についても要請が追加された。インド政府がベンガル湾東部のインド海軍基地に停泊中の戦車揚陸船アヴェンジャー（H. M. S. AVENGER）獲得を要請した時、イギリス海軍は、改修・付帯設備費を除いて、船舶本体のみの経費として二七万ポンドを見積もり、クルー不足によってインド海軍基地に停泊させていた他の三隻（ブルーザー（BRUISER）、サーチャー（SEARCHER）、スマイター（SMITER））についても、停泊中の維持費、および本国への移送費が高額であったために売却するつもりでいた。[48] その間、同年四月、インド政府は、在ロンドン事務所を経由して運輸省との間で交渉を進め、一一万ポンド（付帯設備費除く）で運輸省所有のタンカー二隻（エンパイア・バーン（EMPIRE BAIRN）とエンパイア・ジプシィ（EMPIRE GYPSY））を購入に成功した。[49] それは、インド海軍の燃料補給体制が極めて不備であったために、早急の対応を望まれていたからである。イーディは、No.２勘定からの取引を暗に認めていたが、「余剰かつ販売不可（surplus and not salerable）」の範疇に入らないのではないかという疑問が出されたため、No.２勘定ではなくNo.１勘定における決済とした。[50]

さて、イギリス議会でも南アジアに対する戦艦売却の問題が取り上げられた。コモンウェルス担当大臣ノエル‐ベーカーは、インドに対して、アキレス一隻は契約済み、駆逐艦三隻は売却交渉中であること、他方、パキスタンに対しては、現在二隻の駆逐艦の売却交渉が行われていることを公表したが、販売価格などの詳細は国民の利益に反するとして公表しなかった。(51) ノエル‐ベーカーは、インド側への情報公開を渋ったパキスタン側への配慮を示し、インドとパキスタンに対する平等の対応を強調したが、すでに一二月一九日の国防委員会で、アトリーは、上述の内容を承認していた。(52) 国防委員会の資料によると、インドに対するRクラスの駆逐艦三隻（ロザーラム（ROTHERHAM）、リダウト（REDOUBT）、レイダー（RAIDAR））の本体価格の総額が一〇四・五万ポンド、改修費が三〇万ポンドと見積もられていた。(53)

【パキスタン】

パキスタンの要求が本格化したのは、一九四八年半ばころからと推測される。パキスタンから報告された軍事品リストの総額は、スターリング・バランス交渉において処理されることになっていた。一九四八年前半期、国防予算一四クローレ・ルピーのうち、イギリスからの購入品には約七・三クローレ・ルピー（約五五〇万ポンド）を充当するという計画であった。(54) しかし、Jクラスの駆逐艦二隻の売却許可がなかなかおりなかったため、一九四八年二月一九日付でパキスタン政府が改めて要請した。保留理由の一つは、パキスタンまでの移送費と改修費が予想以上に高額となることがわかったからであった。そこで、イギリスは、当初の駆逐艦オビディエント（OBEDIENT）とオーエル（ORWEL）（ともに一九四二年建造）の代用として本体価格四三・五万ポンドに追加装備費を含めて希望価格に近い六〇・五万ポンドのオンスロウ（ONSLOW）を提案し、パキスタンの合意を得た。(55) その後、海軍は、前二隻と同じ条件で第三のOクラス駆逐艦オンスロート（ONSLAWGHT）の売却も、インド海軍への売却と同等の扱いを念頭に置いて検討していた。

他方、イギリス政府は、パキスタン陸軍への積極的な援助をためらっていた。ボフォース機関砲（bofors guns）についてみると、大蔵省官僚三人が、駐英パキスタン高等弁務官ショアイブ（M. Shoaib）を交えて協議した時、印パ分離独立時の軍需品の極度の不均等配分とカシミール紛争の膠着状況により、かなりの軍需品不足に陥っていることを確認した。(56) パキスタンが、五師団に必要な大砲、装甲車の備品、小銃の弾薬を要求した際、見積額がおよそ二〇〇万ポンドと高額であったため、イギリスは代金の支払いを通常商取引で扱うのか否かを決定できずにいた。一九四八年一二月三日、イギリスの駐パキスタン高等弁務官スミス（H. Wilson Smith）とショアイブとの間で行われた非公式的協議で、パキスタンがスウェーデンからボフォース機関砲の購入を計画中であることと、カナダからも大規模な軍需品の購入を検討していることが明らかになった。いずれも通常の商業取引であったが、スターリング圏に入っていないカナダとの取引はドル決済となり、スターリング資産の流出を招きかねないと、スミスは猛反対した。イギリスは、二国間金融取引、兵器の標準化、兵器のメインテナンスの点から、当然イギリスとの契約を優先するはずと高を括っていたが、パキスタンの切羽詰まった武器購入交渉に動揺してしまった。パキスタンのショアイブは、イギリスからの購入を希望するが、もし僅々の要請に応じられなければ、スウェーデンからのドル購入はありうると述べ、あくまでイギリス次第であると決断を迫ったが、スミスは保留した。要求された軍需品が修理中のものが多く、かつ陸軍省自体の保有数が少なかったためであった。(57) スウェーデン大使は、パキスタンに対し売却交渉を進める約束をした時、イギリス国防省はパキスタンの要請にできるだけ応じたいという意思表示をしたが、軍需省は、すでにパキスタンに対して要求に応じられないことを伝えてしまっていた。こうしたパキスタン側の海外への武器供給を求める危険性が高まるなか、コモンウェルス関係省が、一九四九年五月に始まるパキスタンとのスターリング・バランスの交渉とは関係なく軍事援助を遅滞なく進めるべきであると国防省に要請したことで、国防省国防委員会は、改めてボフォース機関砲の即時供与を勧告した[58]。

また、シャーマン戦車砲銃弾も問題になった。一九四九年二月、外務省は、印パの軍事設備の不均衡を懸念し、パキスタンがソ連に武器供与を求めていく危険性に鑑み、アメリカ製シャーマン戦車大砲七五ミリメートル砲銃弾をパキスタンに供与できるように、アメリカ政府に要請した。駐米イギリス大使フランクス（Oliver Francs）は、アメリカ国務省の担当者と非公式に協議した際、アメリカが一九四八年三月以来、南アジアに対する武器禁輸措置をとってきた背景の説明を受けつつ、近い将来にこの措置が解除され、状況に応じた供与が再開される趣旨を告げられた[59]。同年四月、フランクスは、パキスタンとインド間の不均衡状況を改善するために、対ソ防衛の観点からパキスタンから要請された二〇万発の銃弾供与、さらにはインドに対しても五万発の銃弾供与を認可するよう、アメリカに要請した[60]。イギリスとアメリカが拒否しない限り、インドのソ連への武器要請はないと踏んでいた。アメリカの禁輸解除は、同年三月二九日に告知され、インドおよびパキスタンへの武器輸出は、六月三日に再開された[61]。

空軍関係では、カナダのデ・ハビランド社が開発したチップマンク（CHIPMUNK）練習機の売却が問題となった。コモンウェルス関係省は、インドが同社から一機当たり八〇〇〇～一万一〇〇〇ポンドで購入しているという情報を得た。通常の取引でのカナダから航空機を輸入する場合、著しいドル流出となることが懸念されたため、パキスタンの場合には可能な限りイギリスへの発注を期待した[62]。パキスタンのロンドン事務所は、このチップマンクの購入を同社に打診した際、同社から現在の生産体制が少なくとも次の一二カ月間イギリス空軍向けにイア・マークされていることが示された。イギリス軍需省は、ドル流出を避けるために、できる限りイギリスへの発注を要請している手前、イギリス向けの航空機をパキスタンに振り分けることを望んだが、空軍省は、イギリスの訓練校などでの練習機としての需要を最優先すべき考えを示し、イギリス空軍プログラムを阻害することがない場合にのみ、パキスタンへの供与を認めるべきという姿勢を示した[63]。しかし、コモンウェルス関係省は、ドル流出を抑えることを優先して、空軍省に対してパキスタンへの輸出を強く促した。

以上から明らかなように、インドおよびパキスタンへ売却された武器は、新製品ではなく、ほとんど戦時中に建造ないし生産されたもので、もはやイギリスにとっては使用済みの中古品の部類であった。「余剰かつ販売不可」という基準は、イギリス側にとって都合のいい基準であり、国内需要を満たしたうえでスターリング圏外へ入手先を求めさせないように通常取引から除外するものであった。これが、債務返済に最も都合のいい方法でもあった。国際収支を優先する大蔵省、コモンウェルス体制の拡大維持を求めるコモンウェルス関係省、国防体制の再編を目指す国防省のそれぞれの思惑が交錯したのである。

②スターリング・バランスと軍事決済の関係

では、スターリング・バランスからインドとパキスタンが購入した軍需品はどのように決裁されたのであろうか。まず、スターリング・バランス交渉過程の概要を確認しておきたい(64)。

約半年の交渉の後、ロンドンでイギリス代表のイーディとインド代表ラオ（V. N. Rao）により金融協定が締結されたのは、一九四七年八月一四日であった(65)。一九四五年一二月三一日時点でのスターリング・バランスは、一三億一一〇〇万ポンドであったが、当該英印金融協定締結の時点では一一億六〇〇〇万ポンドになっていた(66)。インド準備銀行は、イングランド銀行インド勘定に新たに閉鎖勘定であるNo.2勘定を開設し、ここに全額移転した。これによって、インド勘定の中に通常の運用資金用の当座勘定であるNo.1勘定と通常取引に利用されない閉鎖勘定としてのNo.2勘定の二種類が設けられることになった(67)。一九四七年度は、運用資金として三〇〇〇万ポンドが、さらに後日緊急用として三五〇〇万ポンドがNo.2勘定からNo.1勘定に移管されることが認められ、また、イギリスからの返還資金がある場合には、払い込まれたNo.1勘定から逆にNo.2勘定に移転されることになった。この協定は、一九四七年一二月三一日までの六カ月間の臨時協定であったため、すぐに継続協議に入らざるをえなかった。

一九四八年二月一五日協定は、一九四七年八月協定をさらに六カ月延長するものであったが、印パ分割後にインド、パキスタンがそれぞれ単独でイギリスと結んだ初めての金融協定になった。[68] パキスタン国立銀行に新たなスターリング勘定が開設され、パキスタンへの資金が移転されるとともに当座取引のために№2勘定から№1勘定への一八〇〇万ポンドの移転も同時に認められた。これによって、一九四八年七月一日時点のスターリング・バランスの総額は、インドの一〇億五八〇〇万ポンドとパキスタンの一億四〇〇〇万ポンドに分離されることになった。さらに、六カ月後の七月九日協定では、インドの№1勘定での維持額が大きいことから一九四八年度には№1勘定への移転が行われず、一九四九年度の№1勘定の残高について六〇〇〇万ポンドを上限として維持されることが決定され、一年後の一九四九年八月一日協定に引き継がれていった。

さて、金融協定は状況に応じて短期間で次々と更新されたが、この協定のもとで軍需品の決済が行われた。最初の金融協定が締結されるまでは、軍需品の納入契約や輸出準備の遅れから軍需品の決済それ自体に影響が出なかったが、インド政府は、航空機、戦艦など高額な購入の際には、できるだけ閉鎖勘定である№2勘定からの支払いを求めた。しかし、№1と№2のいずれの勘定なのか、その判断基準が曖昧であったために、一九四八年二月二六日のイギリス議会で、戦艦売却の支払い基準について説明された。[69] 戦艦の本体は、「余剰かつ販売不可（通商取引が不可）」であるため、その経費は、スターリング・バランスの閉鎖勘定に計上され、改修や追加装備に関する経費は、当座勘定からインド政府やパキスタン政府側の負担として支払われると説明された。この「余剰かつ販売不可」の基準も非常に曖昧であったため、その都度協議されていた。国防省から具体的売却資料が開示された時、この判断基準の曖昧さが露呈した。インド政府から要請された巡洋艦一隻と駆逐艦三隻の決済は、巡洋艦の価格が七三・六万ポンド（改修、装備などすべての経費を含み、さらなる追加が生じた場合にはインド側の負担となることが追記）、駆逐艦については、

Rクラスで総額一〇四・五万ポンド（同じくすべての経費を含む）と見積もられ、本体価格のみならず、改修装備もNo.2勘定に計上された。[70]

他方、パキスタンに対して、前述のように、海軍省がRクラスと性能がほぼ同じであったOクラスのオブディエントとオーウェル（ともに一九四二年建造）を提案した時、本体価格四三万ポンド、改修・追加装備費二〇万ポンド、総額六三万ポンドと見積もったが、本体価格をNo.2勘定に、その他の経費を、No.1勘定に計上した。そして、何よりもこのパキスタンへの売却の決定は、印パに対する対等な取り扱いという原則に基づいていることが強調された。[71]この時、大蔵省は基本的に海軍省の方針に賛同したが、パキスタンの場合閉鎖勘定の設定が未定のために、当座勘定からのみ支出されると述べていた。その後、大蔵省のブラント（D. Blunt）は、ショアイブに対して、一九四八年七月から一九四九年六月までの一年間のパキスタンとの国防品取引額は八〇〇万ポンドで、その二五％に当たる二〇〇万ポンドがNo.2勘定から計上されることを明らかにした。あくまで見積りと断りつつ、No.2勘定からの支出は、駆逐艦、巡洋艦、さらには軍需工場に必要な機械類などであった。年度内の残額分は翌年に繰り越されることも示唆した。この時、ブラントは、武器取引の基本原則として、「余剰かつ販売不可」とされる軍需品はNo.2勘定に計上され、そうでないものはNo.1勘定による取引になることを繰り返し強調した。[72]

一九四九年六月のパキスタンとの金融協定に向けて、コモンウェルス関係省がパキスタンの軍需品要求について検討した時、アメリカ国務省が発表した印パに対する武器禁輸の解除がパキスタンの武器需要にどの程度影響を与えるか、また武器供与を金融交渉の取引材料とするかどうかが注目されていた。コモンウェルス関係省は、北西国境での部族との争い、およびインドやアフガニスタンからの侵入を防衛するために、パキスタンに対してイギリスが供与できる武器を遅滞なく供与することが重要であり、武器供与問題を金融交渉と別個に取り扱うべきであると強調した。[73]パキスタンの場合、「販売不可」という規定の具体的適用が曖昧なままであったため、陸軍省と軍需省からの剰余品の供与の場合、すべて№2勘定に計上することになっていた。大蔵省が軍需省に対してパキスタンをインドと同等の扱いにするようにと明確な指示を出したのは、一九五〇年一〇月になってからであった。

さて、スターリング・バランス決済での№2勘定における支出の効果は、債務返済という第一義的意味をもっていた。戦時中に製造され用済みで余剰となっている軍需品は、一般にスクラップとして処理されることになっていたので、現品を一定価格で販売できればイギリスにとって大きなメリットがあった。インド側にとっても、即戦力としての軍需品を最安値で購入できた。イギリスは無理なく戦時債務を返済でき、インドとパキスタンは、対外収支を気にすることなく輸入できる利点があったのである。両者の利益が一致して、戦後処理の一環として取引することが有利と判断されたのである。通商取引による軍需品輸入が増大すればするほど輸出を拡大しなければならなくなる可能性もあることから、安価な市場を求めて外国とも自由に取引することもありえたため、スターリング圏からのドル流出を招く危険性があった。国際収支の悪化に苦しむイギリスにとってできるだけそれを避けなければならなかった。また、この取引は、イギリスにとって、政治的にも軍事的にも重要な意味を持っていたことにも注目する必要がある。イギリスからの軍需品の独占的提供は、戦時中から利用されたイギリスのマニュアル、技術的操作方法の継承を促す結果、輸入先の軍事的施設への統制を引き続き可能にした。イギリスとの軍事的紐帯をより強化できるメリットがあった。よって、№2勘定による取引は、イギリスにとって戦前戦中に累積した債務処理のための極めて有効な手段であり、英印間の紐帯を継続し強化する機能を果たしたと言えよう。

4　イギリスのアジア防衛体制の構築――カシミール問題への対応

イギリスは、印パ分離独立、コモンウェルス残留、カシミール紛争、さらにはスターリング・バランス協定など次々と新たな関係構築に向けて交渉を続けていく中で、戦後まもなく策定したアジアの安全保障体制の構想をどのように発展させたのであろうか。一九四八年半ばころには、カシミール紛争が一時的に沈静化しつつあったとはいえ、依然予断を許さない状況にあり、中東でも第一次中東戦争が勃発したため、南アジアにおける安全保障体制が変容しつつあった。イギリスは、パキスタン側の軍事的敗北を受けて、南アジアにおける軍事バランスの観点から安全保障構想を再検討せざるをえなかった。一九四八年九月、国防省参謀本部は、一〇月に開催されるコモンウェルス首相会議の機会に各首相に提案すべく、コモンウェルス防衛戦略案を取りまとめた。それは、共産主義拡大を阻止するために、コモンウェルス諸国が協力し合って軍事力を誇示することを求めたものであった[74]。また同日、参謀本部は、コモンウェルス体制への残留を条件に、インド、パキスタン、セイロンを対等な立場でコモンウェルス国防会議へ参加させる案を提案した[75]。

しかし、現実的には、カシミール紛争によって印パ間の軍事力の大差が露呈し、協力体制をとることの困難さが明らかとなっていた。国防大臣アレクサンダーは、コモンウェルス防衛の観点から、北西国境防衛、東パキスタンにおける共産主義の脅威、ペルシャ湾の石油確保などを挙げて、パキスタンへの軍事的支援の重要性を強調した。パキスタンの国防施設は、インドと比べてあまりに貧弱であった。それは、インド領地にほぼ軍事施設が集中していたため、印パ分離独立時軍事施設の配分は総施設の三分の一に過ぎなかったからである。パキスタンが独自の防衛体制を整え、コモンウェルスの防衛にも加担できるようになるためのパキスタンの陸海空三軍への提案は、次のようなものであった。陸軍は既存の四師団と一組の大砲隊を標準装備のレベルまで引き上げるとともに、さらに一師団を追加し、銃器および装弾の十分なストックを確保すること、海軍については、承認済みの駆逐艦二隻の配備のほか、四~六隻の掃海艇の配備および修理のためのドック施設の設置が必要であり、空軍については、二飛行中隊の追加配備が急務であると示唆した[76]。

一九四八年一〇月、パキスタン首相アリ・カーン（Liaquat Ali Khan）は、アレクサンダーを訪問し覚書を手渡した。カーンは、インドのコモンウェルス残留の方針が示された以上、インドに対抗できる軍備増強に向けた一層の援助を訴えた。ちなみに、カシミール紛争解決の協議において、両国の占領軍撤退後に国連監視団の下での国民投票を実施するという提案にインドが難色を示したのに対して、パキスタンが素早く賛成を表明したのは、他のコモンウェルスと対等な立場で本国の参謀本部との連携を密にし、アレクサンダーからの軍事援助の約束を受ける必要があったからである。[77]

一九四九年四月、アトリーは、カーンに対して防衛協議を打診した際、インドから攻撃を受けた場合の軍事的援助保障を改めて求められ、参謀本部にその対応を検討するよう示唆した。一九四九年七月二九日付けで報告された防衛構想案の要点は、次の通りであった。①平時の西ヨーロッパ諸列強と印パの同盟関係は、極東および中東における共産主義拡大の抑止力として機能し、インド大陸の戦略的防空体制はソ連の空襲をも抑止することになる、②印パが同盟体制の一員となれば、防衛費の削減も可能となる、よって、③イギリスは、平時における両国の協力関係を構築するために、両国に対して継続的に軍事援助を行う必要がある、という内容であった。[78]この草案は、対ソ防衛のために印パ両国の西側との軍事同盟および印パ間の協力関係の改善を求めるものであり、パキスタンのみの軍事援助を想定していなかった。[79]あくまで外部からのコモンウェルス諸国防衛（対ソ防衛）に力点が置かれ、コモンウェルス内の対立防止ではなかったため、パキスタンのみに軍事保障を与えないことが確認された形となった。パキスタン駐在のイギリス大使スミスからイギリスの方針を伝えられたカーンは、インド侵略に対する軍事援助保障が盛り込まれないことに失望した。[80]インドからの攻撃への恐怖心がますます強まっていたパキスタンにとり、本土の領土保全が何よりも重要であった。コモンウェルスの一員としてのパキスタンは、消極的な中立的立場でなく、積極的な防衛援助をイギリスに再度求めていくことになる。

一九四九年八月、アディソン卿は、カシミール紛争の経過についてスミスや駐英パキスタン高等弁務官ナイ（Archibald Nye）と協議してきたことを踏まえて、軍事保障の約束を与えない理由を明らかにした。コモンウェルス諸国間相互の協議と協力体制というコモンウェルス原理からすると、イギリスがカシミール紛争の調停役を果たすべきことはもっともであるが、どちらか一方を援助すれば他方から反感を買うことは間違いなく、また一度介入すると無期限にその渦中に巻き込まれる可能性があることを懸念した。したがって、軍事保障ではなく、侵略側からのイギリス将校の撤退という判断を下すとともに、どちらが侵略者なのか判断が困難であり、最終的判断を国連に仰がざるをえないとして、中立という現状維持政策をとったと弁明した。(81) スミスは、パキスタン軽視＝インド優遇というイギリス政府の対応に不満を示し、国連安全保障理事会の方針が明らかになるまで決断を留保すべきと本国に進言したが、イギリス政府はしばらく静観した。

この間、国防省は、コモンウェルス関係省のゴードン－ウォーカー（Patrick C. Gordon-Walker）とともに、侵略行動に対する軍事保障を付与すべきかどうかを含めて、今後の軍事保障のあり方を検討した。(82) 軍事保障賛成派は、パキスタンの立場を代弁して、カシミール紛争における中立的立場はパキスタン側を著しく不利な状況に追い込み、一九四九年のインドに対するコモンウェルス残留承認がパキスタンを大いに失望させ反英感情を強めていると主張した。また、パキスタン軍からのイギリス将校の撤退が実施されれば、パキスタンがソ連に向かう危険性が高まると強調した。他方、軍事保障反対派は、コモンウェルスの基本原則が外部の侵略者に対する共同防衛にあり、体制内の争いにはどちらか一方のみを援助しないという方針をとってきたことを強調した。イギリス将校同士の戦闘という事態を引き起こしてしまう危険性があり、パキスタンにのみ軍事援助を保障すれば、インドがコモンウェルスを脱退する可能性があると懸念を表明した。かくして、国防省内の検討は、何ら積極的な対応策を生み出すことなく、ただ現状の問題点を確認するに留まった。

一九四九年七月、コモンウェルス関係省は、国防省の検討を踏まえて、コモンウェルス諸国在住の高等弁務官宛てに電文を送り[83]、カシミール紛争問題が印パ関係を再び緊張状態に追い込んでいることを認識するように促した。一九四九年一月の印パ間の停戦協定以降早くも両国の協力ムードはほぼ消滅しつつあり、上述のように、一九四九年四月のコモンウェルス首相会議でのインド残留決定によってパキスタンのコモンウェルスへの期待は失望に変わっていたからである。その後、不満の矛先は、アジアにけるリーダーシップとしてのインドの役割を期待し、翌五〇年に開催予定の国連安全保障理事会でのインドの参加を支援したイギリスに向けられていった[84]。国防委員会において、コモンウェルス関係大臣ノエル＝ベーカーは、各コモンウェルスの軍事的配備の実態を確認し、南アジアにおいてはカシミール紛争の解決が再編の鍵となることを再確認した。軍事的連絡網の整備、軍事関係の人的交流の拡大、防衛技術および軍需産業の連携、イギリスからの武器輸出の拡大などコモンウェルス体制の強化に向けた具体的対策を挙げ、長期的にはアメリカの協力を視野に入れた地域安全保障構築のためのコモンウェルス協議を提案した[85]。状況改善が見られないパキスタン国内では、コモンウェルス諸国がパキスタンに何ら支援もしないと、コモンウェルス体制の価値に対する疑いがますます強まり、親英的姿勢をとってきたカーン首相の立場を危うくしはじめていたからである。

以上から明らかなように、パキスタン側は、何よりも対インド侵略防衛を第一義的に考え、イギリスおよび他のコモンウェルス諸国の支援を求めたのであるが、他方、イギリスは、パキスタンに対ソ防衛の役割を期待しつつも、国際秩序の再編において果たすべき総体としてのコモンウェルスの役割を優先した。この対立はコモンウェルス体制をやがて破綻に導く要因となるため、南アジアの防衛構想上、インドおよびパキスタン軍に対していかに対等な軍事援助を行うかが、イギリスのコモンウェルス体制維持にとり最重要な課題であった[86]。

5　おわりに

以上、南アジアの脱植民地化が定着していく過程で、イギリスがいかにして影響力を維持・拡大しようとしていたのかを検討してきた。最後に、軍事とコモンウェルスの再編の関係について、次の二点を指摘しておきたい。

まず、当該期におけるイギリスの軍事援助は、スターリング・バランス協定に規定されたことである。このバランスは、英印間において戦前・戦中に累積した債務債権関係を象徴する資産であったが、軍需品の売却についても、イギリスが国内の需要を満たした後の残余中古品の処理を目的として、他方、インドおよびパキスタンが現状に即応した軍需品を利用する必要から、この協定交渉に軍需品の取引が組み込まれたことである。イングランド銀行インド準備銀行口座に、まず閉鎖勘定としての№2勘定を設定し一旦全額をイア・マークし、通常取引のための当座勘定としての№1勘定と使い分けた。通常の取引に影響を受けない決裁方法を確立したことが、イギリスからの武器移転をスムーズにし、後には開発援助であるコロンボ・プランにも利用されていく。また、スターリング・バランスの管理は、インドおよびパキスタンの対外決済（とくにドル決済）を制限し、コモンウェルス諸国の資金管理にも重要な役割を担った。この管理は、まさしくコモンウェルスの金融的軍事的紐帯を強化したと言えよう。

もう一点は、南アジアにおけるイギリスの防衛構想についてである。イギリスは、ソ連を中心とした共産主義勢力の膨張を阻止するために、かつてのようなグローバル権力を復活させようとコモンウェルスの再編に向けた構想を検討していた。南アジアにおける新たな地域的安全保障の枠組みと防衛体制の再編が急務であった。イギリス国防省参謀本部が中心となり、国防委員会、国防大臣、そして閣議へと、南アジア防衛構想の定着が図られたのである。帝国の解体が避けられない状況下で、新たな権力ユニットとしてコモンウェルス体制の再編を模索し、南アジア諸国を次々とコモンウェルスに残留させたのである。コモンウェルスの再編強化こそが対ソ防衛体制を築けるとの考えから、旧自治領国もアジア諸国の残留に賛同した。ヨーロッパのみならず中東、南アジア、東アジア、そして東南アジアにおいてコミュニズムが急速に拡大する国際情勢のなか、反共産主義的対応を示したインドをコモンウェルスの一員として認めることが、国際社会におけるコモンウェルスの存在意義を高めるうえで極めて重要であった。イギリス外務省は、ヨーロッパの支配力が衰退し真空状態が生じる危険性が高まった時、インドに対して西側に立ったアジアにおけるリーダーシップを期待したのである。しかし、カシミール紛争で露呈したインドとパキスタン間の軍事バランスの不均衡が中東および東南アジアでの危機的状況が強まる中、新たな軍事介入をもたらす攪乱要因となっていたのである。(87) インドおよびパキスタンの両国は、軍事的優位に立つべく、コモンウェルス諸国のみならず武器購入の可能性のある諸国とも積極的に交渉していた。ただ次の第一〇章で検討されるように、アジア諸国が主導権をもって自立化に向かうのは一九六〇年代まで待たなければならない。(88)

注

（1）Menon［1957］; Bhattacharyya［1985］; 竹中［一九八六］を参照。

（2）戦後の英印関係を扱った研究として、Banerji［1977］; Barooah［1977］; Moore［1983］; 木畑［二〇〇三］。南アジアをめぐる英米関係については、Singh［1993］を参照。アメリカとの関係については、Tewari［1977］; Brands［1990］; Rotter［2000］が有益である。

（3）インドのコモンウェルスへの残留過程については、Mansergh (eds.)［1958］; 渡辺［二〇一二］; 渡辺［二〇一三］。コモンウェルス（英連邦）に関する総括的な研究については、英連邦研究会編［一九七〇］、小川［二〇一二］。また一九二〇年代のコモンウェルス問題については、秋田［二〇〇三］、阿部［二〇一八］を参照。

（4）戦時中のスターリング・バランスの累積については、浜渦［一九六九］を参照。

（5）アトリー政権末期の世界戦略については、山口［二〇〇二］を参照。

(6) 戦後イギリスの対インド軍事援助の趨勢については、渡辺［二〇一八］。またインド・パキスタン関係については、伊豆山［二〇〇一］; Burke［1974］を参照。

(7) TNA（The National Archives）, CAB 131/2, DO(46)46, Organisation of Zones of Strategic Responsibility, 30 Mar. 1946. このゾーンを設定する際に、カナダが除外されているが、カリブ海および西インド諸島における防衛を担うことが想定されていた。

(8) TNA, CAB131/2, DO(46)47, Strategic Position of the British Commonwealth, 2 Apr. 1946.

(9) TNA, CAB131/1, DO(46)10th Meeting, 15 Apr. 1946.

(10) TNA, CAB131/2, DO(46)54, Organisation for Commonwealth Defence, 15 Apr. 1946.

(11) アメリカ側は、軍事的介入よりも経済的関与に関心を持っていたように思われる。アメリカのインドへ関心の高まりについてはMcGarr［2013］chap. 1: Merrill［1990］chaps. 1-2を参照。

(12) 労働党の中東政策については、佐々木［二〇一〇］第一章を参照。

(13) Singh［1982］pp. 574-576; TNA, CAB131/3, DO(46)104, Strategic Importance of India, 4 Sept. 1946.

(14) TNA, CAB131/3, DO(46)110, Availability of Naval Units in the Indian Ocean, 17 Sept. 1946.

(15) BPP（British Parliamentary Papers）, Cmd. 6743, Statement Relating to Defence; Cmd. 6923, Central Organisation for Defence.

(16) TNA, CAB131/4, DO(47)28, The Defence of the Commonwealth: Memorandum by Chiefs of Staff, 7 Mar. 1947.

(17) TNA, PREM8/930, 'A. V. Alexander to Prime Minister', 13 Nov. 1947.

(18) TNA, T225/23, 'Requirement of the Chiefs of Staff in connection with the Defence of India and Pakistan'.

(19) TNA, PREM8/1456, CA(47)12, Aid to Pakistan: Memorandum by Secretary of State for Commonwealth, 8 Nov. 1947.

(20) TNA, PREM8/1456, CA(47)13, Memorandum by Commonwealth Relation Office, 8 Nov. 1947.

(21) TNA, PREM8/1456, CA(47)4th Meeting, 14 Nov. 1947.

(22) TNA, PREM8/1456, GEN223/4th Meeting, 15 Apr. 1948.

(23) TNA, PREM8/1456, 'Ministry of Defence to Prime Minister', 28 Sept. 1949.

(24) TNA, PREM8/1456, 'Recent of Conversation between Lord Privy Seal and H. Rahimtoola'.

(25) TNA, PREM8/1456, 'Prime Minister to H. I. Rahimtoola'.

(26) TNA, DO142/436, 'Consultation with Old Dominions regarding Policy for Supply of Arms to India, Pakistan and States'; f (folio). 1 'Commonwealth Relation Office to Canada, Australia, New Zealand, South Africa', 23 Dec. 1947.
(27) TNA, DO142/436, f. 15 'High Commissioner for Canada in London to Commonwealth Relation Office', 3 May 1948.
(28) TNA, DO142/436, f. 21 'British Government to High Commissioner for Canada in London', 22 Jul. 1948.
(29) TNA, DO142/436, f. 28 'High Commissioner for Canada in London to Commonwealth Relation Office', 20 Jul. 1949.
(30) TNA, DO142/436, f. 2 'New Zealand to Commonwealth Relation Office', 8 Jan. 1948.
(31) TNA, DO142/436, f. 26 'Australia to Commonwealth Relation Office', 14 Apr. 1949.
(32) TNA, PREM8/538, f. 46 'Top Secret Tel. OTP to Viceroy', 5 Jan. 1947.
(33) CAB131/4, DO (47) 18th Meeting, 4 Aug. 1947 ; *Time of India*, 'British Officers in Indian Army: Transfer to Britain', 29 Jan. 1947, p. 6.
(34) TNA, T225/23, f. 2 'G. D. Roseways to Henry Wilson-Smith', 23 Aug. 1947.
(35) TNA, PREM11/920, 'Summary of the Demilitarisation Proposals of UNIP Resolution of 3 Aug. 1948 and 5 Jan. 1949'.
(36) 具体的武器交渉について，主に以下のファイルに依拠している。TNA, T225/352, 'Sale of Warships, Aircraft, Equipment to Government of India and Pakistan'; TNA, T225/353, 'Supply of Warships, Aircraft, Equipment and Stores to Government of India and Pakistan'.
(37) TNA, T225/352, f. 9 'Admiralty to Treasury', 15 Mar. 1945.
(38) TNA, T225/352, M010773/45 'Admiralty to Treasury', 12 Feb. 1946.
(39) TNA, T225/352, f. 15 'Admiralty to Treasury', 2 Apr. 1946.
(40) TNA, T225/352, f. 14 'Admiralty to Treasury', 17 Jul. 1947.
(41) TNA, CAB131/4, DO(47)94, Sale of Warships to India: Memorandum by First Lord of the Admiralty, 13 Dec. 1947.
(42) TNA, T225/352, f. 31 'India Office to Treasury', 13 Nov. 1947.
(43) TNA, T225/352, f. 51 'Treasury to Air Ministry', 27 Nov. 1947.
(44) TNA, CAB131/4, DO(47)94, Sale of Warship to India.
(45) TNA, T225/352, f. 59 'Air Ministry to Treasury', 14 Jan. 1948.

(46) TNA, T225/352, f. 52 'E. E. Hall to High Commissioner for India in London', 22 Dec. 1947.
(47) TNA, T225/352, f. 87 'Ministry of Supply to Treasury', 3 Feb. 1948.
(48) TNA, T225/352, f. 158 'Admiralty to Treasury', 7 Apr. 1948.; f. 167 'Sale of H. M. S. Avenger to Royal Indian Navy: Memorandum by the first Seal Lord', 30 Mar. 1948.
(49) TNA, T225/352, f. 159 'Ministry of Transport to Treasury', 1 Apr. 1948.
(50) TNA, T225/352, f. 173 'Minute Sheet by Mr. Row Dutton', 15 Apr. 1948.
(51) *British Parliament Debates* (*Hansards*), vol. 447 (26 Feb. 1948), cc. 2094-2095.
(52) TNA, CAB131/4, DO(47)27th Meeting, 19 Dec. 1947.
(53) TNA, CAB131/5, DO(47)27th Conclusion, 19 Dec. 1947.
(54) TNA, T225/352, f. 62 'Commonwealth Relation Office to High Commissioner in India', 16 Jan. 1948.
(55) TNA, T225/352, f. 113 'Admiralty to Treasury', 19 Feb. 1948.
(56) TNA, T225/353, f. 46 'Pakistan Joint Consultative Committee', 29 Nov. 1948.
(57) TNA, T225/353, DM11/67/106B, 22 Dec. 1948.
(58) TNA, T225/353, f. 80 'G. P. Hemphreys to G, Wheeler', 20 Jan. 1949.
(59) TNA, FO371/76103, F. 1510 'Foreign Office to British Embassy', 7 Feb. 1949; F. 2127/1192/85G 'Tanks Ammunition for Pakistan and India: Account of Informal Discussion with The State of Department', 8 Feb. 1949.
(60) TNA, F0371/76103, f. 164 'British Embassy in Washington: Supply of Ammunition to India and Pakistan', 1 Apr. 1949.
(61) TNA, F0371/76103, f. 8716 'Lifting of embargo on supply of ammunition to India and Pakistan on 29 Mar. and United States approval to re-transfer operation granted on 3 June 1949'.
(62) TNA, T225/353, f. 111 'Commonwealth Relation Office to E. A. Shillito', 22 Aug. 1949.
(63) TNA, T225/353, f. 115, 15 Sept. 1949.
(64) スターリング・バランス交渉を本格的に扱った研究は、Tomlinson［1985］を参照。
(65) *BPP*, Cmd. 7195, India, Financial Agreement between the Government of UK and Government of India, London, 14 Aug. 1947.

(66)　インド国内のイギリスの資産額は、一億ポンドと見積もられ、インド政府が返済することになった。TNA, T225/631, 'Anglo-Indian Sterling Balance Negotiation'.

(67)　スターリング・バランスの分割方法は、一九四五年英米協定の条項に基づいていた。Cf. BPP, Cmd. 6708, Financial Agreement between the Governments of US and UK, dated 6th December, 1945. Item. 10 Accumulate Sterling Balance.

(68)　*BPP*, Cmd. 7342 'Exchange of Letters between the Government of UK and Government of India, extending the Financial Agreement of 14 Aug. 1947, New Delhi, 15 Feb. 1948'; パキスタン協定については、Cmd. 7479, Exchange of Letters between the Government of UK and Government of Pakistan を参照。

(69)　*British Hansard's Debates*, vol. 47, cols. 2094–95, 26 Feb. 1948.

(70)　TNA, T225/352, f. 80 'Parliamentary Questions'.

(71)　TNA, T225/353, f. 147 'Admiralty to Treasury', 26 Nov. 1949.

(72)　TNA, T225/353, f. 52b 'D. Blunt to M. Shoaib', 8 Dec. 1948.

(73)　TNA, T225/353, f. 105 'Commonwealth Relation Office to Ministry of Defence', 5 Apr. 1949.

(74)　TNA, CAB131/6, DO(48)61, Defence Review: Report of Chiefs of Staff, 14 Sept. 1948.

(75)　TNA, CAB131/6, DO(48)65, Commonwealth Defence Corporation: India, Pakistan and Ceylon: Note by the Chiefs of Staff, 14 Sept. 1948.

(76)　TNA, T225/353, f. 22 'Note of Equipment Position of the Pakistan Armed Forces by Minister of Defence', 23 Oct. 1948.

(77)　TNA, T225/353, f. 30 'A. Alexander to S. Cripps', 25 Oct. 1948.

(78)　TNA, DO35/2274, 'Commonwealth Defence: Commonwealth Consultations-India and Pakistan'; JP(49)67(0), The Place of India and Pakistan in Allied Strategy: Draft Report by Joint Planning Staff, 29 Jul. 1949.

(79)　TNA, CAB129/33, CP(49)58, India's Future Relations with the Commonwealth, 14 Mar. 1949, App. 3.

(80)　TNA, DO35/2274, f. 14A 'L. G. Smith to L. A. Khan', 18 Aug. 1949.

(81)　TNA, DO35/2274, f. 17 'Military Guarantees by UK to Pakistan and India against Aggression by Other'.

(82)　TNA, DO35/2274, f. 1 'Minister of Defence to Commonwealth Relation Office', 26 Jul. 1949.

(83)　TNA, DO35/2275, f. 1 'CRO to High Commissioners in Canada, Australia, New Zealand, South Africa, India, Pakistan, and

Ceylon'.

（84） Ankit［2016］p. 63.

（85） TNA, CAB131/7, DO(49)89, Defence Burdens and the Commonwealth: Note of Secretary of State for Commonwealth Relations, 30 Dec. 1949. 地域安全保障をめぐるANZUSとの関係については、Darby［1973］chap. 1を参照。

（86） TNA, CAB134/118, CR(48)2, Commonwealth Relationship, 21 May 1948 ; CR(48)2nd Meeting, 31 May 1948.

（87） TNA, CAB129/38, CP(50)74, Indo-Pakistan Relations, 14, Mar. 1950.

（88） インドの軍事的自立化の問題については、横井［二〇〇六］、横井［二〇一八］を参照。

文献リスト

秋田茂［二〇〇三］『イギリス帝国とアジア国際秩序』名古屋大学出版会。

阿部竹浩［二〇一八］「一九二〇年代におけるイギリス労働党とインド憲政改革――帝国＝コモンウェルス体制への転換とインドの位置づけをめぐって」『歴史』一三〇。

伊豆山真理［二〇〇一］「パキスタンの同盟政策の起源」『国際政治』一二七。

英連邦研究会編［一九六九］『英連邦の研究』国際電信電話株式会社。

小川浩之［二〇一二］『英連邦』中央公論新社。

木畑洋一［二〇〇三］「英印外交・軍事関係の変貌」、秋田茂・水島司編『現代南アジア⑥』東京大学出版会。

佐々木雄太［二〇一〇］『イギリス帝国とスエズ戦争』名古屋大学出版会。

竹中千春［一九八六］「『権力移譲』への政治過程」『東京大学東洋文化研究所紀要』一〇一。

浜渦哲雄［一九六九］「インドの戦時財政（一九三九～一九四六）」『アジア経済』一一－一〇。

山口育人［二〇〇二］「戦後イギリスの世界戦略と『一つの世界経済』構想」『史林』八五－四。

横井勝彦［二〇〇六］「南アジアにおける武器移転の構造」、渡辺昭一編『帝国の終焉とアメリカ――アジア国際秩序の再編』山川出版社。

横井勝彦［二〇一八］「インドの兵器国産化政策と軍事援助」『国際武器移転史』五。

渡辺昭一［二〇一二］「イギリスのコモンウェルス体制の再編とインド」『ヨーロッパ文化史研究』一三。

渡辺昭一［二〇一三］「コモンウェルスというイギリス統治システムの再編」、渡辺昭一編『ヨーロピアン・グローバリゼーションの歴史的位相』勉誠出版。
渡辺昭一［二〇一八］「冷戦期南アジアにおけるイギリスの軍事援助の展開」『国際武器移転史』五。
Ankit, Rakesh［2016］*The Kashimir Conflict: From Empire to the Cold War, 1945–66*, London and New York.
Banerji, Arun K.［1977］*India and Britain, 1947–68*, India.
Barooah, Debo P.［1977］*Indo-British Relations*, New Dehli.
Bhattacharyya, Kamalashsa［1985］*India and the Commonwealth*, New Dehli.
Brands, H. W.［1990］*India and the United States*, Boston.
Burke, S. M.［1974］*Mainsprings of Indian and Pakistani Foreign Policies*, Minneapolis.
Darby, Phillip［1973］*British Defence Policy East of Suez, 1947–1968*, London.
Mansergh, Nicholas (eds.)［1958］*Commonwealth Perspectives*, Durham and London.
McGarr, Paul M.［2013］*The Cold War in South Asia*, Cambridge.
Menon, V. P.［1957］*The Transfer of Power in India,* Princeton.
Merrill, Dennis［1990］*Bread and the Ballot*, North Carolina and London.
Moore, R. J.［1983］*Escape from Empire*, Oxford.
Rotter, Andrew J.［2000］*Comrades at Odds*, Ithaca and London.
Singh, Anita［1982］"Imperial Defence and the Transfer of Power in India, 1946–47", *International History Review*, 4-4.
Singh, Anita［1993］*The Limits of British Influence*, London and New York.
Tewari, S. C.［1977］*Indo-US Relations, 1947–1976*, New Delhi.
Tomlinson, Brian. R.［1985］"Indo-British Relations in the Post-Colonial Era: The Sterling Balances Negotiations, 1947–49", *Journal of Imperial and Commonwealth History*, 13-3.

第10章　独立後インドの「軍事的自立化」とイギリスの位置

横井勝彦

1　はじめに

独立後のインドは、イギリスからの「軍事的自立化」(indigenous armaments production) をどのように推し進めたのか。英印間の軍事的紐帯[1]は、いつ頃、どのようなかたちで消滅したのであろうか。現在、インドは世界最大の武器輸入国であり、主力兵器の七割近くをロシアから輸入している[2]。だとすれば、インドは独立後も「軍事的自立化」は達成できずに、兵器の調達先を旧宗主国イギリスからロシア(旧ソ連)に移しただけなのであろうか。独立直後よりインドでは、安全保障を実現する手段として非同盟政策の下での「軍事的自立化」の重要性が叫ばれていたが、そもそもインドのめざした「軍事的自立化」とは、どのような内容のものであったのか。本章で注目するのは以上の点である[3]。

周知の通り、植民地インドにおける陸海軍の歴史はイギリス東インド会社が創設された一七世紀初頭にまで遡る。

その後、内外情勢の変化を反映して幾度となく再編を重ね、一九四七年以降は独立インドの軍事力として新たな歴史を刻んできた。[4]これに対して空軍の歴史ははるかに短い。イギリス空軍の補完戦力としてインド空軍（Indian Air Force, 以下、ＩＡＦと略記）が創設されたのは一九三三年で、その一四年後には印パ分離独立とともに航空戦力も両国間で分割継承されている。[5]このようなインド陸海空三軍の独立前後の再編過程を軍事史の視点からたどることによって、英印間の軍事的紐帯の変遷やインドの「軍事的自立化」の実態を究明することも可能であろう。しかし本章では、もっぱら経済史的な視点から軍産関係（軍産複合体）に注目して、インドの「軍事的自立化」（英印間の軍事的紐帯の消滅）について考察を加えていくことにしたい。

以下では、インドの軍備方針と兵器生産体制を概観したうえで、インド空軍の航空機生産を一手に担当してきたヒンダスタン航空機会社（Hindustan Aeronautics Limited, 一九四〇年創設：以下、ＨＡＬと略記）とインド海軍の艦船建造を担当する国内最大の造船所マザゴン造船所（Mazagon Dock Limited, 一九三四年創設：以下、ＭＤＬと略記）に注目して、この二社が独立後のインドの兵器生産を担う中核企業として、「軍事的自立化」にどのように貢献したのかを明らかにしていく。

2　軍備方針としての「軍事的自立化」の理想と現実

首相ネルーは独立インドの最重要課題として、経済的・軍事的自立を掲げ、「軍事的自立化」の前提条件として兵器国産化を念頭に置いていた。しかし、印パ戦争（一九四七年、六五年、七一年）や中印紛争（一九六二年）などの国際紛争に直面して、「軍事的自立化」の第一目標は「兵器の完全国産化」から「防衛体制の自立化」へと変更を余儀なくされていく。[6]

そこでまず、本章で用いる上記の二つの用語、「兵器の完全国産化」(self-sufficiency in arms acquisition) と「防衛体制の自立化」(self-reliance in defense equipment) について説明しておきたい。

「兵器の完全国産化」とは、兵器生産のすべての段階（設計から原料素材の調達も含むすべての生産）を一国内で完結する体制を指す。すなわち、そこでは兵器生産に必要な原材素材の確保のみならず、海外の援助に一切依存することなく独自の設計・開発から生産までのすべてを遂行できる専門技術者の存在までもが必要条件とされた。しかし、緊迫した国際情勢と深刻な経済状態の下にあって、インドが「軍事的自立化」の目標として追求したのは「兵器の完全国産化」ではなく、「防衛体制の自立化」であった(7)。本章での議論にとって、この点はきわめて重要である。

「防衛体制の自立化」とは、兵器やシステムの海外依存（直接購入、ノックダウン生産、ライセンス生産など）を排除することなく、武器移転の多角化によって自国の独立性を確保しつつ、軍産複合体を形成するために、兵器の設計・開発・製造の国内基盤を創設することを課題としていた。インドにおける「軍事的自立化」は、このような内容の「防衛体制の自立化」を第一目標とし、その到達点として「兵器の完全国産化」を想定していた(8)。図10－1に即して、その点をさらに詳しく説明しておこう。

ＩＡＦの航空機調達に関して言えば、選択肢は①独自の設計・開発による国産化、②大量調達と技術移転を目的としたライセンス生産、③海外からの直接購入の三つに大別できた。そのうちの①は図10－1の〈自立化路線〉に相当する。一九六一年に完成したインド初の機体独自設計による超音速ジェット戦闘機マルート（HF-24-Marut）や一九六四年に初の国産エンジンＨＪＥ－２５００を使用して試験飛行に成功したジェット練習機キラン（HJT-16-Kiran）などは〈自立化路線〉の成果と言えよう。しかし、中印紛争での大敗以降、ＩＡＦは②のライセンス生産に大きくシフトしていく。図10－1の〈海外依存〉→〈ライセンス開発・生産〉のラインである。ソ連との超音速戦闘機ＭｉＧ－21の調達契約は、図10－1の直接購入、ライセンス開発・生産、設計・開発（技術取得）のすべてを含んでいたが、

図10－1　軍事的自立化モデル

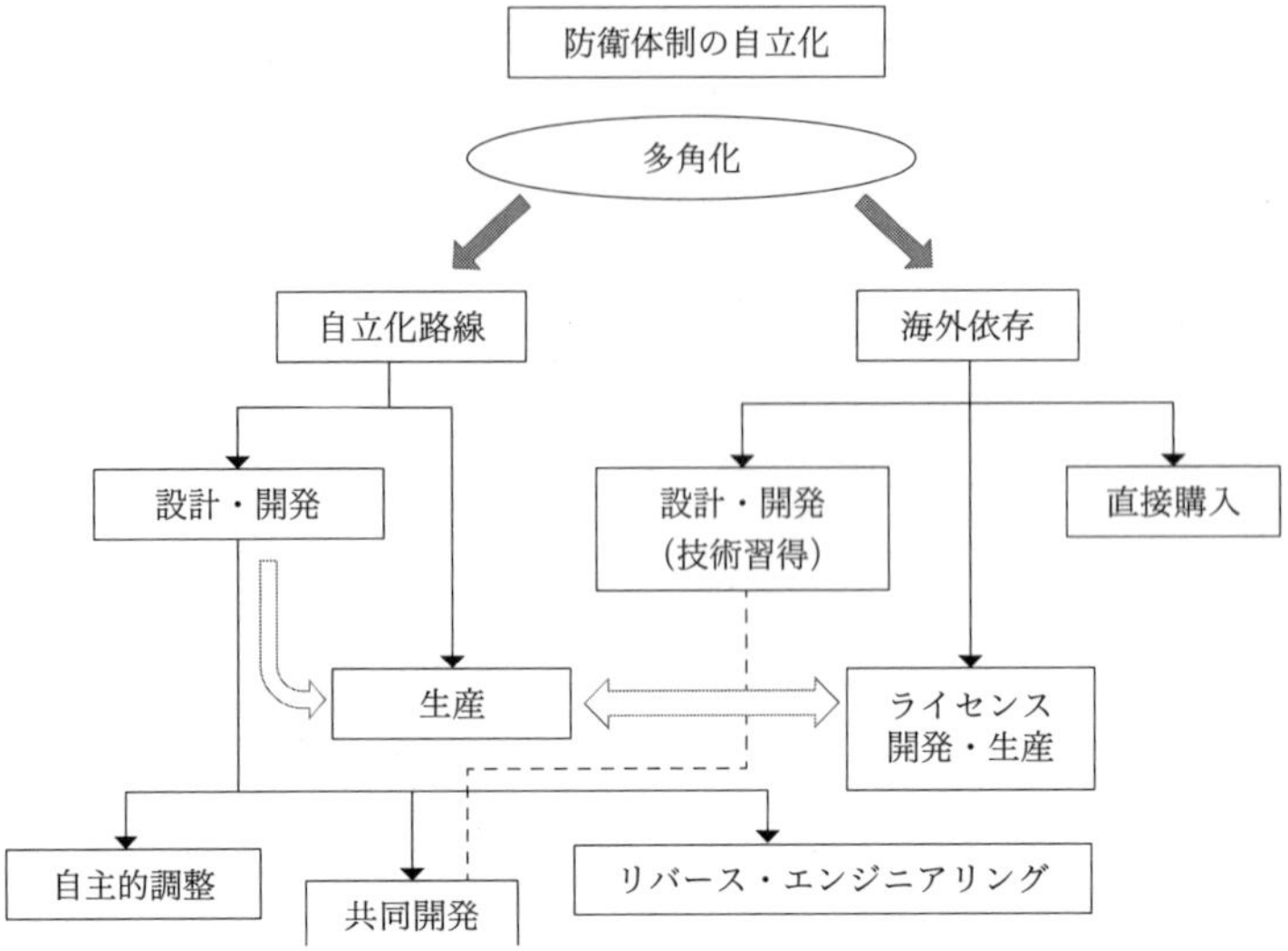

出典：Singh［2000］p. 129, Fig. 5. 2.

結果的にはライセンス生産に全面的に依存した代償として、自立化路線の設計・開発は大きく停滞したと言われている。(9)

3　独立後のインドにおける兵器国産化の体制

(1)　軍備増強への転換点

非同盟政策を堅持するインドは、軍事ブロックへの参加や軍事援助の受け入れを拒否し、米ソ両超大国からの兵器購入も意図的に避けた。一九五〇年代まではインドの主要兵器の三分の二近くが、依然としてイギリスからの調達であった。しかし、五四年にアメリカがパキスタンを冷戦同盟国と位置づけて相互防衛援助協定を締結し、さらに中印紛争で敗北すると、インドは大きな転機を迎える。

首相ネルーは中印紛争の統轄機関として国防会議を創設するとともに、防衛関連の公営企業を国防生産局の管轄下に置いた（後出の表10－1参照）。(10) 国防費も急増を遂げ、軍産複合体による兵器生産基盤の形成が急速に進むこととなった。一九六三年四月、国防大臣チャヴァン（Y. B. Chavan）は①陸軍の近代化、②空軍の増強、③軍需工場の増設などを重要課題として掲げ[11]、第一次防衛五カ年計画（一九六四～六八年）を策定するに至っているが、ここで留意すべき点は、当時インドは厳しい国際収支危機と食糧危機に直面して、ついに米ソ両超大国からも緊急援助を仰がざるをえない状況下に陥っていたという事実である[12]。この時期以降、インドは米ソの対立競合関係の上に立って、「防衛体制の自立化」を追求していく[13]。

（２）兵器生産体制──ＯＦとＤＰＳＵ

一九六〇年代の緊迫した国際情勢は、インドに兵器生産体制の早期整備を迫った[14]。その結果、創設された国防生産局が管轄する兵器生産体制は、国営兵器工場（Ordnance Factories, 以下ＯＦと略記）と国防公営企業（Defense Public Sector Undertakings, 以下、ＤＰＳＵと略記、後出の表10－1参照）から構成された。ＯＦは武器、弾薬、戦車などの製造工場でインド全土に分布しており[15]、独立時点で一六を数えたが、独立後はインドの「軍事的自立化」を支える拠点として増設が進められ、現在ではその数四〇に達している。そこでまずはＨＡＬとＭＤＬの検討に先立ち、ＯＦに属する二工場に注目して、図10－1の〈多角化〉のもとでの「防衛体制の自立化」とそこでのイギリスの位置について確認しておきたい[16]。

最初に紹介するのは、イシャポール・ライフル工場（Ishapore Rifle Factory, 一九〇四年設立）である。一九三三年に軽機関銃に関して、イギリス兵器製造企業の最大手ヴィッカーズ社は合計二二〇〇丁の製造契約をインド政府との間で締結したが、その半分はインド国内での生産が見込まれていた[17]。西ベンガルのカルカッタ近郊に位置するイシャポール・ライフル工場ではインド陸軍用にリー・エンフィールド・ライフル銃とともにヴィッカーズ・ベルチェー軽機関銃が大量に製造されていたのであり、その生産量はイギリス植民地の中でも最大であった。なお、ここで注目すべき点は、イギリス本国陸軍のエンフィールド工廠のみならず、ＯＦのイシャポール・ライフル工場においても、イギリスを代表する工作機械メーカー、具体的には、バーミンガムのアーチデール社、マンチェスターのウィリアム・ムイアー社、リーズのグリーンウッド&バトレー社、レスターのジョーンズ&シップマン社から兵器製造用の工作機械が大量に輸入されていたという事実である。[18] そのような英印間の軍産関係は独立後も続き、インドのイギリス製工作機械への依存は高い状態で推移している。ちなみに一九五一年時点でインド機械市場に占める各国の割合は、アメリカが二二%、西ドイツが七%、日本が五%であったのに対してイギリスはじつに六〇%を超えていた。[19] ライフル工場での上記の事実から判断する限り、少なくとも一九六〇年代以前におけるインドの兵器生産基盤は、なおもイギリスに大きく依存していたと言わざるをえない。

次に、アヴァディの戦車工場(Avadi Heavy Vehicle Factory, 一九六二年起工、六五年完成)について触れておこう。戦車に関しては、南アジアに積極的に関与し始めたアメリカから一九五三年にシャーマン戦車三〇台が輸入され、その他にも五〇年代にはイギリスからセンチリオン重戦車二〇〇台、フランスからAMX-13軽戦車一五〇台が輸入されていた。しかし、一九六〇年代にはいると状況は一変する。[20] 一九六一年に、インド政府はイギリスのヴィッカーズ・アームストロング社との間で、マドラス(現チェンナイ)近郊のアヴァディ工場での戦車製造のライセンス契約を締結している。一九六五~八七年の間にインドで組立・製造された新式中型戦車ヴィジャヤンタ(VIJAYANTA)は総計二二七七台と突出した生産実績を記録しており、[21] 早くも一九七八~七九年にはインド国防省がその国産化率(percentage of indigenization)は九六%に達したと報告している。[22]

しかし、現実はそれほど単純ではなかった。第一に、ヴィッカーズ・アームストロング社とのアヴァディ工場での共同事業契約は、一般のライセンス契約とは異なり、のちにインド人技術者が工場を引き継ぐことを前提とした包括契約ではなかった。たしかにインド人技術者の訓練は工場完成以前から開始されていたが、一九六九年時点でも生産額の三〇%はイギリスからの輸入で占められていた。第二に、一九七一年の第三次印パ戦争に際しては、アヴァディ工場もようやくヴィジャヤンタ三〇〇台をインド陸軍に提供しているが、当時のインド陸軍にはその他にもソ連製PT－76軽戦車一五〇台とフランス製AMX－13軽戦車一〇〇台が配備されていた[23]。しかも、ソ連からはT55中戦車が一九六八年から七四年までの間に合計八七五台も調達されていたのである[24]。つまり、インド陸軍による戦車の調達先はイギリスのみならずソ連も含めて多角化していたのであって、図10－1の〈海外依存→直接購入〉と〈海外依存↓ライセンス開発・生産〉のレベルにとどまるものであった[25]。インド国防省の言う国産化率九六％も〈自立化路線〉へのシフトを意味するものではなかった。

以上の通り、OFの中で追求された「軍事的自立化」とは、独立後に関しても武器移転のイギリス依存を解消するものではなく、むしろ逆にイギリスとの関係を強める形で進められた。しかし、それはひとりイギリスとの関係においてだけではなかった。中印紛争以降、ソ連との関係も武器移転と軍事援助の両面で緊密なものになっていったのである。この点については、次節でHALとMDLに関しても詳しく見ていくが、それに先立って、インドの兵器生産体制のもう一方の部分DPSUについても論及しておこう。それはインド陸海空三軍の主力兵器とその部品を製造する公営企業から構成されていた[26]。OFの工場が独立後に急増を遂げたのとは対照的に、DPSUの企業数は、HALとMDLも含め現代でも一〇社以下にとどまっている（表10－1参照）。

DPSUは企業構成も現代までほぼ不変で[27]、民間セクターや外国企業の参入や兵器生産の民営化を一貫して排除してきた。兵器生産体制のこうした排他的な体質がインドにおける「兵器の完全国産化」を長きにわたって阻んできた。多くの研究がこのように指摘している[28]。たしかに、それは疑問の余地のない事実である。

しかし、ここで確認したい点は、軍産複合体としてのDPSUが「兵器の完全国産化」に対して果たした貢献度ではない。本章で注目したいのは、独立以前より武器移転の「受け手」として機能してきたDPSUの各企業（とりわけHALとMDL）が、独立後にはどのように「防衛体制の自立化」に貢献したかという点である。以下では、HA

表10-1　国防生産局の管轄下にある公企業 1978～1979 年

企業名（略称：設立年）	製造分野	生産実績	海外収益	労働者数（人）
1　ヒンダスタン航空（HAL 1940 年）	軍用機製造	152.89	450 万	41,300
2　バーラト電子（BEL 1956 年）	軍用精密機器製造	79.5	1 億 4,310 万	17,200
3　バーラト・アース・ムーバー（BEML 1964）	航空宇宙・防衛装備品製造	93.12	4,430 万	11,400
4　マザゴン造船所（MDL 1934 年）	軍艦建造・船舶修理	52.13	1 億 2,655 万	8,300
5　ガーデン・リーチ工場（GRS&E 1934 年）	各種艦艇建造	35	347 万	10,800
6　プラガ工作機械（PTL 1943 年）	軍民両用防衛装備品製造	4.69	348 万	—
7　ゴア造船所（GSL 1957）	各種艦艇建造	5.76	—	1,500
8　バーラト・ダイナミクス（BDL 1970）	ミサイル開発製造	6.18	—	1,300
9　ミシュラ・ダト・ニーガム（MIDHANI 1973）	電子機器・超合金製造	—	—	800

出典：Report 1979-80, Government of India, Ministry of Defence, New Delhi, pp. 36, 39.
注 1：生産実績額の単位は 1,000 万ルピー。
注 2：海外契約収益の単位はルピー。
注 3：労働者数の出典は Matthews［1989］p. 73。対象時期は 1979-80 年。

ＬとＭＤＬの歴史に焦点を当てて、インドの「防衛体制の自立化」の達成度、さらにはイギリス支配体制からの脱却、つまり英印間の軍事的紐帯の消滅のあり方を考察していく。

4　インド空軍に見る英印間の軍事的紐帯

(1) インド空軍と軍産複合体

ＩＡＦは、イギリス空軍（Royal Air Force, 一九一六年創設）の補完戦力として、イギリス植民地時代の一九三三年に創設され、イギリス帝国防衛の一端を担った。その後、一九四七年の印パ分離独立と共に、ＩＡＦは空軍戦力のほぼ三分の二を継承した。その任務はいまや帝国防衛から脱して、独立インドの領空防衛、国境地帯のインド陸軍や辺境地帯遠征への上空支援など多岐にわたった。(29) インド政府が一九四五～五五年の一〇年間に海外から輸入した軍用ジェット戦闘機は一二〇機（うちイギリス機は五〇機）を数えたとされている[30]。

既述の通り、ＩＡＦの軍用機の調達方法には海外からの直接輸入以外に、ライセンス生産と完全国産化があったが、それを担当できる航空機製造企業はインドにおいてはＨＡＬ一社に限られていた[31]。そこで以下ではまず、ＨＡＬ設立の経緯について概観しておこう。

ＨＡＬがインド人企業家によってインド南部のバンガロール（現ベンガルール）に設立されたのは、戦時下の一九四〇年であった。同社の設立はマイソール州政府からの経済支援とアメリカの航空機企業インターコンティネント・コーポレーション社との技術提携を背景としていた[32]。同年には正式に有限会社ＨＡＬが創設されたが、戦局の悪化を背景として、四二年にインド政府に接収されている。しかし、戦時下のＨＡＬではほとんど航空機生産は行われていない。イギリス航空省は航空機製造を中止させ、既存の施設をすべて航空機の整備補修に振り向ける決定を下した。従来あまり紹介されてこなかったが、この整備計画はアメリカ陸軍航空隊との連携の下で進められ[33]、バンガロールにはアメリカから多くの航空技術者が派遣され、大量の航空資材も運び込まれていた[34]。

ＨＡＬは四二年よりアメリカ陸軍航空隊によって爆撃機の修理工場として使用され[35]、終戦に至るまでの三年間にＨＡＬが点検した航空機エンジンは三八〇〇台、航空機は全体で一二〇〇機に及んでいた。しかし、アメリカとＨＡＬとの関係は、アメリカがパキスタンとの間で相互防衛援助協定を調印した一九五四年以降は完全に途絶え、一九六〇年代に入るとアメリカに代わってソ連がＨＡＬとの緊密な関係を築いていくこととなる。上記の米パ間の協定によりパキスタン空軍にはアメリカからロッキードＦ－104が提供されたのに対抗して、インドは非同盟政策を堅持しつつもソ連の超音速ジェット戦闘機ＭｉＧ－21の購入を決定するのである。

(2) ライセンス生産

一九五〇年代のインドは、イギリスの戦闘機キャンベラ(CANBERRA)、フォーランド・ノット(FOLLAND GNAT)、ホーカーハンター(HAWKER HUNTER)などを多数輸入するとともに、それらのインド国内でのライセンス生産も行っていた。五〇年にはイギリス航空機製造業者協会(SBAC)がHALを法人会員として受け入れ、インド人航空技術者がイギリスで研修を受ける機会も提供していた。[36] またイギリスを代表する航空工学の専門教育機関クランフィールド航空大学(Cranfield College of Aeronautics, 一九四六年設立)でもインドから留学生を受け入れ、さらにはコモンウェルス軍事訓練支援機構(Commonwealth Military Training Assistance Scheme)に基づいてイギリス側の費用負担でIAF関係者の研修も実施されていた。[37] インド独立後も英印間の軍事的紐帯は、こうしたイギリス側の施策によって堅持されていたかに見えた。

しかし、イギリスの期待は早々に裏切られていく。インド政府は一九五六年にHALでの超音速戦闘機の製造支援を求めて、ドイツ人技術者タンク(Kurk W.Tank)を招聘し、イギリス依存体制からの脱却と武器移転の多角化に乗り出している。その結果、HALは五年の歳月を費やして六一年にインド初の機体独自設計による超音速ジェット戦闘機マルート(エンジンはイギリス製オフューズ700エンジン二基搭載)を完成させる。[38] 残念ながらこのマルートの開発は成功とは言えなかったが、さらに六四年には初の国産エンジンHJE-2500を使用して、ジェット練習機キランの試験飛行でも一定の成功を収めていた。[39]

イギリスにとってさらに憂慮すべき点は、以上のような国産機独自生産の取り組みと並行して、HALがソ連との連携を強化している事実である。中印紛争に際して、一九六二年末から六三年にかけてアメリカ大統領ケネディとイギリス首相マクミランは、インドが要請した多額の緊急軍事援助に応えており、インドの第一次防衛五カ年計画に対しても、アメリカは年額一億一〇〇〇万ドルの援助を約束していた。ただし、IAFが最も望んでいた超音速ジェット戦闘機の提供に関しては、同盟国パキスタンからの反発を憂慮して、要請を受け入れなかった[40]。その結果、インドはソ連への傾斜をいよいよ強めていく。一九六五〜六七年には九〇機のMiG－21がインドに届けられているが、この場合、一〇年間年利二％でルピー建ての返済というインドにとってきわめて有利な条件がソ連によって提示されていた。しかもここで注目すべき点は、六二年九月の契約で、ソ連がMiG－21のライセンス生産を目的としてインド国内での工場建設を支援するに至った事実である[41]。それはまさに英印間の軍事的紐帯の消滅を決定づけるものであったと言えよう。

第一次防衛五カ年計画がはじまった一九六四年には、新設のヒンダスタン・エアロノーティックス社（Hindustan Aeronautics Ltd. 以下、HALと略記）のもとで航空機生産体制の大規模な再編が行われている。旧来のHALは新たな生産体制のもとで、バンガロール工場（Bangalore Division）として引き続き航空機とエンジンの製造を担当することとなったが、バンガロール以外ではカンプール工場（一九六三年設立の旧エアロノーティックス・インディア社）で輸送機アヴロ（AVRO）などのライセンス生産が行われていた。そして、HALの他の三工場（コラプート、ハイデラバード、ナシク）ではソ連との六二年協定に基づきMiG－21のインド国内でのライセンス生産が計画された。具体的には、①輸入主要コンポーネントの組み立て（セミ・ノックダウン生産SKD）、②輸入部品の組み立て（コンプリート・ノックダウン生産CKD）、③部品の製作、④原料素材からの製造、以上のような段階的発展が予定されていた[42]。ロシア人技術者の指導のもとでコラプート工場ではエンジン製造、ハイデラバード工場では電子機器製造、そしてナシク工場では機体製造と最終組立てが行われ[43]、現地のロシア人技術者とその家族の総数は一時期四〇〇人にも達した。HALは、この時点ですでにインド最大規模を誇る国営兵器企業であった[44]。ちなみに、HALは六六年以降、IAF向け改造機MiG－21（Type 77）を製造していたが、ナシク工場でIAFに引き渡された一号機のライセンス生産は上記の④（原料素材から製造）の段階に到達しており、いわゆる国産化率（indigenous content）は六〇％

に達していたと言われている。[45]

ＨＡＬを拠点とした航空機生産体制の拡充とは、まさにインドの「軍事的自立化」を象徴するものであった。しかし、ここでもやはり次の点を指摘せざるをえない。すなわち、ＨＡＬを拠点として進められた「軍事的自立化」も、武器移転の多角化を背景とした「防衛体制の自立化」（図10－1の〈海外依存→ライセンス開発・生産〉）にとどまったものであって、独自の設計・開発能力をも備えた「兵器の完全国産化」を意味してはいなかった。バンガロールのＨＡＬは一九四八年に設計・開発部門を開設して、練習機の国産化に着手していた。[46]さらに六一年には、既述の通り、インド初の機体独自設計による超音速ジェット戦闘機マルートも完成させているが、その後の展開（図10－1の〈自立化路線→設計・開発〉）は不調に終わっている。

一九六〇年代にソ連の援助で建設されたＭｉＧ－21の三工場（コラプート、ハイデラバード、ナシク）はライセンス生産に特化しており、もともと独自の設計・開発部門の開設は想定されていなかった。また、六四年にはこうした状況を克服するために、インド教育省が航空機と航空機エンジンの設計技師を今後五年間に八五〇人養成することを国家的課題として掲げ、当時インド各地に開設されていたインド工科大学（Indian Institutes of Technology，ＩＩＴ）五校に対して航空工学科の新設・拡充を促したが、この取り組みに対する技術支援はどの国からも提供されなかった。[47]なお、七〇年代末以降、イギリスは再びインドへの戦闘機（ジャガー JAGUAR とシーハリアー SEA HARRIER）の輸出とライセンス生産で大規模契約を獲得している。これに先立ち早くも六七年に、バンガロールに拠点を置くイギリスの航空機エンジン関連の貿易会社がジャガーの輸出とライセンス生産の可能性を指摘すると共に、インド政府の意向に即してＨＡＬとブリティッシュ・エアクラフト・コーポレーション（ＢＡＣ）の間での航空機の現地共同開発も提案している。[48]これは拡大するインド市場の開拓を視野に入れた注目すべき提案であったが、航空機の設計技術情報の提供や共同開発の提案がイギリス側から行われることはなかった。[49]

では、インド海軍の軍艦建造を担ったMDLについてはどうであったか。次に、この点に議論を移そう。

5　インド海軍に見る英印間の軍事的紐帯

(1) インド海軍におけるソ連のプレゼンス

独立後、インド海軍はIAFとはまったく異なる近代化の道をたどった[50]。独立時点でインド海軍は一隻の軍艦も保有せず、その管理下にある造船所も一つもなかった。以下で注目するMDLも一九六〇年にインド政府の所有に移るまではイギリス海運資本の私企業であった。とはいえ、その後の展開には注目すべきものがある[51]。インド海軍の軍艦建造能力はボンベイ（現ムンバイ）のMDLにおいてどのように形成されたのか。「軍事的自立化」が「防衛体制の自立化」を超えて「兵器の完全国産化」のレベルに、いつ、どのようにして、どの程度、到達しえたのか、そうした観点より英印間の軍事的紐帯について検討を加えていく。

王立インド海軍（Royal Indian Navy）が創設されたのは、IAFとほぼ同じ一九三四年のことであった。独立後もインド海軍は陸海空三軍の中で最も軽視された存在であった。インド海軍は、独立直後にイギリスから軽巡洋艦一隻、駆逐艦三隻を購入し、続いて五〇年代にもイギリスから巡洋艦、航空母艦、対潜フリゲート艦などを購入して、パキスタン海軍とインドネシア海軍に対抗することは可能であったものの、中国海軍の脅威にさらされた際には英米両国海軍に依存せざるをえない状態にあった[52]。しかし、インド海軍の場合も中印紛争を契機として、大きく変化を遂げる。

第一次防衛五カ年計画によって始められたインド海軍の拡張計画では、老朽化した艦船の刷新と潜水艦の増強が追求されたが、ここで特に注目したいのは次の二点である。第一に、このインド海軍拡張計画の一環として、イギリスがイギリス海軍のリアンダー級フリゲート艦（British Leander-class frigates）のインドでの建造のために、MDLの開発援助を請け負ったという点、第二に、インド海軍の拡張計画を全面的に支援したのはソ連であって、結局、一九六〇年代中葉までにはソ連がインド海軍の主要な装備品提供国としてイギリスに取って代わったという事実である。[53]

一九五五年にインド海軍はイギリス海軍とマジェスティック級の最新鋭空母（排水量二万トン）の購入契約を結んでおり、同艦は新たな艤装作業を経て六一年末にはインド海軍初の航空母艦ヴィクラント（VIKRANT）としてボンベイに到着の予定であった。[54]しかし、その直後に勃発した中印紛争を契機として、インドはソ連に急接近し、空軍においてのみならず海軍においても英印間の軍事的紐帯は消滅に向かいつつあった。「インドの陸海軍には、いまだロシア製の装備はなにも施されていない」という楽観論がイギリスでは支配的であったが、それもインド国防大臣チャバンのモスクワ訪問のニュース（一九六四年六月）によってかき消された。ソ連側より潜水艦四隻と新式フリゲート艦数隻の提供が、国際収支危機に苦しむインドにとってきわめて有利な条件で提示された。しかも、チャバンのロンドン訪問（ネルーの急死で実現せず）に備えて開催されたコモンウェルス関係省内での会議では、潜水艦のインドへの提供でイギリスがソ連に対抗することは不可能との判断が下されていた。[55]アメリカもパキスタンの反発を憂慮して、インドへの潜水艦の提供はできなかった。[56]MiG－21の調達をめぐる印ソ間の契約に、英米が外交上の事情から対抗できなかったのと同じ構図である。

インド海軍への巡視艇や護衛艦の提供、インド海軍の拠点ヴィシャカパトナムでの港湾作業場の開発、ソ連の軍港施設ウラジオストックでのインド海軍兵士の訓練など、インド海軍に対するソ連のプレゼンスは、一九六五年の潜水艦購入契約の前後より急速に拡大していた。[57]このような事態に直面して、ようやくイギリス外務省も英印両国海軍の伝統的紐帯の維持に危機感を抱き、インド洋におけるソ連のプレゼンスの拡大阻止を強く求めた。

そのためにイギリスが採りうる選択肢はただひとつ。インド政府の要請を受け入れること以外になかった。具体的には、ＭＤＬの再建とそこでのリアンダー級フリゲート艦の共同建造である。インドは英ソ双方に同じ共同建造の打診を行っているが、イギリスに対しては軍事援助（長期低利信用の供与）も求めてきた。インドの第三次五カ年計画（一九六一～六五年）は初発より国際援助によって支えられ、しかもそれと相前後するかたちで第一次防衛五カ年計画が策定されたのである。インド海軍拡張の予算的裏付けはきわめて乏しい。かくして一九六四年に、イギリス政府はMDLの再建とそこでのリアンダー級フリゲート艦の建造費四七〇万ポンドを特別国防省信用（special defense credit）というかたちで供与することに合意している。

以上の結果、インド政府はイギリスの造船業者ヴィッカーズ・アームストロング社とヤーロウ造船所との間で、リアンダー級フリゲート艦のMDLでの共同建造の協定を結び、ここにインドにおいて初めて主力艦の建造が実施されることとなったのである。

(2) MDL国有化の前史——汽船航路の拡張と船舶修理基地の整備

イギリスはMDLでのリアンダー級フリゲート艦建造を支援することによって、インド海軍のソ連への急接近を牽制し、イギリスの影響力を保持しようと努めた。しかし、インド海軍の側は、英ソ双方からの武器移転に依拠して、「防衛体制の自立化」のみならず「兵器の完全国産化」をも視野に入れて「軍事的自立化」をめざしたのである。一九六二年のキューバ危機と中印紛争、六八年のイギリス海軍のスエズ以東撤退宣言、そして七〇年代初めにおける中ソ対立と米中接近、こうした国際情勢の下にあって、インド海軍の増強は緊急課題となっていた。

前掲表10－1に示したようにDPSUに属する造船所はMDL以外にも二社（ガーデン・リーチとゴア）が存在した。同一業種内で企業間競争が存在したのは、唯一造船業だけであったが、なかでもボンベイに位置するMDLはインド最古の造船所で、インドを代表する軍艦建造企業として一九六〇年に国有化されている。そこで以下では、MDL創設時の歴史をたどり、造船建造能力がどのように蓄積されていたのかを確認していきたい。

ＭＤＬの歴史は、一九世紀中葉に始まったイギリスのアジア汽船航路の発展と密接に関連していた。スクリュー推進の鉄製蒸気船がインド洋を快走しはじめる以前に、政府の郵便補助金に支えられて外洋航路を独占するＰ＆Ｏ社（Peninsular and Oriental Steam Navigation Company, 一八四〇年設立）[58]とインド沿岸・近海航路を独占するＢＩ社（British India Steam Navigation Company, 一八六二年設立）[59]の二社により、イギリス帝国政策の一環としてアジアの汽船航路はすでに確立されていた。一九世紀中葉以降は、木造船を建造するインド在来の造船業者がヨーロッパの造船会社と競争することはもはや不可能となった。その結果、あるものは閉鎖され、残ったものも外国で建造された蒸気船の乾ドックとして利用された。ＭＤＬもこの乾ドックとなった。

Ｐ＆Ｏ社は、一八六〇年にボンベイ／スエズ航路の船舶修理基地としてボンベイのＭＤ旧モーグル乾ドック（長さ四八・八ｍ×幅一三・七ｍ）を買い上げ、その直後にはドックの大規模拡張（長さ一二〇・五ｍ×幅一七ｍ×深さ四・七ｍ）を実施すると同時に、六五年には隣接地にリチィ乾ドック（長さ一一九・九ｍ×幅一九ｍ×深さ五・五ｍ）も完成させている。こうして七〇年頃にはリチィ乾ドックのあるノース・ヤードをＰ＆Ｏ社が、そしてモーグル乾ドックのあるサウス・ヤードをＢＩ社が使用するという複合的な造船施設（Mazagon-Complex）が形成された[60]。この両ドックは一九一五年にパートナーシップを結び、その後三四年に株式会社ＭＤＬとして法人化されるに至った[61]。

このような過程を経て、ＭＤＬには船舶の修理・建造技術が蓄積されていった。リアンダー級フリゲート艦の共同建造の協定は、過去一世紀にわたってイギリス海運資本Ｐ＆Ｏ社とＢＩ社が行ってきたＭＤＬの整備拡充を踏まえたものであったのである。

（3）ＭＤＬの造船能力の自立化

インド政府によるＭＤＬの接収は「軍事的自立化」への決意の表れであった。一九六〇年四月にＰ＆Ｏ社とインド政府の間で、ＭＤＬとガーデン・リーチ工場の売却契約（総額一二一〇万ポンド）が締結されたが、それは当時、海運不況の中で過剰の船舶を抱えて、経営の縮小を余儀なくされていたＰ＆Ｏ社と造船業の自立化をめざしていたインド政府の合意に基づくものであった。ＭＤＬは同年五月に国防生産局の管轄下にある公営企業ＤＰＳＵに編入され、そこを拠点にリアンダー級フリゲート艦の建造体制も整えられていった。

前掲表10－1からも明らかなように、ＭＤＬの海外契約からの収益は、ＤＰＳＵの中でもバーラト電子とともに突出しており、国際収支の改善に大きく貢献する程の規模であった(62)。

ＭＤＬはインド政府によって買収されるまで、造船部門の規模は小さく、外国船舶の修理が中心であった。表10－2から明らかなように、ＢＩ社が突出した大口顧客であり、イギリス海軍もＢＰ（インド）、シェル・タンカー、アラビア・アメリカ石油会社のような当時急増しつつあった石油タンカー会社と同規模の顧客にとどまっていた。ちなみに、一九六一〜六二年におけるＭＤＬの修理部門の受注額が一八九〇万ルピーであったのに対して、造船部門は

表10－2　MDLの受注作業と請求金額

（単位：ルピー）

受注作業の種類と顧客名	過去7年の年平均額（1952〜1958年）
船舶修理	
Ｐ＆Ｏ社	49万4,865
ＢＩ社	705万4,317
ターナー・モリソン社	88万6,093
関連会社	19万108
BP（インド）社	117万370
イギリス・タンカー会社	70万993
シェル・タンカー	105万5,058
アラビア・アメリカ石油会社	61万2,938
バスラ港湾局	162万8,879
ビルマ石油会社	6万2,109
イギリス海軍省	73万5,593
その他の外部顧客	180万1,855
小計	1,639万2,178
小型船舶建造	
一般顧客	27万6,390
技術作業全般	
推定注文	91万360
見計らい注文	155万4,614
新規海洋工事	
一般顧客	218万8,785
政府関連事業	
各種部門	32万9,402
小計	525万9,551
総合計	2,165万1,729

出典：National Maritime Museum, Greenwich: P&O/35/40 Mazagon Dock Minutes of Meeting, File 3, 1958–60.

わずか四九六万ルピーにとどまっていた。[63]

しかし、インド政府はMDL買収からわずか五年後の一九六五年に、早くも軍艦建造に着手しており、六五年から七〇年の間にMDLの船舶修理部門への政府投資が一・八倍の増加であったのに対して、建造部門への投資は一〇倍に急増を遂げている。[64] では、この短期間にMDLはどのようにして軍艦建造技術を獲得したのか。この点に関して、ここでは最新の造船技術の獲得をめざしてMDLが展開した海外企業との共同事業を指摘しておきたい。[65] 浚渫船の設計製造の専門業者であるオランダ企業IHCやスコットランドのシードレイク社との共同事業、バルト海に面したロシアの造船所やドイツのホヴァルツヴェルケ・ドイツ造船（HDW）での潜水艦建造、そしてイギリスのヴィッカーズ・アームストロング社とヤーロウ造船所との共同によるリアンダー級フリゲート艦の建造など海外企業との各種共同事業によって、MDLには最新の造船技術の移転が進んだ。しかも、その一方で既述の通り一九六〇年代後半にはDPSUに属する造船企業を対象にインド政府によって大規模投資が開始されており、とりわけMDLでのフリゲート艦建造計画にはイギリスからも軍事援助と技術援助が提供されていた。

英印共同事業であったリアンダー級フリゲート艦のMDLでの建造は一九六六年に起工して、二年後には首相インディラ・ガンディーもインド初のフリゲート艦ニルギリ（NILGIRI）の進水式に臨席している。なお、このフリゲート艦建造での鋼板の自給率は六五％に達していたと言われているが、艦船全体の国産化率（indigenous content in the entire warship）は三〇％にとどまっていた。[66] もともとこの建造計画が「兵器の完全国産化」計画の一環であったことからすれば、[67] この数値はかなり低いと言わざるをえないが、そこには克服しがたい問題があった。

MDLでのフリゲート艦建造では、必要とされる資材・機械・設備の品質、納期、数量を指定どおりに確保することがそもそも困難であった。当時のインドの産業は、軍艦建造で必要とされる特殊な設備や資材を国産できるレベルに達しておらず、ほとんどを輸入に頼らざるをえなかったのである。[68]

表10－3は、MDLが国有化される直前の船舶修理部門における各種設備とその調達先を示しているが、やはり圧倒的部分は輸入に依存していた。インド造船業の自立化を支える機械製造業の発展は期待できなかったのである。独立直後のインドは依然として工作機械を輸入に、しかもイギリスからの輸入に大きく依存していた。本章の冒頭で紹介したイシャポール・ライフル工場の場合と同じである。このような状況にある以上、たとえフリゲート艦の国産化率がリアンダー級六号艦（ヴィンデャギリVINDHYAGIRI，一九七七年進水）では七〇％にまで上昇したと言われていても[69]、それは「兵器の完全国産化」への転換ではなく、「防衛体制の自立化」（図10－1の〈海外依存〉↓〈設計・開発（技術習得）〉）レベルの問題として評価すべきであろう。

表10－3　MDL船舶修理部門の諸設備とその調達先 1958年

	各種設備	調達先
1	アーク熔接装置	輸入
2	アーク熔接変圧器	輸入
3	アルミニウム用熔接装置	輸入
4	エア・コンプレッサー	輸入
5	空気タンク（熔接型）	インド国産
6	ディーゼル発電装置	インド国産
7	空気動力工具	輸入（注1）
8	アセチレン熔接／金属裁断機	輸入
9	携帯用電気穿孔機	輸入
10	鎖車装置	輸入
11	各種機械（注2）	輸入
12	起重機	輸入
13	各種測定器	輸入
14	その他（注3）	
	大型ネジ	
	ワイヤロープ	
	ラチェット留め具	小型のみ国産

出典：National Maritime Museum, Greenwich: P&O/35/42 Mazagon Dock Minutes of Meeting, Ship Repairs Committee, 1958.
注1：リベット打ちハンマーの留め金は国産。
注2：チッピングハンマーの先端は国産。
注3：セメント破砕機の先端は国産。

ヴィッカーズ・アームストロング社とヤーロウ社との共同事業であったリアンダー級フリゲート艦のMDLでの建造は、四七〇万ポンドの軍事援助（defence credit：インドの建造費への長期低利信用）を供与するという特別措置のもとで一九六六年に起工した。それは厳しい財政事情のもとでイギリスにできる最大限の譲歩であった[70]。しかも、同じ時期にMDLの多くの技術者が、コモンウェルス軍事訓練支援機構に基づいて、イギリス側の費用負担でロンドンでの研修に派遣されていた[71]。それらはイギリスにとって、インド海軍に対するソ連のプレゼンスを抑え込むための窮余の策であったが、インドにとってはソ連に接近することによってイギリスから引き出した「予定の成果」であった。

6　おわりに――再び「イギリスの思惑」と「インドの思惑」

インド政府は独立後一九六〇年代初頭までのわずか一五年間に、インドの主要都市に五つのインド工科大学（IIT）を次々に設立していった。独立後のインドは、自国の産業発展を担う高度技術者の養成をめざして各地にIITを設立し、それらを拠点として先進各国の研究教育システムや先端的科学技術を吸収していったのである。当時、財政的事情で開発援助の縮小を余儀なくされていたイギリスは、コロンボ・プランの一環として小規模なデリー工科大学（Delhi Engineering College）を設立し、この「安上がりの技術援助」によってインドが「国家戦略上の重点大学」としてIITを設立する構想に便乗しようと考えた。しかし、この「イギリスの思惑」は、デリー工科大学のIIT デリー校への格上げを迫る「インドの思惑」によってあえなく一蹴され、イギリスは多額の追加経費も背負いこむこととなった(72)。

以上のIIT設立計画においては、英米独ソの四カ国から残らず「国際援助」を引き出した首相ネルーのしたたかな外交手腕が際立っていた。本章で見たインドの「軍事的自立化」とは、まさにこの同じ時期に追求されたのであったが、それはどのような内容のものであったのか。最後にこの点について、二点指摘しておきたい。

第一に、独立後のインドにとって、喫緊の課題は武器移転の構造を多角化して、「軍事的自立化」を進めることであって、イギリス兵器依存からの脱却は第一義的な課題ではなかった。実際にインド陸海空三軍は一九五〇年代までイギリスからの武器移転に大きく依存していた。しかし、中印紛争以降のインドは、アメリカを中心とした反ソ陣営からも軍事援助を引き出しつつも、急速にソ連からの武器移転に傾斜していき、一九七〇年代中葉までにインドの軍備は全面的にソ連依存となる。[73]その過程で英印間の軍事的紐帯は急速に消滅していった。ちなみに、前述のＭＤＬでの英印共同事業では「イギリスの思惑」が功を奏して、一九七七年までにニルギル級フリゲート艦を六隻建造しているが、それでもインド海軍に対するソ連の影響力を払拭することは到底できなかった。[74]

第二に、ＨＡＬを拠点とした航空機生産体制の拡充やＭＤＬを拠点とした軍艦建造体制の整備は「軍事的自立化」を象徴するものであった。しかし、その場合の「軍事的自立化」とは「兵器の完全国産化」ではなく、「防衛体制の自立化」を意味していた。防衛力の整備が非同盟独立国家インド建設の根幹をなすものであった以上、それは最優先の課題であった。インド政府は二〇〇五年に兵器国産化率（防衛装備自給率：self-reliance in defense procurement）七〇％の目標を掲げたが、現代でもそれは三〇～四〇％の水準にとどまっている。[75]そのためにインドの兵器国産化については低い評価しか与えられないが、本章では、そうした点を問題とするのではなく、「軍事的自立化」の実相を明らかにするために、三〇～四〇％の兵器国産化による「防衛体制の自立化」が冷戦下の英印から印ソへの武器移転の構造転換のなかでどのように実現されたかに注目してみた。

注

（1）ここで言う軍事的紐帯とは、武器移転（arms transfer）の「送り手」イギリスと「受け手」インドとの緊密な関係を意味しており、英印間の外交・軍事関係全般を対象とはしてはいない。後者に関しては木畑［二〇〇三］を参照。また、この場合の武器移転には、武器の輸出だけではなく、兵器製造ライセンスの供与、兵器の共同開発、兵器の生産・運用・修理能力の育成を目的とした技術者の派遣や訓練生の受け入れなども含まれる。奈倉［二〇〇五］二－四頁を参照。

（2）*SIPRI* [2017] p. 373.

（3）本書の第九章（渡辺昭一）では、戦後コモンウェルスの防衛戦略を構想するイギリスが、軍事援助を介して分離独立を遂げたインド・パキスタンとの間において、金融的軍事的紐帯をどのように構築していったかを解明している。第九章の対象時期は一九四〇年代後半で、扱うテーマは金融的軍事的紐帯の再編強化（イギリスから印パ両国への独占的武器供与）であるが、これに対して、本章の対象時期は一九五〇～六〇年代で、扱うテーマは軍事的紐帯の消滅（インドの軍事的自立化）である。

（4） Venkateswaran［1967］pp. 2-4, 21.

（5） 横井［二〇〇六］八一－八二頁；横井［二〇一六］三四九頁。

（6） インド防衛産業の発展は次の五段階に分類できる。⑴独立から一九六〇年代中葉までの国産化（self-sufficiency）が全体的目標であった時代、⑵八〇年代中葉までの防衛生産では国産化という用語が自立化（self-reliance）に置き換えられた時代、⑶二〇〇〇年代初頭の共同生産を介した自立化に力点が置かれた時代、⑷自立化が民間セクターの大規模参入によって追求される二〇一四年末までの時代、⑸モディ政権下で「メイク・イン・インディア」政策を追求する現代、以上の五段階である。Behera［2016］p. 3.

（7） 日本経済史の分野では「軍器独立」という用語が日本資本主義の工業化・軍事化との関連で用いられ、兵器国産化とほぼ同義とされてきたが、本章のテーマとの関連では、次のような指摘が示唆的である。すなわち「軍器独立」とは、より厳密には「兵器そのものだけではなく関連諸資材（「軍器資材」）の国産化や関連基盤整備も含み、また、技術移転の完了（「技術的独立」）のみならず、資本的関与・支配からの自立（「資本的独立」）をも含んでいる」という指摘である（奈倉［二〇〇五］九頁）。なお、かつて佐藤昌一郎氏は、日本軍事工業の確立期を明治四〇（一九〇七）年頃とし、その主要なメルクマールとして次の三点を指摘している。①主要軍器の過半の国内生産、②軍器素材生産における自給率の上昇＝軍器素材の過半以上の国内生産の達成、③軍器の全般的自主的製造技術の達成である。佐藤［一九七五］二九六－二九七頁。

（8） Singh［2000］pp. 126-127; Pardesi［2007］pp. 420-421; Bitzinger［2017］pp. 13-14.

（9） Singh［2011］pp. 108-109; Singh［2013］pp. 224-225; 横井［二〇一六］三五九－三六四頁。

（10） すでに一九五八年には国防省研究開発機構（ＤＲＤＯ）とその下にある研究開発部局と研究所が設立され、巨大な研究・開発部門を構成していた。この点については、Shawan［1967］pp. 151-152 参照。

（11） Surana［1963］p. 508.

（12） TNA（The National Archives）, T317/362, Western Aid to India; Stanislaus［1975］p. 60.

（13） Hoyt［2007］p. 25.

（14） Ghosh［2016］pp. 22-24.

（15） 独立前と独立後の組織再編に関しては、Venkateswaran［1967］pp. 294-302 参照。

（16） Venkateswaran［1967］pp. 290-292, 301.

（17）TNA, AVIA 22/2733, Vickers-Berthier machine guns and spares manufactured in India: royalties 1936–1950; *The Times of India*, 9 Feb. 1934.
（18）TNA, MUN 4/2780, Rifle Factory at Ishapore 1916–1917; *The Times of India*, 25 Sept. 1963; 12 Jan. 1965; Floud［1976］p. 146; Lloyd-Jones and Lewis［2006］passim.
（19）アジア経済研究所報告双書［一九六二］一五三頁、表一二参照。
（20）Banerji［1977］p. 240.
（21）https://www.sipri.org/databases/armstransfers, accessed 23 June 2018.
（22）Report 1979-80: Government of India, Ministry of Defence, New Delhi, p. 32.
（23）Thomas［1978］pp. 164, 169.
（24）https://www.sipri.org/databases/armstransfers, accessed 23 June 2018.
（25）Matthews［1989］p. 77.
（26）Report 1978-79, p. 25.
（27）Ghosh［2016］pp. 22–23.
（28）Bitzinger［2015］pp. 127–129, 134–136; Bitzinger［2017］pp. 87–88; 伊豆山［二〇一六］三六頁；Cohen and Dasgupta［2010］pp. 84-86; コーエン他［二〇一五］一五〇－一五三頁。
（29）TNA, AIR 23/5426, A Short History of the Royal Indian Air Force, 1947, pp. 1-3.
（30）Banerji［1977］p. 243.
（31）ヒンダスタン航空機会社（Hindustan Aircraft Limited）は、一九六四年に創設されたヒンダスタン・エアロノーティックス社（Hindustan Aeronautics Ltd.）の下に改組再編されているが、本章では両者ともにＨＡＬと略記した。ただし、一九六四年以降の前者はバンガロール工場と記してある。
（32）Pattillo［1998］p. 81; 横井［二〇一五］五三頁。
（33）TNA, AIR, 19/332 India: facilities for aircraft repair and manufacture of components, 1942.
（34）Hindustan Aeronautics Limited［2001］pp. 30-31.
（35）横井［二〇一〇］六三頁、表六参照。

(36) Wainwright〔1994〕p. 140.

(37) 横井〔二〇一六〕三六五－三六六頁；TNA, FCO16/44, Armed Forces Training: Assistance Scheme, India.

(38) Conradis〔1960〕pp. 195-203.

(39) Committee on Public Undertakings (1967-68), Eighth Report (Fourth Lok Sabha), Hindustan Aeronautic Ltd., Ministry of Defence (Department of Defence Production), Lok Sabha Secretariat, New Delhi, 1968, pp. 22-26.

(40) Banerji〔1977〕pp. 252-255, 258.

(41) Thomas〔1989〕p. 190; 横井〔二〇〇六〕九四頁。

(42) Hindustan Aeronautics Limited〔2001〕pp. 98-99.

(43) *The Times of India*, 6 May 1962; 14 June 1962; Singh〔2000〕pp. 133, 145; Singh〔2011〕pp. 167, 256-257; Singh〔2013〕p. 236.

(44) Subrahmanyam〔1969〕pp. 167-168.

(45) Hindustan Aeronautics Limited〔2001〕p. 99.

(46) Venkateswaran〔1967〕p. 304.

(47) TNA, OD 13/50, Proposal to establish a department of aeronautical engineering 1964-1966: report of the committee on aeronautical engineering education, 1964; *The Times of India*, 11 Oct. 1972; 横井〔二〇一五〕五七－五八頁；横井〔二〇一六〕三六七－三六八頁。

(48) TNA, FCO 37/124 Supply of Jaguar aircraft 1 Jan. 1967-31 Dec. 1968.

(49) TNA, BW 91/574 Technical Education: Report to British Council on Visit to India (26 Nov. 1978-6 Jan. 1979) by Professor A. D. Young, F. R. S.；横井〔二〇一八〕一〇一頁。

(50) インド海軍は一八三〇年からIndian Navyと呼ばれたが、一八六三年にはBombay Marineという旧称に戻り、組織再編を経て一八七七にIndian Marine、一八九二年にRoyal Indian Marine、一九三四年にRoyal Indian Navyへと短期間のうちに改称を繰り返している。cf. Venkateswaran〔1967〕.

(51) Cohen and Dasgupta〔2010〕p. 74; コーエン他〔二〇一五〕一三五頁。

(52) Banerji〔1977〕p. 242; Thomas〔1975〕p. 459.

(53) Sain［2015］p. 6.
(54) TNA, ADM 1/25523, Proposed sale of an aircraft carrier to Indian Navy, 1954–1956; *The Times of India*, 29 Oct. 1961.
(55) TNA, FO 371/175907, Indian Navy: Foreign Office: Political Departments; General Correspondence from 1906 to 1966. Far Eastern（F）; General（F）. Indian navy; *The Times of India*, 4 Aug. 1965.
(56) Banerji［1977］p. 259.
(57) TNA, FCO 37/128, Finance and new frigates for the Indian Navy, 1968.
(58) Hoskins［1928］pp. 251–253.
(59) Blake［1956］pp. 35, 73.
(60) Mazagon Dock Limited［2010］pp. 24–25. サウス・ヤードはＢＩ社によって、一九〇〇年に買い上げられている。*The Times of India*, 25 Sept. 1956.
(61) *The Times of India*, 25 Sept. 1956; 29 May 1960; Mazagon Dock Limited［2010］pp. 32–33.
(62) *The Times of India*, 7 June 1968. バーラト電子（ＢＥＬ）に関しては横井［二〇一八］九七‐九八頁を参照。
(63) Mazagon Dock Limited［2010］p. 70.
(64) Mazagon Dock Limited［2010］p. 75; Thomas［1975］p. 641.
(65) ちなみに、一九五七〜七〇年の期間にインド政府が認可した海外共同事業の件数は、イギリスが八四九件と圧倒的に多く、総数三一九一件の二七％を占めた（二位はアメリカで五七九件）。また、一九五一〜六七年に限ってインドにおける製造業の分野別の海外共同事業件数を見ると、機械工業が八八三件で突出しており、総数二七〇四件の三三％を占めた（二位は電気機械工業で三四八件）。Balasubramanyam［1973］pp. 35, 49.
(66) *The Times of India*, 22 Oct. 1968.
(67) *The Times of India*, 1 May 1970.
(68) Mazagon Dock Limited［2010］p. 109; 横井［二〇一六］三六一頁。この時代のインド造船業には、軍艦建造と商船建造との連携は存在していなかった。Thomas［1975］p. 471.
(69) Mazagon Dock Limited［2010］pp. 109–110.
(70) TNA, T317/1015, UK military assistance to India, 1967.

(71) TNA, FCO16/44, Armed Forces Training: Assistance Scheme, India.
(72) 横井［二〇一四］参照。
(73) Dash［2014］p. 262; Pardesi［2007］p. 425; 横井［二〇一八］八九頁。
(74) *SIPRI*, Arms Transfer Database: Trade Registers 参照。
(75) Behera［2016］ix. 本章のテーマとは直接関係しないが、インドのロシアへの兵器依存の現状と今後の展望については、Dash［2014］pp. 277–278 を参照。また、途上国の兵器産業については、Bitzinger［2017］; Bitzinger［2015］; Hoyt［2007］; Brzoska and Ohlson［1987］; Katz (ed.)［1984］などを参照。

文献リスト

アジア経済研究所報告双書［一九六二］第一八集『インドの機械工業と貿易構造』（アジア経済研究所）。

伊豆山真理［二〇一六］「インドの装備調達――買い手からつくり手へ？」『防衛研究所紀要』一八‐二。

木畑洋一［二〇〇三］「英印外交・軍事関係の変貌」、秋田茂・水島司編『現代南アジア⑥――世界システムとネットワーク』東京大学出版会。

佐藤昌一郎［一九七五］「国家資本」、大石嘉一郎編『日本産業革命の研究 上』東京大学出版会。

奈倉文二［二〇〇五］「武器移転と国際経済史」、奈倉文二・横井勝彦編『日英兵器産業史――武器移転の経済史的研究』日本経済評論社。

横井勝彦［二〇〇六］「南アジアにおける武器移転の構造」、渡辺昭一編『帝国の終焉とアメリカ――アジア国際秩序の再編』山川出版社。

横井勝彦［二〇一〇］「アジア航空機産業における国際技術移転史の研究」『明治大学社会科学研究所紀要』四九‐一。

横井勝彦［二〇一四］「インド工科大学の創設と国際援助」、渡辺昭一編『コロンボ・プラン――戦後アジア国際秩序の形成』法政大学出版局。

横井勝彦［二〇一五］「一九六〇年代インドにおける産官学連携の構造――冷戦下の国際援助競争」『社会経済史学』八一‐三。

横井勝彦［二〇一六］「戦後冷戦下のインドにおける航空機産業の自立化」、横井勝彦編『航空機産業と航空戦力の世界的転回』日本経済評論社。

横井勝彦［二〇一八］「インドの兵器国産化政策と軍事援助」『国際武器移転史』五。

Balasubramanyam, V. N.［1973］*International Transfer of Technology to India*, London.

Banerji, Arun Kumar［1977］*India and Britain 1947–68: The Evolution of Post-Colonial Relations*, Calcutta.

Behera, L. K.［2016］*Indian Defence Industry: An Agenda for Making in India,* New Delhi.

Bitzinger, R. A.［2015］"Defense Industries in Asia and the Technonationalist Impulse", *Contemporary Security Policy*, 36–3.

Bitzinger, R. A.［2017］*Arming Asia: Technonationalism and Its Impact on Local Defense Industries*, London.

Blake, G.［1956］*B. I. Centenary 1856–1956*, London.

Brzoska, M. and Th. Ohlson［1987］*Arms Transfers to the Third World 1971–85,* Oxford.

Cohen, Stephen P. and Sunil Dasgupta［2010］*Arming without Aiming: India's Military Modernization,* Washington（スティーブン・コーエン、スニル・ダスグプタ著、斎藤剛訳［二〇一五］『インドの軍事力近代化――その歴史と展望』原書房）。

Conradis, H.［1960］*Design for Flight: The Kurt Tank Story*, London.

Dash, P. L.［2014］"Indo-Russian Defence Ties: An Overdependence Dilemma", in Rajesh Basrur, Ajaya Kumar Das and Manjeet S. Pardesi (eds.) *India's Military Modernization: Challenges and Prospects,* New Delhi.

Floud, Roderick［1976］*The British Machine Tool Industry, 1850–1914*, London.

Ghosh, Ranjit［2016］*Indigenisation: Key to Self-Sufficiency and Strategic Capability,* New Delhi.

Hindustan Aeronautics Limited［2001］*Diamonds in the Sky: Sixty years of HAL 1940–2001*, New Delhi.

Hoskins, H. L.［1928］*British Routes to India*, London.

Hoyt, Timothy D.［2007］*Military Industry and Regional Defence Policy*, New York.

Katz, J. E. (ed.)［1984］*Arms Production in Developing Countries*, Lexington.

Lloyd-Jones, R. and M. J. Lewis［2006］*Alfred Herbert Ltd. and the British Machine Tool Industry, 1887–1983*, Hampshire.

Matthews, Ron,［1989］*Defence Production in India*, New Delhi.

Mazagon Dock Limited［2010］*A Golden Voyage*, Mumbai.

Pardesi, Manjeet S. and Ron Matthews［2007］"India's Tortuous Road to Defence Industrial Self-Reliance", *Defense & Security Analysis*, 23–4.

Pattillo, D. M.［1998］*Pushing the Envelope: the American Aircraft Industry*, Michigan.

Sain, Capt. (Retd.) R. D.［2015］*Indian Navy: A Perspective*, New Delhi.

Shawan, S. [1967] "Aeronautical Research in India", *Journal of the Royal Aeronautical Society*, 71–675.

Singh, A. [2000] "Quest for Self-Reliance", in J. Singh, *India, Defence Spending: Assessing Future Needs* ", New Delhi.

Singh, J. [2011] *Indian Aircraft Industry*, New Delhi.

Singh, J. [2013] *Defence from the Skies: Indian Air Force through 80 Years,* New Delhi.

SIPRI Yearbook [2017] *Armaments, Disarmament and International Security*, Oxford.

Stanislaus, M. S. [1975] *Soviet Economic Aid to India*, New Delhi.

Subrahmanyam, K. [1969] "Five Years of Indian Defence Effort in Perspective", *International Studies Quarterly*, 13–2.

Surana, P. [1963] "Defence Preparations and 1963–64 Budgets", *United Asia*, 15–7.

Thomas, Raju G. C. [1975] "The Politics of Indian Naval Re-armament, 1962–1974", *Pacific Community*, 6–3.

Thomas, Raju G. C. [1978] *The Defence of India: A Budgetary Perspective of Strategy and Politics*, Delhi.

Thomas, Raju G. C. [1989] "Strategies of Recipient Autonomy: The Case of India", in K-Il Baek, R. D. McLaurin and C. Moon (eds.), *The Dilemma of Third World Defense Industries: Supplier Control or Recipient Autonomy*, Inchon.

Venkateswaran, A. L. [1967] *Defence Organisation in India*, New Delhi.

Wainwright, A. M. [1994] *Inheritance of Empire: Britain, India, and the Balance of Power in Asia, 1938–55*, London.

あとがき

本書は、「文部科学省私立大学戦略的研究基盤形成支援事業（二〇一五〜二〇一九年）」（研究代表者 横井勝彦）による共同研究の成果の一部（明治大学国際武器移転史研究所研究叢書3）である。

まず、本書が刊行されるまでの経緯について紹介させていただきたい。この出版企画の起点は、政治経済学・経済史学会二〇一五年度秋季学術大会（二〇一五年一〇月：福島大学）のパネル・ディスカッションに「イギリス帝国における宗教、政治経済、ブリティッシュ・ワールド」という論題で参加し、多くの方々から貴重なご意見を頂戴したことにあった。その後、このパネル・ディスカッションの成果をさらに発展させ、出版企画のメンバーを拡充し、二〇〇五年から政治経済学・経済史学会の下に組織されている「兵器産業・武器移転史フォーラム」で研究発表と議論を重ねた。この共著出版の方向性をとくに決定づけたのは、二〇一六年八月にイギリスのブリストル大学とアバディーン大学で行ったサイモン・ポッター博士とアンドリュー・ディリー博士との共同研究の打合せ会議であった。両博士からは、ブリティッシュ・ワールド研究の動向や新たな研究の方向性について貴重なご意見を頂戴しただけでなく、二〇一七年四月には明治大学国際武器移転史研究所主催の国際ワークショップに参加するために来日して講演していただいた。その内容は同研究所編集の『国際武器移転史』第五号（二〇一八年一月）に収録されている。本書の第四章と第八章はその講演をさらに発展させたものである。両博士との友情にとくに深く感謝したい。その後、二〇一七年一一月には明治大学国際武器移転史研究所主催の公開シンポジウム「ブリティッシュ・ワールド研究の新視点——帝国紐帯の政治経済史」を、二〇一八年九月には東北学院大学ヨーロッパ文化総合研究所主催の公開講演会「ブリティッシュ・ワールド――帝国紐帯の諸相」を開催し、現代的課題との接点をさぐった。イギリス帝国史研究会、帝国史研究会、史学会の会員諸氏からも貴重なご意見をいただいた。また、とくに東北学院大学ヨーロッパ文化総合研究所からは研究プロジェクト推進経費（二〇一六～一八年）のご支援をいただき、この出版企画に関する研究合宿を三回にわたって東北学院サテライトステーションで開催することができた。心より感謝申し上げたい。

以上のように、本書は冒頭に記した共同研究の成果であるが、より正確に言えば、こうした研究所やフォーラムの活動の一環であり、その成果でもある。本書の刊行とその後の議論を通じて、今後の共同研究の一層の発展に貢献できればと願う次第である。読者諸賢には忌憚のないご意見・ご批判を是非お願いしたい。

こうして、ようやく出版に漕ぎ着けたとはいえ、本書で扱い残した点も多い。例えば、コモンウェルスへの変容については、インドの事例や思想史・知性史研究の観点から考察したにとどまっている。また、感情的・経済的・軍事的紐帯の強度や持続の度合い、そして他のワールド（勢力圏）との関係についても、さらに詳細な検討が必要である。こうした諸点については、今後の課題にしたい。

横井勝彦先生、渡辺昭一先生には、とくに物心両面にわたりこの出版企画を強力に支えていただいた。また入稿間際には、執筆要領に基づく原稿のチェックまでも手伝っていただいた。衷心より感謝申し上げたい。

本書の刊行に際しては、日本経済評論社社長の柿﨑均氏に格別のご理解とご配慮を賜った。梶原千恵氏をはじめとする同社編集部の方々には大変お世話をおかけした。執筆陣の要望や入稿の遅れにも寛大に対処していただき、執筆者一同を代表して心よりお礼申し上げる。

二〇一九年一月

竹内 真人

【マ行】

【ヤ、ラ行】

【タ行】

【ナ行】

【ハ行】

【サ行】

索引

【ア行】

【カ行】

馬路　智仁（ばじ・ともひと）第7章
ケンブリッジ大学大学院博士課程修了（Ph. D.［Politics and International Studies］）
現在、東京大学大学院総合文化研究科国際社会科学専攻・助教
主な業績：「大西洋横断的な共鳴――アルフレッド・ジマーンとホラス・カレンの多文化共生主義」（『社会思想史研究』第41巻、2017年9月、社会思想史学会研究奨励賞）、「大ブリテン構想と古典古代解釈――E. A. フリーマンとアルフレッド・ジマーンのギリシャ愛好主義」（『政治思想研究』第17巻、2017年5月）、“Zionist Internationalism?: Alfred Zimmern's Post-Racial Commonwealth”（*Modern Intellectual History*, 13-3, November 2016）

Simon J. Potter（サイモン・J・ポッター）第8章
オックスフォード大学大学院（コーパス・クリスティ・カレッジ）博士課程修了（D.Phil.［Modern History］）
現在、ブリストル大学歴史学部教授
主な業績：*News and the British World: The Emergence of an Imperial Press System, 1876-1922*（Oxford University Press, 2003）、*Broadcasting Empire: The BBC and the British World, 1922-1970*（Oxford University Press, 2012）、*British Imperial History*（Palgrave Macmillan, 2015）

渡辺　昭一（わたなべ・しょういち）第9章
東北大学大学院文学研究科博士課程満期退学　修士（文学）
現在、東北学院大学文学部教授
主な業績：『冷戦変容期の国際開発援助とアジア――1960年代を問う』（編著、ミネルヴァ書房、2017年）、『コロンボ・プラン――戦後アジア国際秩序の形成』（編著、法政大学出版会、2014年）、『帝国の終焉とアメリカ――アジア国際秩序の再編』（編著、山川出版社、2006年）

横井　勝彦（よこい・かつひこ）第10章
明治大学大学院商学研究科博士課程（後期）満期退学　修士（商学）
現在、明治大学商学部教授
主な業績：『日英兵器産業史――武器移転の経済史的研究』（奈倉文二との共編著、日本経済評論社、2005年）、『軍縮と武器移転の世界史――「軍縮下の軍拡」はなぜ起きたのか』（編著、日本経済評論社、2014年）、『航空機産業と航空戦力の世界的転回』（編著、日本経済評論社、2016年）

【執筆者紹介】

勝田　俊輔（かつた・しゅんすけ）第1章

東京大学大学院人文社会系研究科博士課程修了　博士（文学）
現在、東京大学大学院人文社会系研究科教授
主な業績：*Rockites, Magistrates and Parliamentarians: Governance and Disturbances in Pre-Famine Rural Munster*（Routledge, 2017）、『アイルランド大飢饉――ジャガイモ・「ジェノサイド」・ジョンブル』（高神信一との共編著、刀水書房、2016年）、『世界歴史大系　アイルランド史』（上野格・森ありさとの共編著、山川出版社、2018年）

石橋　悠人（いしばし・ゆうと）第3章

一橋大学大学院博士課程修了　博士（社会学）
現在、中央大学文学部准教授
主な業績：『経度の発見と大英帝国』（三重大学出版会、2010年）、"In Pursuit of Accurate Timekeeping: Liverpool and Victorian Electrical Horology"（*Annals of Science*, 71-4, 2014）、"'A Place for Managing Government Chronometers': Early Chronometer Service at the Royal Observatory Greenwich"（*The Mariner's Mirror*, 99-1, 2013）

Andrew R. Dilley（アンドリュー・R・ディリー）第4章

オックスフォード大学大学院（ウォダム・カレッジ）博士課程修了（D. Phil.［Modern History］）
現在、アバディーン大学歴史学部准教授
主な業績：*Finance, Politics, and Imperialism: Australia, Canada, and the City of London, c. 1896-1914*（Palgrave Macmillan, 2012）、*The British Empire: Themes and Perspectives*（共著、Blackwell Publishing, 2008）、"After the British World"（共著、*The Historical Journal*, 60-2, 2017）

松永　友有（まつなが・ともあり）第5章、第4・8章訳

早稲田大学大学院政治学研究科博士後期課程単位取得退学
現在、横浜国立大学国際社会科学研究院教授
主な業績：「ジュネーヴ軍縮会議に至るイギリス国際軍縮政策とフランス安全保障問題」（榎本珠良編著『国際政治史における軍縮と軍備管理――19世紀から現代まで』日本経済評論社、2017年）、"The Origins of Unemployment Insurance in Edwardian Britain", *Journal of Policy History*, 29-4, October 2017、「草創期の社会保障政策に対する通商政策の規定的影響――第一次大戦前の西洋諸国を対象とする国際比較研究」（『社会政策』第10巻第1号、2018年6月）

福士　純（ふくし・じゅん）第6章、第4・8章訳

明治大学大学院文学研究科博士後期課程修了（史学）
現在、岡山大学大学院社会文化科学研究科准教授
主な業績：『カナダの商工業者とイギリス帝国経済：1846～1906』（刀水書房、2014年）、「戦前・戦後カナダ航空機産業の形成と発展」（横井勝彦編著『航空機産業と航空戦力の世界的転回』、日本経済評論社、2016年）、「1886年『植民地・インド博覧会』とカナダ」（『社会経済史学』第72巻第5号、2007年1月）

【編著者紹介】

竹内　真人（たけうち・まひと）総論、第2章、あとがき

ロンドン大学大学院（キングス・カレッジ）博士課程修了（Ph. D. [History]）

現在、日本大学商学部准教授

主な業績：*Imperfect Machinery? Missions, Imperial Authority, and the Pacific Labour Trade, c. 1875-1901*（Saarbrücken, Germany: VDM Verlag, 2009）、「イギリス帝国主義と武器＝労働交易」『軍拡と武器移転の世界史——兵器はなぜ容易に広まったのか』（横井勝彦・小野塚知二編著、日本経済評論社、2012年）、「宗教と帝国の関係史——福音主義と自由主義的帝国主義」（『社会経済史学』第80巻第4号、2015年2月）

ブリティッシュ・ワールド——帝国紐帯の諸相——

The British World: Dimensions of Imperial Ties

（明治大学国際武器移転史研究所研究叢書3）

2019年2月28日　第1刷発行　　定価（本体4500円＋税）

編著者　竹　内　真　人

発行者　柿　﨑　　均

発行所　株式会社　日本経済評論社

〒101-0062　東京都千代田区神田駿河台1-7-7

電話　03-5577-7286　FAX　03-5577-2803

info8188@nikkeihyo.co.jp

URL：http://www.nikkeihyo.co.jp

装幀＊渡辺美知子　　印刷＊文昇堂・製本＊誠製本

乱丁・落丁本はお取替えいたします。　Printed in Japan

ISBN978-4-8188-2522-2